Mittäterschaft und Entdeckungslust

Studienschwerpunkt
»Frauenforschung« am Institut für
Sozialpädagogik der TU Berlin (Hg.)

MITTÄTERSCHAFT und ENTDECKUNGSLUST

Verantwortlich für die Herausgabe
und Bearbeitung:
Christina Thürmer-Rohr,
Carola Wildt, Martina Emme,
Monika Flamm, Vera Fritz, Sigrid Voigt

Orlanda Frauenverlag

CIP-Titelaufnahme der Deutschen Bibliothek:
Mittäterschaft und Entdeckungslust / Studienschwerpunkt
»Frauenforschung« am Inst. für Sozialpädagogik der TU Berlin
(Hg.). - 1. Aufl. - Berlin : Orlanda-Frauenverl., 1989
ISBN 3-922166-48-2
NE: Institut für Sozialpädagogik <Berlin, West> /
Studienschwerpunkt Frauenforschung

1. Auflage 1989
© Orlanda Frauenverlag GmbH
Pohlstraße 64
D-1000 Berlin 30

Alle Rechte vorbehalten
ISBN 3-922166-48-2

Lektorat: Claudia Koppert
Umschlag: Limone / Adele Meyer, Berlin
unter Verwendung des Aquarells
»Dona Quichotta im Käfig« (Ausschnitt) von LENA VANDREY
Satz: Limone, Berlin
Druck: Fuldaer Verlagsanstalt, Fulda

Das Bundesministerium für Jugend, Familie, Frauen und Gesundheit
unterstützte die Herausgabe dieses Buches mit einem Druckkostenzuschuß.

Inhaltsverzeichnis

Vorwort   9

Christina Thürmer-Rohr
Einführung – Forschen heißt wühlen   12

Christina Thürmer-Rohr
Frauen in Gewaltverhältnissen
Zur Generalisierung des Opferbegriffs   22

Carola Wildt
Ein kollektives Ohnmachtstrauma   37

Grenzüberschreitungen
Feministische Fragestellungen in der Sozialpädagogik
zwischen 1974 und 1984 am Studienschwerpunkt
»Frauenforschung«.   52
Es allen recht machen, sich selbst vergessen   59
Ein gesellschaftlicher Skandal wird aufgedeckt   69
Zwischen Zurichtung und Selbstfesselung   76

Christina Thürmer-Rohr
**Mittäterschaft der Frau –
Analyse zwischen Mitgefühl und Kälte**   87

Brigitte Altenkirch
**Die Moral des Nicht-Verletzens in Arbeitsbeziehungen
von Frauen**   104

Martina Emme
**Die Ich-kann-nicht-Haltung von Frauen
Weiblichkeit als Kulturbarriere**   116

Karen Meyer / Sigrid Voigt

Hoffnung – eine Vermeidung von Möglichkeiten
Die Funktion von Hoffnung in Mißhandlungsbeziehungen 131

Christina Thürmer-Rohr

Mittäterschaft und Entdeckungslust
Zur Dynamik feministischer Erkenntnis 138

Autorinnenkollektiv

Lust und Lustverlust von Frauen an der Musik 155

Roundtable-Gespräch

»Mittäterschaft und Sozialcharakter«
Teilnehmerinnen: Veronika Bennholdt-Thomsen,
Gisela Breitling, Ute Gerhard, Marlis Gerhardt,
Karin Hausen, Christine Holzkamp, Maya Nadig,
Sigrid Weigel, Christina Thürmer-Rohr 173

Susanne Kappeler

Vom Opfer zur Freiheitskämpferin
Gedanken zur Mittäterschaftsthese und zum
Roundtable-Gespräch 200

Autorinnenverzeichnis 217

Folgende Studentinnen und Absolventinnen waren an der Vorbereitung und Durchführung der Tagung beteiligt:

Brigitte Altenkirch
Maria Barth
Petra Bentz
Lisa Benzmüller
Melanie Beyer
Gabriele Borgmeyer
Astrid Brandt
Andrea Buchholz
Angelika Döll
Barbara Döring
Johanna Elteste
Martina Emme
Brigitte Ender
Cornelia Engel
Sabine Finger
Brigitte Fink
Petra Fochs
Dagmar Folke
Claudia Gey
Ute Göckler
Angelika Gödde
Sabine Görtler
Iris Hennig
Martina Herr
Cordula Herwig
Elke Kampen
Dagmar Kamps
Delphine Klein
Susanne Kopf
Iris Kötter
Silke Kristen
Petra Krohn
Anke Linnemann
Isabell List
Petra Lohe
Susanne Luhmann

Karen Meyer
Sabine Müller
Heide Mutter-Strupek
Claudia Napp
Karin Perk
Birgit Richter
Ellen Roters
Birgit Rudolph
Christiane Saleski
Dominique Sandten
Lydia Schillen
Antje Schneider
Anja Seelig
Carolin Staab
Cornelia Stavenhagen
Karola Tang
Andrea Thielmann
Anne Thiemann
Gabriele Trück
Andrea von Marschall
Annette von Wedel
Sabine Wagenfeld
Iris Walden
Andrea Winkler
Dagmar Winkler
Ursula Zitschke
Nana Zückler

Vorwort

Die Frage nach einer Mitbeteiligung von Frauen an der zerstörerischen und demütigenden patriarchalen Kulturentwicklung ist in der Geschichte der Frauenbewegung seit mehr als 100 Jahren immer wieder aufgeworfen worden, wenn auch nur zögernd und vorsichtig, in Nebensätzen oder zwischen den Zeilen. Den quälenden Verdacht und unterschwelligen Vorwurf der Mitbeteiligung, des Mitfunktionierens, der Kollaboration oder Komplizenschaft mit »weiblichen Mitteln« als *Mittäterschaft* zu bezeichnen, ist mehr als eine sprachliche Variation. Es ist der Versuch, dem Problem mit einem zu definierenden Begriff gezielt nachzugehen. Dem Problem einen Namen zu geben, ist Voraussetzung dafür, es auffinden und angreifen zu können und seine politische und persönliche Dimension zu begreifen. Dieser Versuch ist kein masochistischer Akt, der in der Selbstanklage mündet bzw. dieser entspringt, sondern ein Weg der Analyse, der Veränderungsmöglichkeiten sichtbar werden läßt.

Die These der Mittäterschaft von Frauen entwickelte sich in den 80er Jahren im Rahmen der Arbeit des Studienschwerpunkts »Frauenforschung«[1] (Technische Universität Berlin, Institut für Sozialpädagogik im Fachbereich Erziehungswissenschaften). Von diesem Studienschwerpunkt wurde vom 6.–10. April 1988 die Tagung »Mittäterschaft von Frauen – ein Konzept feministischer Forschung und Ausbildung« an der TU Berlin veranstaltet und größtenteils inhaltlich getragen. Die Tagung hatte das Ziel, den Ansatz der Mittäterschaft

 anhand einführender systematischer Beiträge und
 exemplarischer Einzeluntersuchungen vorzustellen,
 die Entwicklung von Fragestellungen an Beispielen ausgewählter Studienarbeiten der letzten zwölf Jahre zu rekonstruieren und
 die These mit feministischen Wissenschaftlerinnen aus anderen Disziplinen zu diskutieren.

Der vorliegende Band dokumentiert Beiträge dieser Tagung in stark überarbeiteter Form. Er versammelt somit Aufsätze und Diskussionsstoff von Autorinnen mit unterschiedlichem Erfahrungs- und Wissenshintergrund. Bei der inhaltlichen und organisatorischen Vor- und Nachbereitung der Tagung, an der neben den beiden hauptamtlichen Vertreterinnen des

Studienschwerpunkts – einer Professorin und einer wissenschaftlichen Mitarbeiterin – insgesamt ca. 50 Studentinnen und Absolventinnen beteiligt waren, wurde ein »feministischer Generationskonflikt« angegangen: Für die meisten Jüngeren ist die Existenz von Frauenbewegung und Frauenforschung eine mehr oder weniger große Selbstverständlichkeit. Ein feministisches Studienangebot kann kaum noch als erkämpfte Errungenschaft wahrgenommen werden, sondern steht gleichrangig neben anderem Wissensstoff, ohne noch seinen widerständigen Charakter und die Haltung des immer neuen Suchens zu vermitteln. Die Studentinnen setzten sich anläßlich der Tagung mit Arbeiten ihrer Vorgängerinnen auseinander und stellten fest, daß diese da aufhörten, wo andere wieder ansetzten. Was sie während des eigenen Studiums gedacht und gefragt hatten, zeigte sich im nachhinein als Teil einer kollektiven Denkgeschichte. Jeder Anlauf, auch jede Irrung, die in der Sackgasse zu landen schien, wurde dabei als notwendiger Denkschritt sichtbar, der zu neuen Fragen führte.

Die Frage nach der Mittäterschaft ist keine akademische und keine fachgebundene. Die Universität kann zwar günstigenfalls den Rahmen für eine verhältnismäßig kontinuierliche Zusammenarbeit bieten. Dennoch ist die Arbeit an dem Problem der Mittäterschaft nicht an akademische Arbeitsformen gebunden und außerdem überhaupt nur dann innerhalb dieser Institution denkbar, wenn wir uns in ihr die notwendige Unabhängigkeit erkämpfen.

Christina Thürmer-Rohr, Carola Wildt, Martina Emme, Monika Flamm, Vera Fritz, Sigrid Voigt

Berlin, Januar 1989

Anmerkung

[1] Der Studienschwerpunkt »Frauenforschung« existiert seit 1976 als Ergebnis von Forderungen der Frauenbewegung Mitte der siebziger Jahre. Er ist im Diplomstudiengang Erziehungswissenschaften/Sozialpädagogik angesiedelt, einem Projektstudiengang. Dieser sieht in der Hauptdiplomphase ein obligatorisches Theorie-Praxis-Seminar von vier Semestern vor, in dem jeweils 10 bis 15 Studentinnen zusammenarbeiten. Das feministische Studienangebot wird insgesamt pro Semester von ca. 100 Studentinnen wahrgenommen, 40 bis 50 Frauen arbeiten jeweils in vier laufenden Projekten. Bisher liegen etwa 150 Studienabschlußarbeiten vom Studienschwerpunkt »Frauenforschung« vor.

Christina Thürmer-Rohr

Einführung – Forschen heißt wühlen

Die Gedanken zur Mittäterschaft der Frau sind Niederschläge des Grübelns. Ungebunden, fremd dieser Zeit zu begegnen, dieser Versuch ist Voraussetzung jeder Reflexion und Orientierung. Dabei kann »Orientierung« nicht heißen, einen Lebensatlas oder doch wenigstens einen Stadtplan in die Hand zu bekommen, um zu erfahren, welche Wege gangbar und welche Ziele anzustreben oder zu vermeiden seien. Es geht um ein existentiell motiviertes Lernen mit offenem Ausgang, um den Versuch des Experimentierens an der Schmerzgrenze. Jenes ist zwingend, sofern Frauen ihrer eigenen Verkümmerungsgeschichte und dem Desaster eines toxischen gesellschaftlichen Milieus, in dem sie meist zu leben haben, nicht einfach zusehen wollen.

Der Begriff Mittäterschaft zielt auf eine Wert-Demontage. Er will benennen, jedenfalls umreißen, was zu entwerten, zu verwerfen oder wegzuwerfen gelernt werden muß. Das ist nun nicht so naiv gemeint, als könnten Eigentum und Eigenschaft einfach abgeschüttelt werden wie überflüssiger Ballast und zurück bliebe eine erleichterte und geläuterte Person, die den Verlockungen und Zwängen der patriarchalen Vereinnahmungen nicht mehr ausgesetzt, sondern »frei« wäre. Vielmehr ist ja gerade das Instrumentarium, mit dem die Frau gesellschaftliche Auflagen alltäglich gewollt oder ungewollt, bewußt oder nicht bewußt erfüllt, nicht abzutrennen von ihrer Person. Die Frau in der patriarchalen Kultur braucht und hat Werkzeuge, um sich zum Werkzeug machen zu lassen. Sie ist eine Person geworden, die zur Mittäterschaft in der Lage ist. Und diese in Frage stehenden Anteile der Person können nicht wie mit dem Seziermesser abgetrennt werden von denjenigen Anteilen der gleichen Person, die erhaltenswert sein könnten, weil sie das saubere Wort »Widerstand« verdienen. Mittäterschaft der Frau ist nicht ein Ausrutscher, eine gelegentliche Entgleisung, eine üble Abweichung, sondern die Norm selbst. Mittäterschaft heißt Mit-dem-Täter: Loyalität mit dem Mann und seiner Gesellschaft, Zustimmung zu seiner Herrschaft, auch noch in ihren abgetakelten Formen und in den Formen des Attentats auf alles, was tatsächlich oder vorübergehend zum Untertan gemacht werden kann. Mit-Täterschaft ist damit immer zuerst der Gedanke an die *patriarchale Tat* als eine, die Gewalt in physischer, in psychischer, in technologischer, in wissenschaftlicher, in politischer etc. Gestalt in die Welt bringt und in der Welt läßt – bis hin zu einem globalen Elend, das am Ende des zwanzigsten Jahrhunderts unübersehbar wird. Mit-Täterschaft richtet sich weiterhin auf eine *gesellschaftliche Disposition* der Frau, deren Funktionalität für die Dynamik des fortschreitenden Wahns nicht nur eine Männerphantasie ist, sondern auch ein reales Ergebnis der Aneignung weiblicher Lebensbedingungen.

Mittäterschaft ist eine Denkform. Sie schaut Merkmale der weiblichen Verhaltensgeschichte an, die einen Verhaltenstypus hervorgebracht hat: eine idealtypische Verallgemeinerung und Abstraktion, die nicht die empirische Frau in ihren vielfältigen, abweichenden und widersprüchlichen Erscheinungsformen als Ganze erfassen will, sondern sich konzentriert auf jene Anteile des weiblichen Kollektivcharakters, die im Sinne der patriarchalen Tat und Täter sind und so dem Mit-Funktionieren dienen. Diese Typologisierung hat also – wie alle Typologisierungen – nicht die Absicht, *Individuen* zu beschreiben. Sie soll vielmehr auf die Wiederkehr der *Funktion* von Verhaltensmustern hinweisen, nicht aber darauf, daß die Trägerinnen dieses Verhaltens gleich seien. Wenn es zutrifft, daß die Unterworfenen nach den Konturen der Unterwerfer geformt werden, daß die Unterwerfer ihre Ziele den Unterworfenen aufdrängen, dann werden jene auch zum Besitz, zum inneren Eigentum, zum Selbstbild der Frau. Dieses besteht in übereinstimmenden wie in differenten Formen eines »Mit«, in denjenigen Anteilen des Verhaltens, in denen die Aufgaben der Frau mit ihrer Selbst-Aufgabe identisch werden und diese verwertbar wird für die Interessen der patriarchalen Kultur und die Einbindung der Frau in deren Interessenlogik.

Diese Selbst-Aufgabe kann als *moralische Schuld* verstanden werden. Sie beruht auf Handlungen und Haltungen, die jede Frau nur selbst verantworten kann, die nicht auf andere abzuwälzen sind. So ist die moralische Schuld eine, die im Unterschied zur kriminellen Schuld nicht auf Taten beruht, die gegen Gesetze verstoßen haben und für die ein Gericht zuständig ist, das die Tatbestände ermittelt und beurteilt. Moralische Schuld verweist immer auf die Person selbst als Instanz des Urteils, als Subjekt der Einsicht und des Verwerfens. Es ist die Schuldfrage in bezug auf das Individuum, sofern es sich selbst und seine Existenzbedingungen durchleuchtet und zu einem eigenen Urteil über sein Verhalten kommt. Für die moralische Schuld gibt es keinen Richter außer der eigenen Analyse, den eigenen Einsichten und Erkenntnissen, keine Instanz, die richtet und zu richten befugt ist außer *ich* selbst.

Mißverständnisse bei der Diskussion des Problems und Einwände gegen die Wortwahl gehen großenteils auf den juristischen Kontext des Begriffs Mittäterschaft zurück. Diesem gemäß ist der Mittäter/die Mittäterin über die in Frage stehende Tat und deren Unrechtmäßigkeit im Bilde. Er/sie unterstützt die Tat im Wissen um die Absichten, leistet einen eigenen, die Tat fördernden Beitrag und ist damit mitverantwortlich. Diese fachspezifische Begriffsreservierung macht es immer wieder unerläßlich, den feministischen Begriffsinhalt herauszuarbeiten und zu spezifizieren, und es stellt sich die Frage, ob nicht ein geeigneterer und weniger vorgeprägter Begriff zur Verfügung steht, der die ständige Abgrenzung überflüssig machen würde. Ich bin allerdings der Meinung, daß analoge Probleme mit den meisten Begriffen dieser Sprache auf uns zukommen, sobald wir sie in feministischen Analysen verwenden. Die Anstrengung der eigenen Begriffsfüllung bleibt uns kaum erspart.

Die folgenden Mißverständnisse wiederholen sich: Erstens kann der Begriff Mittäterschaft Applaus von der falschen Seite einbringen, von denen nämlich, die sich freuen, daß nun endlich auch Feministinnen die Fixierung auf den Mann als Schuldigen und Verantwortlichen aufgeben würden. Diese Freude ist verfrüht. Der Begriff *entlastet* den Mann nicht, erteilt ihm keine Absolution, verschafft ihm keine Erleichterung. Im Gegenteil, er belastet ihn über seine gerichtsrelevanten Taten hinaus in der ganzen »Normalität« und Legalität vereinnahmender und gewaltträchtiger Taten an der Frau, an der Natur, an der Welt. Die Bestimmung der *Tat des Mannes* geht also jeder Frage nach ihrer Förderung durch die Frau voraus.

Ein zweites Mißverständnis liegt der Wortschöpfung »*Mittäterinnenschaft*« zugrunde, dem Versuch, den maskulinisierten Redeweisen entgegenzuwirken. Die Rede von der Mittäterschaft der Frau geht aber nicht auf einen sprachlichen Lapsus, auf das Vergessen der weiblichen Endung zurück. Sie nimmt vielmehr Bezug auf den gesellschaftlichen Täter Mann und auf das meist verborgene gesellschaftliche Mit der Frau. Die Wortwahl »Mittäterinnenschaft« isoliert dagegen die Frau aus diesem Tatzusammenhang, bringt die »Mittäterinnen« unter sich, löst sie heraus und schließt so analytisch den Täter aus.

Ein drittes Mißverständnis setzt Assoziationen frei, die den Tatbestand aus seiner *Normalität herausnehmen* und nach einzelnen Exponentinnen Ausschau halten, welche die harte Kennzeichnung allein zu verdienen scheinen: KZ-Aufseherinnen, Denunziantinnen und Kriegsgewinnlerinnen, Militaristinnen, aktive Komplizinnen und bewußte Kollaborateurinnen, explizite Antifeministinnen etc. Dieser Versuch der Abschiebung des Problems in die »Ausnahme« sucht nicht mehr nach dem Typischen, dem Exemplarischen im Normalen und Gewöhnlichen, im Alltäglichen und scheinbar Bekannten. Dieses soll aber gerade mit dem Begriff Mittäterschaft befragt werden.

Ein viertes Mißverständnis unterstellt dem Begriff eine monomane oder *monokausale Erklärungsabsicht,* die alle Verhaltensbereiche mitdestruiere bzw. einfach ausblende, die der Frau jenseits von Mittäterschaft und Verstricktheit bleiben. Der Gedanke der Mittäterschaft ist aber nicht als monolithischer Entwurf gemeint, der sich selbst verabsolutiert. Er behauptet nicht, die patriarchalen Bedingungen seien eindimensional und aus einem Guß, die Übereinstimmung der Frau mit ihrem bürgerlichen bzw. zeitgemäß modernisierten Sozialcharakter sei total und ungebrochen, sie werde unausweichlich zur Mittäterschaft getrieben, die Mittäterschaftsthese löse die Opferthese ab oder wolle sie ersetzen. Die Mittäterschaftsthese will auf keine umfassende »Theorie der Frau« in der Männergesellschaft hinaus und behauptet auch nicht, daß außerhalb des Schlaglichts, das sie wirft, nichts Suchenswertes zu finden sei. Sie will den Blick allerdings auf eine für zentral erachtete Frage lenken und diese Frage auch da stellen, wo sie vielleicht nicht gleich auf der Hand liegt.

Ein fünfter Einwand lautet, der Begriff unterstelle die *willentliche, wissentliche, absichtsvolle Beteiligung* an der inkriminierten Tat. Die Frage nach der Mittäterschaft der Frau stellt aber die Intention des Handelns, die bewußte Entscheidung, das vorausschauende Verfolgen des Tatziels gerade nicht zur Debatte, sondern die Tat selbst und die Operationen, die zu ihr führen, unabhängig davon, ob die Beteiligten sich über Folgen und Fakten und Zusammenhänge im klaren sind oder nicht. Weder patriarchale Taten noch ihnen entgegenkommende Mit-Taten bekommen ihre gesellschaftliche Bedeutung und ihr Gewicht über eine Analyse bewußter Absichten, die auch dem Täter Mann nicht ohne weiteres unterstellt werden können. Weder Taten – von der kleinen Alltagsgemeinheit gegenüber der Ehefrau bis zum verseuchten Kälbchen oder zum Giftgasexport – noch Mittaten – von der Sehstörung bis zur Indifferenz oder zur öffentlichen Akklamation – sind immer gewollt oder immer Ausdruck der Bejahung kleiner und großer Zerstörungshandlungen. Vermutlich folgen sie ganz anderen subjektiven Zwecken, Machtinteressen, Profitinteressen, Harmonie- und Integrationswünschen etc. Würden die Absichten und Selbstinterpretationen übereinstimmen mit dem, was sie anrichten, erübrigten sich alle Anstrengungen der Aufdeckung. Alle Beteiligten wüßten Bescheid und wollten es nicht anders.

Ein sechster Einwand meint, der Begriff Mittäterschaft differenziere nicht zwischen den Geschlechtern, er lege vielmehr ihre Übereinstimmung auch im *Motiv der Tat* nahe. Das Mit der Frau ist aber wohl gerade zumeist nicht aus dem gleichen Stoff wie das Treiben des Mannes. Gerade in den Motiven der an der Gesamthandlung Beteiligten wird die Geschlechterdifferenz deutlich. So kann das Tatmotiv des Mannes in der immer neuen – gelingenden oder mißlingenden – Inszenierung von Macht und Rettung des Größen-Ichs gesehen werden, das Motiv der Frau zur Mittäterschaft aber in der Sicherung des eigenen Existenzrechts oder der relativen Sichtbarkeit. Die Hoffnung der mißhandelten Frau beruht wohl nicht auf dem Motiv, weiterhin gedemütigt zu werden, und die Demütigungen des Mißhandlers beruhen nicht auf dem Motiv, sein Verhalten zu ändern. Die Übereinstimmung mit dem Mann ist keine Übereinstimmung im Motiv, sondern in der Funktion des Handelns. Ihr dient – z.B. – die Haltung des Hoffens, die sich in unzähligen kleinen Handlungen der Frau an sich selbst und am Mann realisiert: der Tatfortsetzung und der Tatverdeckung.

Der Begriff Mittäterschaft ist viel weniger kompliziert gemeint, als es hier erscheint. Immer geht es um die Frage nach der *Funktion des Handelns der Frau*. Um dieser Frage nachgehen zu können, muß damit mehr anvisiert werden als das handelnde Subjekt und die Handlung selbst. Immer geht es um die Handlung in ihrem *gesellschaftlichen Funktionszusammenhang*, d.h. um ihre Wirkungsweise im patriarchal-modernen Normen- und Handlungssystem. Erst wenn sie in diesem vorgeführt wird, kann sie mit Hilfe von Fragen wie: Wem nützt sie, wem dient sie, wofür ist sie unentbehrlich etc.? als Mittäterschaft erkennbar werden. Erst als Teil einer patriarchalen Praxis, die zu kritisieren, zu verweigern, zu verwerfen wir uns anmaßen können, kann das Mit in seinen für das Funktionieren des Ganzen willkommenen Auswirkungen sichtbar werden.

Mittäterschaft ist ein *politischer Begriff*. Er hat einen außerwissenschaftlichen Impuls. Er ist direkt und provozierend. Vorschläge zum Guten, die mit Worten wie »Mitbeteiligung« oder »Verinnerlichung von Machtstrukturen« eine Neutralisierung und Entschärfung des gemeinten Tatbestandes herbeiführen wollen, halte ich deswegen für unangebracht. Der provokative Charakter ginge dabei verloren. Provokative Absichten aus geschriebenen Texten herauszulesen, entspricht allerdings – wie sich immer wieder zeigt – kaum den Rezeptionsgewohnheiten bei der Tätigkeit des Lesens. Geschriebenes wird sofort zum »Bildungsgut« und damit zum geschlossenen, transportablen, vergleichbaren und addierbaren System, Konzept, Modell, Konstrukt gemacht bzw. zum Baustein eines irgendwann zu schließenden Systems. Provokationen aber sind Provokationen. Ihre Absicht ist nicht die zusammenhängende Theorie, das Gebäude, sondern die Entscheidung zum Ausschnitt, zum Akzent: Einwurf, Einwand, Anstoß. Als solcher bleibt sie Fragment und will auch nicht mehr als ein solches sein.

Politische Absicht und wissenschaftliche Analyse schließen sich nicht aus. Und so stellt sich erneut die Frage, inwieweit die *Universität* ein Ort ist oder sein kann, an dem Frauen ihre Sache in eigener Regie und Verantwortung weitertreiben können, ohne in die Fallen eines vorgeprägten Wissenschaftsverständnisses zu geraten oder einer bloßen Aufmöbelung abgewirtschafteter Denkleistungen zu dienen. Trotz der weiterhin verdrießlich stimmenden Zahlenverhältnisse[1] finde ich die gegenwärtige Situation nicht nur entmutigend. Die Streiks im Winter-Semester 1988/89 an Westberliner und einigen westdeutschen Universitäten z.B., die neben alten uneingelösten und aktualisierten Forderungen erstmals die Forderung nach der 50%-Quote bei der Besetzung von Professuren und Mittelbau-Stellen und nach feministischer Forschung und Kritik in *allen* Fachbereichen erheben, zeigen, daß *Studentinnen* nicht nur quantitativ vorhanden sind, sondern auch qualitativ etwas wollen, was von keiner anderen universitären Statusgruppe als »Menge« (durchschnittlich ca. 40%, in manchen Fächern bis zu 75%) vertreten werden kann. Denn diese »Menge« gibt es sonst nicht. Wenn der »Sonderstatus« von Frauen als historischen Neulingen in einer gesellschaftlichen Einrichtung, die erst seit einem Menschenalter offiziell von ihnen betreten werden darf, nicht mehr der Sonderstatus der Unauffälligen und Gefälligen wäre, sondern derjenige eines fordernden und kritischen politischen Potentials, dann könnten Studentinnen unüberhörbarer werden als die vereinzelten bezahlten Professionellen. Es geht darum, diesen Ort als unseren Ort in Besitz zu nehmen, ihn zu besetzen mit eigenen Ansprüchen und Inhalten, uns so in die historische Kontinuität vieler Vorgängerinnen zu stellen und uns gleichzeitig zur systematischen Kritik an vorbereitenden und vollbrachten Mißhandlungen und Übergriffen, Lügen, Unsinnigkeiten und Platitüden, die im Namen der Männerwissenschaften gegenwärtig fortgesetzt und neu erfunden werden, zu ermächtigen.

Wenn wir uns vergegenwärtigen, daß die Universität dazu dienen soll oder dienen könnte, durch ihre Reflexion und Kritik der Gesellschaft ein Bewußtsein ihrer selbst zu geben, dann wird der zutiefst anachronistische Charakter dieser Institution grotesk. Klaus Heinrich[2] hat vor einiger Zeit von der Geistlosigkeit der Universität und der totalen Enterotisierung der Beziehung zwischen den Universitätsmitgliedern und ihrer Institution gesprochen. Die Abkühlung sei komplett, das Verhältnis tot. Die meisten Ausbildungsgänge bieten streng geplante Wege in ein berufliches Nichts. Forschung ist verkommen zu einzelnen von der Ministerialbürokratie geförderten und geplanten »Forschungsvorhaben«. Diese sagen zwar einiges aus über die Interessen der Geldgeber, über den Gebrauch der Forschungsergebnisse zur Effizienzsteigerung von Argumenten gegenüber dem jeweiligen politischen Gegner. Sie sind Vorzeigemittel und Prestigeinstrumente zur inner- und außerinstitutionellen Gewichtssteigerung von Auftragnehmern und Auftraggebern. Aber diese Forschung ebenso wie die Koppelung von »Bildung« und »Bedarf«, die Abhängigkeit vom Diktat der Ökonomie und herrschenden Politik, die Verplanung von Studiengängen und -inhalten sind nicht dazu angetan, den Studierenden ein Bewußtsein vom möglichen gesellschaftlichen Wert geistiger Arbeit zu vermitteln und sie in einen Prozeß des Nachdenkens einzubeziehen. Die Universität ist ein planerisches Polytechnikum geworden, eine Behördenuniversität, in der es um Verweildauer, Semesterwochenstunden, Kapazitäten geht, nicht um Bildung, allenfalls um Halbbildung: unwichtig, unpolitisch, spannungslos, ohne geistiges Echo, ohne öffentliches Interesse. Und wer nicht vollends veröden will, der macht seine Erkenntnisversuche zur Privatsache.

Diese ebenso peinliche wie traurige Diagnose ist, die Mehrheiten betreffend, wohl kaum übertrieben. Und die Lage zum Thema »Frauen und Hochschule« wird im allgemeinen in nicht minder düsteren Farben beschrieben: Das vermittelte Wissen ist androzentrisch, der Wissenschaftsbetrieb sexistisch, Frauen sind zwar vorgesehen, aber nicht als gleichwertige und denkfähige, wissenschaftlichen Einfluß nehmende Personen, sondern als fleißige Konsumentinnen, ergebenes Publikum, nette Garnierung oder auch als wissenschaftliche Hausfrauen, die für schlecht bezahlte und niedrig geachtete Kleinarbeit und Zuarbeit geeignet und unentbehrlich sind, aber in den oberen Rängen möglichst nichts zu suchen haben.³ Selbständige wissenschaftliche Positionen sollten sie nicht einnehmen und nicht die Forderung stellen, solche erarbeiten zu wollen. Sie sollen sich in den vorfindlichen Standards einrichten, denn dieses Vorliegende deckt ab, was zu denken und zu tun ist. Wenn Frauen schon auftauchen, sollten sie »gleich« sein in dem Sinne, daß sie vorgedachte Inhalte fraglos wichtig und aneignungswert finden und ihnen nichts als gleiches dazu einfällt. Ungleich sollten sie sein, insofern sie die Zählebigkeit eines Frauenbildes zu bestätigen haben, das auch die lernende und geistig arbeitende Frau unter dem Mann ansiedelt, immer hellhörig gegenüber seinen Maßstabsetzungen.

Diese Darstellungen, so realitätshaltig sie sein mögen, setzen meines Erachtens voraus, Frauen weiterhin als geheime Empfängerinnen männlicher Verhaltensaufträge zu begreifen: Das Soll bleibt in dieser Sicht unangefochten in männlicher Regie, in männlicher Verfügung. Zwischen den Zeilen ist so zu hören: Wie schön wäre es doch, wenn die Männer uns endlich den Auftrag zur feministischen Wissenschaft erteilen würden, wenn sie sie wertschätzen würden, wenn sie sie ernst nähmen! Wäre dieser Bedarf seitens des Mannes, wäre seine Nachfrage gesichert, dann könnten wir der Identitätskrise entkommen, dann bestünde wieder die heterosoziale Übereinkunft darüber, was wir zu tun haben und wie wir sein sollen!

Die Tatsache, daß feministische Arbeit nicht vorgesehen, nicht erwartet, nicht erwünscht ist – von Männern jedenfalls –, wird in einer solchen Problembeschreibung zur unverrückbaren Bedingung ihrer Verhinderung gemacht, zur Begründung der Unmöglichkeit, sie dennoch oder erst recht zu tun. Nur das von Männern Vorgesehene, Erwartete und Erwünschte macht das von Frauen Gewollte möglich, eröffnet den Weg zur Realisierung. Frauen determinieren mit solchen impliziten Schlußfolgerungen ihre Situation als zwangsläufige, warten auf die Erlaubnis des Mannes, verhindern das Realwerden eigener, vom Vorgesehenen abweichender, ihm widersprechender Intentionen.

Hier zeigt sich nicht allein eine realistische Einschätzung von Macht, hinterrücks vielmehr zugleich eine Dämonisierung der Macht, das Zerkleinern eigener Absichten bereits im Vorfeld ihrer Entstehung. Damit will ich den Faktor Macht nicht unterschätzen und von einer realen Größe zur bloßen Einbildung oder nur noch psychischen Niederlassung herunterspielen. Die Kollision mit der institutionellen und personalen

Macht in der Männergesellschaft, die Kollision mit Fremdheiten und Absurditäten, mit Ungeheuerlichkeiten und Unannehmbarkeiten ist aber eine »not-wendige«, da sie unser Wollen auch intensivieren und schärfen kann. Die nach meiner Auffassung zumindest voreilig behaupteten Determinismen nach Art des: »Was nicht vorgesehen ist, ist nicht möglich« zu entlarven, halte ich für eine immer neue Herausforderung feministischer Arbeit. Das ist nicht einfach ein Willensakt oder ein pädagogischer Trick, um den demotivierenden Glauben an die Unüberwindbarkeit des ideologischen und materiellen Männer-Macht-Systems im eigenen Bewußtsein aufzulösen. Es ist vielmehr Teil der Analyse gesellschaftlicher Bedingungen unserer gegenwärtigen Arbeit, die zumindest ein großes Fragezeichen setzt angesichts eiserner Zwangsläufigkeit des Verhaltens der Frau in diesen Machtverhältnissen, ein großes Fragezeichen, wenn behauptet wird, Frauen seien zur Angleichung oder Unterwerfung gezwungen und der Beraubung ihrer sogenannten Identität unausweichlich ausgeliefert.

Wenig liegt offen zutage, solange wir uns nicht selbst um Aufschlüsse bemühen und keinen Schlüssel finden, mit dem wir an den verschlossenen Verhältnissen hantieren können. Niemand kann Interesse an der Aufdeckung haben außer denjenigen Frauen, für die das Erträgliche der weiblichen Normalexistenz ebenso unerträglich wird wie das immer schon Unerträgliche dieser Existenz. Jede Entdeckung, jeder Versuch, mehr und anderes zu begreifen, als Frauen begreifen *sollen,* wird damit zu einem Sprung aus den Übereinkünften der gesollten Abblendungen.
　　　　Mit der zuvor erwähnten Unlust ist diese Art feministischer Arbeit kaum zu vereinbaren. Entdeckungen mit Unlust machen zu wollen, macht sie von vornherein unmöglich. Ich denke, daß Frauen zwar nicht gerade ein erotisches Verhältnis zur Institution Universität gefunden haben oder dieses vermissen, aber immer wieder ein erotisches Verhältnis zur eigenen und zur gemeinsamen inhaltlichen Arbeit: Lust und Neugierde auf die eigenen Ent-Deckungen und die der anderen. Wir haben im Unterschied zu vielen Männern noch *Fragen,* und diesen wollen wir nachgehen. Forschen heißt fragen, und dieses ist von den zielgesteuerten, bürokratisch kontrollierten Unternehmungen, von denen zuvor die Rede war, weit entfernt, ist außerdem nicht gebunden an den Ort Universität, sondern gebunden an Personen, die etwas wissen wollen. Forschen heißt außerdem wühlen, herumwühlen, aufreißen, heißt fordern, ersuchen, verlangen.[4] Forschen in diesem alten Sinne heißt

unerbittliches Wissenwollen, ist Wühlarbeit, und wer diese aufnehmen will, braucht ein starkes, ein *eigenes* Motiv, einen leidenschaftlichen Anlaß. Frauen in der Männergesellschaft haben Anlaß zur Frage, ein Verlangen nach Aufklärung, in dem ein existentielles Interesse an der Welt und an sich selbst zum Ausdruck kommt.

Anmerkungen

[1] s. Ferdinand Menne: *Läßt die »Alma Mater« ihre Töchter nicht zu sich kommen?* In: Die neue Gesellschaft, Frankfurter Hefte, Nr. 7, Juli 1987, S. 635–639. Die Zahlen lauten für die BRD und Westberlin: Frauen sind 22% der DoktorandInnen, 18% der wissenschaftlichen/künstlerischen MitarbeiterInnen, 5% der ProfessorInnen; 2,6% sind sog. Lehrstuhlinhaberinnen, d.h. haben eine C-4-Professur.
[2] Klaus Heinrich: *Zur Geistlosigkeit der Universität heute.* In: taz vom 30.6.1987
[3] Veronika Bennholdt-Thomsen: *Sexualpolitik im Wissenschaftsbetrieb.* Unveröffentl. Manuskript, Universität Bielefeld 1987
[4] s. *Deutsches Wörterbuch* von Jacob und Wilhelm Grimm, Bd. 4, München 1984; Duden: *Eine Ethymologie der deutschen Sprache.* Bd. 7, Mannheim 1963

Christina Thürmer-Rohr

Frauen in Gewaltverhältnissen[1]
Zur Generalisierung des Opferbegriffs

Als die Frauenbewegung in den siebziger Jahren begann, Gewalt gegen Frauen zum Thema zu machen und das verlogene Schweigen über die Allgegenwart der Männertaten in Schlafzimmern und ehelichen Wohnungen, in Parks und auf den Straßen, in Diensträumen und Automobilen zu brechen, ging es zunächst darum, auf dem *Opferstatus* der vergewaltigten Frau zu bestehen. Nur über die Opferrolle war es überhaupt möglich, auf den »Ernst«, auf den persönlichen Schaden, das politische Gewicht und die juristische Relevanz des Vergewaltigungsverbrechens aufmerksam zu machen. Denn nach herrschender Männermeinung und Gerichtspraxis kam der vergewaltigten Frau eigentlich die Würde des Opfers nicht zu. Jedenfalls dann nicht, wenn sie wirklich vergewaltigt worden war, statt sich wehrhaft zu entziehen. Denn die stattgefundene Vergewaltigung galt als Beweis ihrer Einwilligung, ihrer Übereinstimmung mit den Absichten des Mannes, der lediglich über einige mannhaft genommene Hürden hinweg ihr schließlich das verschafft hatte, was auch sie von ihm wollte.

Das ist nicht Vergangenheit. Bis heute zeigt fast jeder Vergewaltigungsprozeß, fast jede Berichterstattung und private Kommentierung, wie quälend die Anstrengung ist, den Opferstatus der Frau zu belegen bzw. die Unterstellung ihrer professionellen, halbprofessionellen oder einfach eigenlustbedingten Zustimmung abzuwehren. Opfersein: Die einzige Chance der Frau, um überhaupt als Geschädigte des Prozesses der Hilfe, der Aufmerksamkeit, der Anteilnahme, der Parteinahme würdig zu werden.

Der zunächst notwendige und unentbehrliche feministische Vorstoß in einen exemplarisch verzerrten und verdeckten Elendsbereich der Geschlechter mit Hilfe der Kategorie des Opfers ist mittlerweile in vieler Hinsicht fragwürdig und dürftig geworden, auch wenn für die juristische Praxis weiterhin die Viktimisierung der Frau der einzige Weg sein mag, um ihr zu ihrem Recht zu verhelfen. Um jedoch das Phänomen der sexuellen Gewalt im Zusammenhang mit den Gewaltverhältnissen in der Männergesellschaft und das Verhalten der Frau in diesem Geschlechterverhältnis zu begreifen, ist die Kategorie *Opfer* unzureichend. Jedenfalls dann, wenn der Opferbegriff so inflationär, so unspezifisch und damit so problemverdeckend angewendet wird, wie es heute meist geschieht.

Als *Opfer* wird heute nicht nur die Frau als Objekt des sexuellen Mißbrauchs, als Vergewaltigte und Mißhandelte definiert, sondern darüber hinaus oft die Frau überhaupt; weiterhin greifen auch Männer, sofern sie sich mit dem unangenehmen Thema der sexuellen Gewalt des Mannes befassen, *sofort* zu dem Wort Opfer, offensichtlich, um an dem entlastenden und verständnisgarantierenden Flair des Opferseins teilzuhaben und mit zu denjenigen zu gehören, die nicht nur um gerechte Behandlung kämpfen, sondern über das Etikett Opfer auch den Gefühlszustand des Mitleids hervorrufen. Die wilde Ausbreitung des Opferbegriffs auf *den* Menschen überhaupt, auf diejenigen, die irgendwie geschädigt, zu kurz gekommen, unfrei, reduziert, verformt, brutalisiert, verunmenschlicht sind, auf *alle:* diese Verkultung und gleichzeitige Ausmagerung verhindert jede klare Analyse und jede klare Konsequenz. Sie entlarvt das Interesse, sich selbst zu entlasten und der Verantwortlichkeit zu entziehen; das Interesse, vom *Subjekt* der Gewalt hartnäckig zu abstrahieren, es auszugrenzen und vergessen zu machen; es vernebelt die *unvergleichbare* Ausgangssituation der Geschlechter in der Männergesellschaft und macht beide Geschlechter in ihrem Blick auf sich selbst passiv.

So geht es um die Frage,
> inwieweit der *Opferbegriff* die Situation der Frau angesichts sexueller Gewalt zureichend wiedergibt und was seine beliebte Generalisierung auf Frauen überhaupt und auf männliche Täter anrichtet;
> inwieweit das *Vergewaltigungsparadigma* zur Analyse und zur entschiedenen Beurteilung der allgemeinen Gewaltverhältnisse in der Männergesellschaft geeignet ist;
> inwieweit die *Reduzierung von Männergewalt auf sexuelle Gewalt* auch ein Mittel darstellt, um von den »normal« erscheinenden Strukturen zwischen den Geschlechtern, die durchtränkt sind mit Gewalt, abzulenken.

Das Wort Opfer wird heute oft als Synonym verwendet für die Bedingtheit des menschlichen Verhaltens durch gesellschaftliche Strukturen, d.h. gleichbedeutend mit den *Grenzen der Freiheit*, die jeder Mensch erfährt, wenn sein Verhalten nicht nur aus den Impulsen des eigenen Wollens erklärbar erscheint bzw. wenn er etwas tut, das »die Verhältnisse«, die Umstände, die Gesellschaft, die Erziehung etc. ihm zu tun nahelegen und zu tun legitimieren. Nicht dieser Mensch selbst, sondern das Ensemble der gesellschaftlichen Verhältnisse, dieses nicht-faßbare Subjekt der Tat, formt, befördert, produziert so das inkriminierte Verhalten; jenes ist schuldig, der Ausführer, diese Täter-Marionette, ist jedenfalls nur schuldlos-schuldig.[2]

So wird von Männern in größter Regelmäßigkeit sogleich das entscheidende Zeichen gesetzt, die entschieden-unentschiedene Markierung jedes weiteren Gedankens vorgenommen: Jeder männliche Täter nämlich sei zugleich Opfer. Dem Täter wird sofort die Opfererlaubnis erteilt. Es gibt gar keine richtigen Täter, sondern nur solche Definitions-Wirren wie »*Täter*-Opfer« oder »*Täter-Opfer*«.[3] Gerade in der Gewalttätigkeit komme die Schwäche, der Mangel an Selbstbewußtsein des Mannes zum Vorschein. Diese Gesellschaft, die »nicht männergemacht«[4], allerdings auf männliche *Privilegien* ausgerichtet sei, dominiere auch den Großteil der Männer. Letzterem ist zwar nicht zu widersprechen, aber die Reduzierung der gemeinsamen Kennzeichen der Männer in der Männergesellschaft auf ihre »Privilegien«, bzw. der »Gewaltmänner« auf ihre unzureichenden Privilegien[5], stellt eine geduldstrapazierende Bagatellisierung und Formalisierung der allgemeinen Gewaltverhältnisse dar. Diese wären ja wohl nicht im Ernst durch noch mehr Männerprivilegien und deren gleichmäßigere Verteilung auf alle Männer zu mildern. Und diese Gewaltverhältnisse können sich ja wohl nicht von allein und ohne menschliche Subjekte herstellen und tragen. Daß die Formgebungen dieser Gesellschaft auch den männlichen Sozialcharakter bestimmen, ist eine so lapidare Einsicht, daß es immer wieder erstaunt, daß selbst intelligent erscheinende Männer sich mit dieser Binsenweisheit zufriedengeben, *sobald* es um sexuelle Gewalt geht. Verhaltensdeterminationen durch gesellschaftliche Bedingungen und Prägungen sind aber nicht identisch mit der Opferwerdung eines Menschen.

Dieses Ensemble der gesellschaftlichen Verhältnisse kann allenfalls Grundlagen eines gesellschaftlichen Massenverhaltens, einer gesellschaftlichen Massenmoral oder -unmoral erklären helfen, ohne das Verhalten des handelnden Subjekts jemals zu rechtfertigen oder diesem den Status des Opfers zu verleihen. Die moderne Generalisierung des Opferbegriffs hat verniedlichende und verwischende Auswirkungen auf die Analyse des Phänomens, um das es hier geht, die sexuelle Gewalt. Die Generalisierung macht den Opferbegriff zu einer sozialarbeiterischen, entpolitisierten Kategorie. Das Wort Opfer bezeichnet ursprünglich etwas sehr Spezifisches, Einmaliges. Opfer sind die, *denen es ans Leben* geht, auch die, die selbst ihr Leben zu geben bereit sind, beide für einen politischen, existentiellen Zweck. Opfer sind die, die dem Tode dargeboten werden oder sich ihm selbst darbieten für eine Überzeugung, einen Glauben; zum Fraß, zur Besänftigung *für* einen Gott, einen Gefährlichen: Eine Gabe, und je entbehrungsvoller und entsagungsvoller sie ist, desto größer ist ihr Wert. Und immer ist sie durch ihren großen Zweck legitimiert und zwangsläufig *für* das Überleben oder Besser-Überleben der Opferer. Das Wort »Kriegsopfer« enthält noch diesen ursprünglichen Charakter des Geschenks, des mit dem Einsatz und Risiko des ganzen Lebens Dargebrachten für die große Sache, das Vaterland, die Zukunft, den Sieg. Ein solches Opfer ist sich der Verehrung und Achtung derjenigen sicher, die es opfern, weil es sich dem Zweck der Opferer zur Verfügung stellt. Das Opfer hat einen erhofften *Nutzen* für den Opferer, sonst hat es keinen Sinn. Die Lösung des Opferbegriffs aus den politischen und kriegs-religiösen Funktionen verliert die Frage nach dem gesellschaftlichen Sinn aus dem Auge. Jetzt ist Opfer nur noch gleichbedeutend mit dem Zustand der Passivität, dem Ausgeliefertsein gegenüber fremden Kräften. Diese Passivität aber erklärt das Opfersein nicht. Ein Opfer ist nicht Opfer, weil es *passiv* ist, hilflos fremden Gewalten ausgeliefert oder determiniert durch widrige äußere Umstände, sondern weil es dargeboten wird, *um* mit seiner Gabe, dem eigenen *Leben,* für etwas einzustehen, für etwas zu zahlen und mit dieser Gabe nicht mehr sich selbst, sondern den anderen zu nutzen.

Was ist der »Zweck« des Zwangsopfers Frau im Fall der sexuellen Gewalt? Wem wird sie geopfert? Was gibt das Opfer Frau dem Opferer Mann?

Zunächst steht hier nur eine sehr allgemeine Antwort zur Verfügung: Der Mann verschafft sich die Erfahrung, Macht gegenüber einer Frau zu spüren, zu sehen, auszuprobieren, auszukosten[6] – über sein kardinales Männlichkeits- und Macht-Symbol, seine Sexualität. Er verschafft sich selbst den Machterweis, indem er – mit Körperkraft und zumeist strammem Penis – der Frau den Ohnmachtserweis erteilt und ihre Unterwerfung erzwingt. Diese auch sonst überall herrschende *Ordnung* der Geschlechterverhältnisse führt der Vergewaltiger jetzt auf seine Weise mal wieder sich selbst und der Frau vor. Er setzt – heimlich zwar – den Beweis in die Welt, *wer* hier das Sagen, das Handeln und Gewalthandeln hat, *wer* hier demütigt und wer gedemütigt wird, *wer* potentiell auslöschen und wer potentiell ausgelöscht werden kann. Da der Vergewaltiger somit strukturell nichts Außergewöhnliches tut, ist es auch scheinheilig »verkehrt«, wenn das, was er mit seiner Tat dokumentiert, interpretiert wird als Ausdruck der psychischen Schädigung einer besonders arg von der Gesellschaft zugerichteten, selbstunsicheren Mannsperson. Denn der Erweis der Geschlechterordnung, die der Vergewaltiger praktiziert, wird von Männern ununterbrochen erbracht, öffentlich und nicht-öffentlich, verbal und nicht-verbal, sexuell und nicht-sexuell, in abgewetzter oder neu-erfundener Form. Der Täter kann sich der *Grundübereinkunft* mit männlichen Verbündeten und potentiellen Tätern sicher sein, sicher des Männerbündnisses in allgemeinster Form. Er kann davon ausgehen, daß Männer im *Grundmuster* der Tat heimlich oder offen mit ihm übereinstimmen; daß Männer gegenseitig ihre Handlungen an der Frau legitimieren. Beweis ist die männliche Reaktion auf männliche Gewalttaten, ihre Weigerung, zu begreifen und diese Tat als eine Opferung zu erkennen, ihre zuverlässige Parteinahme gegenüber ihresgleichen.

Die *Norm-Abweichung* des Vergewaltigers besteht allerdings darin, daß er eine Demütigungsform gegenüber der Frau wählt, die dem Prestige des Mannes nicht besonders dienlich ist. Die Tat, wird sie erkannt, fällt aus der Order heraus, die der Mann sich in der Männergesellschaft geben muß, sich mit *anständigen* Mitteln seiner Übermacht zu versichern, mit Mitteln nämlich, die die Akzeptanz durch die Frau nicht allzu offensichtlich gefährden. Er sollte also darauf achten, sich so zu präsentieren, daß er die weibliche Bereitschaft zur Loyalität grundsätzlich nicht zu sehr strapaziert; daß er seine Position und seinen Ruf als Wertsetzer und Maßstab der Dinge nicht verspielt. Insofern ist der Akt der Vergewaltigung riskant, weil zu weit gegangen. Denn die Frau ist zwar das subalterne Geschlecht, aber deswegen ja nicht einfach Feindin des Mannes. Sie soll es auch nicht werden. Vielmehr braucht er sie auf vielfältigste Weise zur Erleichterung und Erfreuung seines Lebens, nicht nur sexuell; sie ist ihm unentbehrlich, nicht zuletzt auch für sein *Bild* von sich selbst. Er ist auf ihre Zustimmung zu ihm als Mann, als Mann wie er ist, angewiesen. Er kann es sich also nicht leisten, wenn einige seiner Geschlechtsgenossen hier fahrlässig ein Bild vom Mann in die Welt setzen, das seinem Image schadet. Der Unmut gegenüber dem Zu-weit-Gegangenen, dem Vergewaltiger, widerspricht zwar nicht der Männer-Übereinstimmung im Grundmuster der Tat als einer, die die Herrschaftsverhältnisse mal wieder klarstellt. Aber: *diese* Tat ist nicht geeignet, den Minderwert der Frau und *gleichzeitig* den Wert des Mannes zu dokumentieren. Das aber ist Aufgabe des Mannes in einer auf Unrecht und Ungleichheit basierenden Gesellschaft, immer möglichst beides zu gewährleisten, die Abwertung der Frau und die Aufwertung des Mannes.

Der Vergewaltiger beachtet diese Grundregel nicht. Die Männerreaktion auf seine Tat ist so auch in der Regel distanziert, allerdings eine Distanz, die sich nicht in einer klaren Verwerfung der Tat äußert, vielmehr in ihrer Geringschätzung, ihrem Nicht-Ernstnehmen; damit ebenso im Geringschätzen, im Nicht-Ernstnehmen des Opfers. Möglich wird dies auf der Basis der Geringschätzung der Frau überhaupt. Denn, wie zuvor gesagt, eine Tat wird durch die Bedeutung des Opfers erhöht. Die Frau unterscheidet sich z.B. vom Kriegsopfer dadurch, daß sie, die Gabe, die geopferte Person, von vornherein nicht den Wert eines Mannesopfers hat wie etwa ein Soldat. Sie ist ein minderwertigeres, ein verachtetes Opfer. Ein verachtetes Opfer bekommt keine Opfer-Zuwendung. Es macht damit auch den Opferer nicht zu einem, der sich auf seine Tat in geheimem oder offenem Stolz berufen könnte. Deswegen ist auch der »Sittenstrolch« in der Hierarchie der Männer-Gewalttaten ganz unten angesiedelt.

Weiterhin können der Opferer und seine Verbündeten es sich leisten, das Opfer Frau als geringfügiges zu erachten, weil sie den Schaden nicht zu erkennen bereit sind und ihn herunterspielen. Demzufolge müssen sie sich selbst nicht als Opferer definieren. Aus der Sicht des Täters ist die Frau kein richtiges Opfer und die Tat somit keine richtige Tat. Diese Verdrehung der Tat am Opfer zur Nicht-Tat hat die Funktion, daß der Täter sich gar nicht im Opfer-Täter-Verhältnis ansiedeln muß, daß er sich heraussstehlen kann, daß er sich nicht schuldig fühlen muß und nicht haftbar.

Die Frau ist in der sexuellen Gewaltsituation Opfer, weil sie unter der Drohung des Todes ein Instrument wird, das die Verfügungsfähigkeit des Mannes über die Frau vorführen muß.

Die Übertragung des Opferbegriffs auf die Lage der Frau in der Männergesellschaft überhaupt gibt diese Lage ungenau oder falsch wieder. Das, was die Männergesellschaft von ihren Frauen will, was mit Frauen geschieht und was sie geschehen lassen, ist mit der Metapher des

Opfers, der Opferung nicht erfaßt. Zwar kann jede einzelne Frau der Männergesellschaft geopfert werden mit der Willkürentscheidung des einzelnen Gewalttäters, der irgendwann eines Tags oder Nachts seinen Zugriff auf sie tut. Diese Drohung ist allgegenwärtig. Aber deswegen ist die Opferung ihrer Frauen, die generelle Todesdrohung, noch lange nicht im Sinn der Männergesellschaft, allenfalls sind es exemplarische Opferungen. Vollends fatal wird die Übertragung des Opferbegriffs auf den Gewalttäter selbst. Nicht *ihm* geht es ans Leben, sondern er schädigt oder zerstört ein anderes. Wer diesen einfachen Unterschied nicht sehen will, sollte in der Auseinandersetzung um sexuelle Gewalt vorerst schweigen, vielleicht mal eine Zeitlang zuhören, bevor er sich äußert.

Die amerikanische Soziologin Kathleen Barry widersprach in ihrem Buch »Sexuelle Versklavung von Frauen«[7] bereits vor etlichen Jahren der verwirrenden Ausdehnung des Opferbegriffs. Sie bezeichnet demgegenüber die vergewaltigte und sexuell versklavte Frau als Überlebende: als eine, die tätig und initiativ, mehr oder weniger erfindungsreich oder erfolglos ständig Momententscheidungen für ihr Überleben trifft. Diese Begrifflichkeit ist zum Verständnis des Verhaltens der Frau gegenüber männlicher Gewalt hilfreich. Die Frau, die dieser Gewalt ausgesetzt ist, muß ständig einen Weg ersinnen, um so heil wie möglich davonzukommen. Dabei kann sie sich durchaus »uneindeutig« verhalten aus der Sicht derer, die sie entweder als wehrhaftes Subjekt oder als passives Objekt zu sehen erwarten. Im Versuch zu überleben, kann die Frau gegebenenfalls das passive Hinnehmen des Gewaltaktes als den besten Weg ansehen, um ihn irgendwie lebendig durchzustehen. Ihre Entscheidungen fürs Überleben erwecken für diejenigen, die einen sexuellen Gewaltakt gegen die Frau beharrlich mit dem des Nahkampfes unter Männern gleichsetzen wollen, den unverwüstlichen Eindruck, dieses Verhalten sei inkonsequent, da es, gemessen am »Sieg« über den Gegner, aus fragwürdigen Geratewohl-Entscheidungen oder problematischen Nicht-Entscheidungen besteht[8], die den dem Mann erwünschten Eindruck verstärken, ihr gehe es gar nicht durchweg ums Abbrechen seiner Tat. Dieses Handeln aber ist, da immer aufs Überleben aus, gezielt, situationsbezogen und situationsbeachtend. Zum Kampf ums Überleben in der unmittelbaren Gewaltsituation gehört gerade, daß er nicht in der unausgesetzten und unausgesetzt artikulierten Gegenwehr bestehen *kann*. Denn gerade diese könnte das Überleben noch mehr gefährden, die Verwundungen vermehren, die Verletzungen verschlimmern, die Todesgefahr vergrößern. Die Absicht der Frau ist hier vollkommen eindeutig: Ihr geht es darum, *nicht Opfer* des Mannes zu werden. Ihre Handlungen sind demgegenüber scheinbar nicht so eindeutig. Denn Überleben bedeutet, geringstmögliche Beschädigung und geringstmögliche Dauer der Qual. Ums Überleben kämpfen heißt auch hier, ein auf den Mann, auch auf den Mann als Mißhandler gerichtetes, an seinen Handlungen orientiertes, auf ihn aufmerksames, auf ihn reagierendes taktierendes Verhalten, immer mit dem Ziel, die eigene Schädigung nicht zu vergrößern.

Aber das Überleben in der sexuellen Gewaltsituation ist noch vertrackter, ihre Inszenierung noch viel perfider und demütigender. Denn auch wenn die Frau nicht nur Angst, sondern Todesangst hat, kämpft sie dennoch meist nicht gegen einen Mörder. Vielmehr hat der Täter sich die Freiheit genommen, über ihr Überleben und dessen Bedingungen selbst zu entscheiden, egal, wie sie sich verhält. Das heißt – in allem Zynismus – er »schenkt« ihr das Leben, wenn er sie nicht umbringt; er läßt sie im allgemeinen geschädigt, gedemütigt, aber lebend zurück. Der Täter schafft damit eine Situation, in der er sich zum Herrn über Leben und Tod macht. Wenn er es ihr nicht nimmt, gestattet er ihr das Leben. Er entscheidet, ob sie Opfer wird oder Überlebende bleibt. Und so ist das reale Überleben, um das die vergewaltigte Frau kämpft, nicht nur *ihr* Werk, sondern auch *sein* Werk, seine »Gnade« an ihr.

Die Frau gerät in diese Situation mit einem Überlebenstraining, das nicht auf Truppenübungs- und Fußballplätzen stattfand, nicht im Kräftemessen mit Fäusten und kleinen Gewaltgeräten auf den Straßen oder in faszinierter Modellsuche vor dem Gewaltvideo. Vielmehr in einem subtilen Hin und Her zwischen Schutzsuche und Besänftigungsbemühen, zwischen Bewunderung und Verweigerung, zwischen Liebe, Angst und Mißtrauen. So entsteht für den selbstverständlich zu seinen Gunsten vorweg-urteilenden Mann der zynische Eindruck, die Frau sei auch in der sexuellen Gewaltsituation zumindest insgeheim seine Komplizin. Ihre Überlebensversuche seien immer Versuche, *mit dem Mann* zu überleben, in Verbindung mit ihm, im Verbindunghalten zu ihm, in Übereinstimmung mit seinem Vorhaben. Auch jetzt scheint es so, auch gegen alle Tatsachenwahrnehmungen, als könnte er von der *Grundakzeptanz* der Frau ihm gegenüber ausgehen.

Auch in der Tatsituation, in der der Mann als *eindeutiger Feind* auftritt, agiert die Frau nicht sichtbar als *eindeutige Feindin,* hier *kann* sie nicht als eine solche agieren, sondern ist sie auch Flehende, Bittende, Weinende, Widersprüchliche, zwischen Widerstand und Ergebung

Herumprobierende. Dem Gewalttäter die Ablehnung, den Abscheu, den Haß – nicht nur die Angst – zu zeigen, der Versuch, ihn in seinen Absichten unschädlich zu machen, das stößt an Grenzen der weiblichen Erfahrung im Umgang mit dem Mann überhaupt.

Was bedeutet das? Ist das Vergewaltigungsparadigma ein Paradigma für die Überlebenssuche der Frau überhaupt? Ist es übertragbar? Enthält es gebündelt das, was das Leben der Frau auch sonst enthält?

Kathleen Barry meint, es gehe nicht nur ums bloße Überleben, sondern um »wirksames Überleben«[9]: nicht nur darum, irgendwie immer wieder davonzukommen, immer wieder erst mal ganz selbstverständlich von der Lebens- und Überlebenserlaubnis auszugehen und es dann in der Gewaltsituation immer wieder sozusagen unqualifiziert, unvorbereitet nach der Methode Versuch und Irrtum zu versuchen. Vielmehr gehe es darum, in Kenntnis der Gefahr, in Vorbereitung auf sie, das eigene Leben zu organisieren.

Was kann das heißen, »wirksames Überleben«? Hier, wo die Autorin abbricht, fängt das theoretische und politische Problem der Männergewalt für Frauen erst an. Hier wird deutlich, daß die sexuelle Gewalt gegen Frauen nicht losgelöst von der strukturellen Gewalt der Männergesellschaft faßbar ist. Denn sowohl, was der Frau widerfährt, als auch, was sie tut, entsteht in der *Normalität* der Männergesellschaft, in der *Normalität* des Geschlechterverhältnisses.

Wie sieht das Überleben der Frau außerhalb der unmittelbaren sexuellen Gewalt, in ihrem sogenannten normalen Leben aus? Der Begriff »Überlebende« ist zwar einer, der mehr und anderes verständlich machen kann als der Opferbegriff. Aber auch der Überlebensbegriff enthält als solcher noch nicht die Vorstellung vom *strukturellen Zusammenwirken* der Geschlechter, d.h. dem Wirken der Frau *für* den Mann; keine Vorstellung von der funktionalisierenden Beziehungsmoral des Geschlechterverhältnisses und vor allem keine Vorstellung von der *Aufhebung* dieser Art Überlebenstätigkeit der Frau. Die Frau lebt und überlebt ja nicht irgendwie; auch nicht wie ein gehetztes und bedrohtes Tier, das sich Winkel, Unterschlüpfe und Ausgänge sucht und dabei immer sein eigenständiges Leben im Auge hat. Das Überleben der Frau ist nicht nur ein Kampf um *ihre* Existenz, um *ihr* Recht, *ihre* Freiheit, *ihren* Zugriff auf diese Welt. Und so schützt der Begriff des Überlebens keineswegs vor einer Konfrontation: Diese steckt darin, daß das »normale« Überleben der Frau im *Mit-Überleben* besteht, im Überleben *mit* dem Mann und unsichtbar verwoben *mit* seinen Vorhaben an ihr und an der Welt. Dieses *Mit,* seine Macharten, seine komplizierten und widersprüchlichen, seine hoffnungsbeladenen und enttäuschten, seine willigen und undurchschauten alltäglichen Spielarten, diese »normale« Weiblichkeit und »normale« Männlichkeit bilden den Boden, auf dem in aller scheinbaren Harmlosigkeit und Selbstverständlichkeit die *Mystifizierung* des Mannes gedeiht. Hier wird der Bedarf am Mann praktiziert, die Wertschätzung durch den Mann, die Entwertung der Frau, auch durch die Frau selbst. Diese historischen Prozesse der Bewertung und Entwertung nimmt nicht jedes Geschlecht für sich vor, sondern immer auch mit Hilfe des je anderen. Das bedeutet: nicht nur der Mann ist verantwortlich für die gesellschaftliche Minderbewertung der Frau durch sein tägliches Tun und Lassen an der Frau, sondern auch die Frau ist mitbeteiligt durch ihr Tun und Lassen am Mann und an sich selbst, an der mystifizierenden Hochbewertung des Mannes, seiner Produkte und Entscheidungen, auch wenn sie an deren Erstellung, Ausführung, Umsetzung, Durchführung im allgemeinen überhaupt nicht beteiligt ist. Aber das Leben und Überleben der Frau *stützt* die Geschlechter-Grund-Ordnung der besonderen Werthaftigkeit des Mannes über ihre Verstrickungen im Vorfeld und Umfeld der gerichtsrelevant werdenden Taten des Mannes. Der Begriff des Überlebens ermöglicht somit keinen Ausweg, um dieser entscheidenden Frage nach dem *Mit* der Frau auszuweichen.

Hier setzt der Begriff der *Mittäterschaft* an. Sein Mit bezieht sich auf das gesellschaftliche Normal-Verhalten, in dem die Frau die Akzeptanz alltäglichen Gewalthandelns, alltäglicher Kleinhaltung und Verfügbarkeit auferlegt bekommt bzw. sich selbst auferlegt. Hier besteht das Leben der Frauen gerade im Nebeneinander von Gewalterleiden, Gewalthinnehmen, Gewaltleugnen, Gewaltübersehen, Gewaltsehen, Gewaltverabscheuen, Gewaltfürchten, Gewaltaufhalten, Gewaltwidersprechen, Gewaltwidersetzen. Frauen tun etwas dagegen und machen trotzdem mit.[9] Dieses Nebeneinander als Ausdruck und Produkt der unwürdigen Geschlechterverhältnisse, der Asymmetrie der Macht zu erkennen, ergibt so lange noch keine theoretische und praktische Konsequenz, wie nicht klar gesagt wird, wo und wie die Frau mit dem Mann und für den Mann handelt und nicht handelt; wie nicht klar gesagt wird, daß die Schädigungen, die der Mann ihr »normalerweise« zufügt, nicht nur »ihre« Schädigungen sind, sondern immer auch solche, die dem Mann dienlich sind, insofern sie die Kleinhaltung der Frau vervielfältigen und vertiefen: Sogar die Schäden sind Schäden *für* den Mann, Schäden, die seine Machtstellung ausbauen, befestigen und rechtfertigen.

Der Begriff »Mittäterschaft« hört sich für diejenigen deplaziert oder fatal an, die das Paradigma der sexuellen Gewalt zum Ausgangspunkt und Angelpunkt der Gewaltanalyse dieser Gesellschaft überhaupt machen, die sexuelle Gewalt zum Gewaltprototyp der Geschlechter- und Männergewalt erklären. Damit auch für diejenigen, die in der männlichen sexuellen Gewalt Sexualität sehen und nicht Gewalt, die Vergewaltigung zum Sexualdelikt erklären. So ist die Kontroverse um die »Mittäterschaft« wohl auch nicht einfach auf unzureichende Vermittlung oder auf Begriffsstutzigkeit zurückzuführen, sondern auch auf differierende Auffassungen darüber, an welchem Ort und mit welchen Handlungen der Mann zu belasten sei.

Angesichts des körperlichen und sexuellen Gewaltakts, angesichts der Opferung der Frau von »Mittäterschaft« zu reden, wäre in der Tat nicht nur zynisch, sondern auch sachlich irrwitzig und politisch unverantwortlich. Die Frau ist nicht Mittäterin an der direkten sexuellen Gewalttat an sich selbst, denn als eine, die um ihr *Überleben* kämpft, stellt sie keine Gewalt-Tat-Werkzeuge für eine Tat bereit, die sich gegen ihr Leben richtet. Hier gibt es keine Mit-Tat der Frau. Keine Frau stimmt der Gewalttat im Sinne des Gewaltdelikts an sich zu. Die gesellschaftliche Mit-Tat der Frau hat nicht das Ziel, den physischen Zugriff auf ihre Person herbeizuführen. Hier gibt es kein »Mit«. Hier gibt es allein den Täter. Seiner Tat ist die Frau ausgeliefert, ob sie nun eine Strategie des Überlebens durch taktische Versuche der Pazifizierung probiert oder ob sie das nicht tut. Jeder Anschein von Zustimmung ist hier Überlebens-Notwehr und nicht Mittäterschaft.

Aus dieser Tatsache können aber zwei Schlußfolgerungen *nicht* gezogen werden:
> daß die gleichen Bedingungen auch sonst herrschen, überall, daß diese Bedingungen die Geschlechterlage repräsentieren und der Mann überall diese Art Täter sei und die Frau überall Opfer;
> und: daß außerhalb der sexuellen Gewaltzonen sich »Menschen« begegnen würden, Mensch Mann und Mensch Frau, souverän und eigenständig, frei von diesem ganzen sexuellen Gewaltdilemma, das sich ausgerechnet in der Sexualität konzentriere.[10]

Die erste Schlußfolgerung nivelliert die politischen und psychischen Unterschiede zwischen Taten, die die Drohung des Opfertods enthalten und solchen, die diese nicht enthalten und dennoch Taten sind; sie nivelliert die Unterschiedlichkeiten der Überlebenssituation der Frau und der manifesten Angriffe des Mannes auf dieses Überleben. Sie verkennt damit die Möglichkeiten und die Herausforderung für beide Geschlechter, sich der Gewaltnorm zu widersetzen und von ihr abzuweichen. Die zweite Schlußfolgerung bagatellisiert die Geschlechter-»Normalität« in ihrer auch nicht-sexuellen Alltäglichkeit und möchte diese als irgendwie »menschlich« gebliebene belassen. Sie verkennt damit die Notwendigkeit, im normalen Zusammenwirken der Geschlechter Gewalt-Praxis und Gewalt-Vorbereitungspraxis zu ent-decken.

Nur die Aufkündigung der Bündnisse der Gewalt kann eine Veränderung vorstellbar machen: die Aufkündigung nicht nur von seiten der Frauen, sondern vor allem von seiten der Männer selbst, der potentiell Verbündeten oder verbündet Erscheinenden. Damit ergibt sich auch eine entschiedene Stellungnahme zur *Täter-Therapie*. Nur eine Täter-Therapie durch Männer kann nach meiner Auffassung der politische und psycho-logische Weg sein. Er allein würde ausdrücken, daß dem Gewalttäter und den Männern als Repräsentanten der Männergesellschaft die bedingungslose Verantwortung für ihre Taten zu übertragen ist. Nur der Mann, der das geheime Bündnis mit der Gewalt aufkündigt, kann männliches Verhalten zu ändern versuchen. Denn Gewalt geschieht nicht, weil der Gewalttäter einfach ein falsches Bild von der Frau hat, das er nun mit therapeutischer Hilfe, mit ihr als lebendem Gegenmodell vor Augen, korrigieren muß, indem sie ihm neue Bilder der »neuen« Frau vorstellt. Vielmehr, weil er sich in seinen Gewalthandlungen unausgesetzt bestätigt sieht, weil Gewalt von Männern allüberall vertreten wird. Der Mann, der sich mit seiner gesellschaftlichen Täterschaft ernsthaft konfrontiert und in Widerspruch zu ihr tritt, ist so das einzig relevante Gegenüber des Gewalttäters. Eine Tätertherapie durch Frauen und Laientherapeutinnen, die als Repräsentantinnen des weiblichen Geschlechts eine Auseinandersetzung und Konfrontation der Geschlechter in der Strafanstalt initiieren sollen[11], hinterläßt den unerträglichen Eindruck, daß dort die Männermystifizierung im neuen Gewande, kaum noch verdeckt, fortgeführt wird: eine indirekte Aufwertung von Gewalttätern und Männer-Sexual-Gewalt, die ihresgleichen sucht, eine Hochbewertung allein schon durch die schlichte Tatsache, daß hier gleich mehrere junge Frauen – unbezahlt – sich um einen einzelnen Sexualmörder oder Dauervergewaltiger scharen und ihr Interesse an ihm, seinem Sex, an seinen Gefühlen oder Nicht-Gefühlen, an seinen Motiven, seinem Frauenbild etc. praktisch bekunden; immer wieder, Detail für Detail, bestätigen und bekräftigen sie somit ihr Interesse an ihm. Die Diskussion dieses Ansatzes kritisiert meist erstrangig die »sadistische Eigenreaktion« der Frauen, ihre direkte Äußerung von Wut und Ekel gegenüber dem Täter.

Diese scheint mir aber weniger problematisch zu sein als die Tatsache ihrer Hinwendung und Zuwendung zur sexuellen Gewalttat, um die sich alles dreht, eine Zu-Wendung, die dem Gewalttäter auch hier das kontinuierliche Interesse, die Anwesenheit und Aufmerksamkeit der Frau vermittelt und versichert.

Ebensowenig halte ich es für vertretbar, daß *Männer* aus ihren Männer-Gewalt-Bündnissen austreten, um mit den *Opfern* zu paktieren, d.h. mit dem Ziel und Motiv, sich bei den *Opfern* zu verorten. Denn sie sind keine. Der Ausstieg von Männern aus dem Gewaltbündnis kann sich nur darin bekunden, daß sie sich mit *ihrer* historischen und gegenwärtigen Täterschaft befassen. Niemand wird behaupten können, dies sei schon geschehen oder dies geschehe. Männer beklagen zwar gelegentlich ihren eigenen Fall, aber sie weigern sich weiterhin, sich *selbst* als Subjekte einer Entwicklung zu erkennen, die zu beschreiben und zu beklagen sie sich begnügen. Die Formel, auf die sich alle einigen können, lautet dann meist: »Wir sind alle krank!« Der kollektive Krankheitsbefall, der psychische Krebserreger, die anhaltende kulturelle Seuche.

Die wenigen Männer, die sich überhaupt auf den Begriff »Männergesellschaft« einlassen, tun das häufig selbstmitleidig und Autobiografisches assoziierend. Sie beschreiben sich selbst als gelähmt und ihren Zustand als angeblich »notwendig« bewußtlos. Weil sie Teil dieser Männergesellschaft seien, könnten sie, so heißt es, auch kein klares Bewußtsein über ihre Art des Verwobenseins erwerben – eine merkwürdige Logik. Andere übernehmen feministisches Gedankengut und wenden es auf sich selbst an, – bis hin zu der absurd-gefährlich mißverstandenen Frage, inwieweit *sie* auch vergewaltigt seien. Solche Fragen scheitern allerdings, wie die Praxis der letzten Jahre gezeigt hat, nach kurzer Zeit an Inhaltsmangel.

Jeder Mann, der gegen die herrschenden Gewaltverhältnisse spricht, wird unglaubwürdig, wenn er das tut, ohne sich mit den persönlichen und politischen Konsequenzen der Männer-Zerstörungsgeschichte auseinanderzusetzen, wenn er Appelle an Frauen richtet oder sich mit den Opfern zu vermischen sucht, anstatt sich an seine eigenen Geschlechtsgenossen zu richten. Er bleibt unglaubwürdig, solange er nicht explizit als historisches Subjekt Mann und an die Adresse von Männern diese Geschichte und Gegenwart als seine patriarchale Geschichte und Gegenwart begreift und sich selbst als Produkt und Subjekt dieser Geschichte, von der er sich trennen muß.

Frauen, die ebenso wie Männer Teil dieses Patriarchats sind, haben angefangen, an einer persönlich und politisch konsequenzenreichen Analyse *ihrer* gesellschaftlichen Mittäterschaft zu arbeiten. Und es gibt wohl kaum ein soziales Phänomen, an dem diese Frage nicht untersuchbar wäre. Dieser Ansatz ist aktivierend und wachmachend, er zwingt zu Entscheidungen und zu Trennungen von gewohntem Denken und Fühlen, von gewohntem Handeln und auch von gewohnten Menschen. In dieser Arbeit wird klar, daß die Verquickung von friedfertig-gläubiger Unterstützung seitens der Frauen und unterstützungsbedürftiger Machtausdehnung seitens der Männer ein offensichtlich perfekter – fast perfekter – Weg war, den Mann freizusetzen für eine selbstverständliche Entscheidung nach der anderen, die im Ergebnis die Zerstörung dieser Erde, Stumpfsinn ihrer Menschen und Unlebbarkeit dieses Lebens bedeuten kann. Erst die Erkenntnis des Selbst-Beteiligtseins zwingt zu schonungslosen und eindeutigen Entscheidungen. Frauen und Männer sind in der Geschichte der Gewalt unterschiedliche Akteure. Sie können nur auf getrennten Wegen ihre historischen Rollen begreifen.

Anmerkungen

[1] Dieser Beitrag ist die gekürzte Fassung eines Vortrags, der auf dem Kongreß des Komitees für Grundrechte und Demokratie: »Kampagne gegen sexuelle Gewalt« in Köln am 13.3.1987 gehalten wurde; veröffentlicht in der taz vom 23.3.1987
[2] Lerke Gravenhorst: *Private Gewalt von Männern und feministische Sozialwissenschaft.* In: Sektion Frauenforschung in den Sozialwissenschaften in der Deutschen Gesellschaft für Soziologie (Hg.): *Frauenforschung.* Beiträge zum 22. Deutschen Soziologentag, Dortmund 1984. Frankfurt a.M. 1985, S. 104–115 s. dazu: Veronika Bennholdt-Thomsen: *Geh zurück auf »los«. Gegen die männeridentifizierte Reaktion in der Frauenforschung.* In: Beiträge zur feministischen Theorie und Praxis, Heft 18: *Politik – Auf der Spur – Gegen den Strich,* 1986, S. 82–91
[3] Wolf-Dieter Narr: *Vergewaltigung als Staats- und Männersache.* In: *Sexuelle Gewalt.* AK »Sexuelle Gewalt« beim Komitee für Grundrechte und Demokratie (Hg.) Berlin 1985, S. 158–182, S. 160
[4] ebd., S. 161
[5] Volker Elis Pilgrim: *Muttersöhne.* Düsseldorf 1986

[6] Ulrike Teubner: *Gewalt gegen Frauen – Neuauflage einer Analyse von männlicher Macht.* In: *Gewaltverhältnisse.* AK »Sexuelle Gewalt« beim Komitee für Grundrechte und Demokratie (Hg.), Frankfurt a.M. 1987, S. 129–136, S. 130
[7] Kathleen Barry: *Die sexuelle Versklavung von Frauen.* Berlin 1983
[8] ebd., S. 61
[9] ebd., S. 63
[10] Ulrike Teubner, a.a.O., S. 136
[11] Doris Janshen: *Gewaltverhältnisse oder: Für die Freiheit menschlicher Lösungen.* In: *Gewaltverhältnisse,* a.a.O., Frankfurt a.M. 1987, S. 5–21
[12] Hanne Tügel/Michael Heilemann (Hg.): *Frauen verändern Vergewaltiger.* Frankfurt a.M. 1987

Carola Wildt

Ein kollektives Ohnmachtstrauma[1]

»Die neue Erkenntnis von der unterdrückten Frau faszinierte mich. Unglücklicherweise verbanden sich die modischen Aspekte der Frauenbewegung mit meiner persönlichen Lähmung und verstärkten sie. Ich benutzte den Feminismus, um meinen Standpunkt vor mir zu rechtfertigen. Statt mich auf meine Entwicklung zu konzentrieren, richtete ich mein Augenmerk auf 'sie'. 'Sie' ließen mich nicht hochkommen. Die Frauen konnten es zu nichts bringen, weil die Männer sie daran hinderten.«[2]

»In der Frauenbewegung werden ständig neue Dokumentationen ausgearbeitet über die Unterdrückung der Frau auf verschiedenen Gebieten. Manchmal hat es den Anschein, die Frauen arbeiteten nicht daran, diese Unterdrückung aufzuheben, sondern sie wie in einem Reservat zu pflegen, um sie immer wieder triumphierend vorzuzeigen. Dementsprechend finden sie seltener Gelegenheit, sich mit anderen Frauen in ihrer Stärke, ihrem Optimismus zu identifizieren, sondern umgekehrt in ihren Schwächen, in ihrer Kaputtheit.«[3]

»Die Dornenkrone märtyrerhafter Weiblichkeit zierte auch Köpfe, in denen feministische Gedanken schwirrten. Die feministischen Gedanken reichten oft nur dazu aus, die Dornen noch tiefer einzudrücken. Wie wertlos muß ich sein, wenn ich mich in eine solche Situation bringen lasse, obwohl ich es besser wissen müßte? Es geschieht mir recht, daß es mir schlecht geht, denn ich weiß Bescheid und kann trotzdem nicht unabhängig werden.«[4]

»Ich hatte mit meinem persönlichen Wachstum eine Art Stillhalteabkommen getroffen. Aus Furcht lebte ich innerhalb gewisser starrer Grenzen, und das verhinderte, daß ich etwas lernte, meinen Horizont erweiterte und herausfand, was ich leisten konnte. Psychologisch gesehen, lagen die Dinge komplizierter. Ich fühlte mich nämlich nicht einfach unterlegen und verängstigt, sondern ich schwankte zwischen grandiosen Vorstellungen von meinen Fähigkeiten und gänzlich erniedrigenden Gefühlen der Inkompetenz hin und her. Ich spürte instinktiv, daß ich vor einem Hindernis stand, aber ich wußte nicht, wie ich es überwinden könnte.«[5]

»Die verewigte Minderwertigkeit bettelt um Almosen. Wenn sie viel nicht haben kann, gibt sie sich mit wenig zufrieden und verklärt das Wenige. (...) Das Scheitern wird in einen Gewinn umgemünzt; und wenn sie lange genug beteuert wird, glauben die Frauen ihre Lüge selbst.«[6]

»...im Rahmen des bescheidenen mittleren Maßes (d.h. die 'allseits beliebte, ein bißchen schwache und ein bißchen starke Frau, die wir selbst jeglicher Radikalität entkleidet haben') war alles möglich. Es war möglich, die ungeahnten eigenen Regressionswünsche auszuleben, Verschlingungstendenzen zu entdecken, die Kälte am eigenen Leib zu spüren. Ansprüche werden mal lauter, mal leiser geäußert. Ansprüche wie: Aus Solidarität bist du es mir schuldig, daß du mich liebst. Das fröhliche Fleisch wurde in der Selbsterfahrung beäugt, aber beim Tranchieren wurden die Knochen, an denen das saftige Selbst haftet, keines Blickes gewürdigt. Alles gerann zur Erfahrung, alles war möglich, mußte möglich sein, weil es immer neue Mosaiksteine des Selbst zu entdecken gab, aber keine Struktur, in der die Frauen sich neu anordnen wollten.«[7]

Diese Textfragmente, die ohne Mühe gegen andere austauschbar und beliebig um weitere zu ergänzen sind, verweisen alle auf die – meist verdeckt gehaltenen – Schattenseiten feministischer Erkenntnisse über die Unterdrückung der Frau in der Männergesellschaft. Mir geht es darum, den darin angedeuteten Phänomenen nachzuspüren, sie aus ihrem Schattendasein herauszuholen und den Entdeckungen mit (ideologiekritischem) Interesse zu begegnen. Zum Vorschein kommt dabei zum einen eine ungenügende 'Vorbereitung' der Rezipientinnen auf den politisch und persönlich brisanten Erfahrungsstoff: nämlich die Schwierigkeit, aus diesen Feststellungen und Beobachtungen ausnahmslos den beabsichtigten und gewünschten aufklärerischen, bewußtseinserweiternden und handlungsleitenden Erkenntnisgewinn zu ziehen. Zum anderen kommt ein dahinterliegendes Problem zum Vorschein: nämlich eine zu kurz gegriffene, zur Schwarzweißmalerei tendierende Analyse der Macht-Ohnmacht-Beziehung zwischen Männern und Frauen.

Die Schattenseiten (ver-)bergen auf den ersten Blick also wenig Ermutigendes, und es ist uns ohne weiteres zuzugestehen, daß wir in der feministischen Arbeit die verworrenen und sich verdunkelnden Seiten weniger aufmerksam, weniger emphatisch, weniger systematisch verfolgen und verfolgt haben. Wer tut so etwas schon gern ohne triftigen Grund? Und der scheint so lange nicht zwingend gegeben zu sein, wie die feministische Arbeit keinen Mangel an noch unentdecktem Terrain hat. Es geht um noch nicht beleuchtete Phänomene, Erkenntnisprobleme und Fragen, die sich im Zusammenhang mit der Unterdrückungsgeschichte und Gegenwart der Frau *neu*, das heißt erstmalig oder in ihrer jeweiligen Intention umfassender, anders oder radikaler als bis dahin stellen. Daß die 'Beleuchtung' der anliegenden Problemstellungen selbst Schatten werfen kann, auch bereits belichtet Geglaubtes sich hinterrücks wieder verdunkeln kann, ist eine nicht intendierte, aber dennoch immer wieder eintreffende Folge feministischer Aufklärungs- und Bewußtseinsarbeit. Und einzig um diesen Aspekt geht es hier. Damit wird das breite Spektrum feministischer Arbeit vorausgesetzt, denn ohne ein differenziertes Wissen um diese Vielfalt sind wir gar nicht in der Lage, die Schattenseiten als solche zu erkennen. Die Würdigung der feministischen Arbeit in ihrer Gesamtheit steht hier nicht zur Debatte. Die Konzentration auf den unliebsamen, meist unterbelichteten Aspekt verstehe ich also nicht als 'Abrechnung', sondern als notwendige Bereicherung feministischer Arbeit.

Die Beschäftigung damit ist allerdings wenig erfreulich, zumal die Art und Weise, in der sich das 'Belichtete' wieder verdunkelt, schwer zu durchschauen und nahezu unbegrenzt wiederholbar zu sein scheint. Sie hat den Charakter einer Sisyphusarbeit: sie verspricht keinen glücklichen Ausgang und nicht die erhoffte schlagartige und vollständige Befreiung von der Last der Gewohnheit und Tradition.

I. Es geht um das *Verharren* von Frauen in einer Position der *Ohnmacht*, in die sie offenbar ebenso ohne wie mit dem machtangreifenden Wissen um die gesellschaftliche Unterdrückung der Frau hineingeraten können. Es geht also auch darum, daß die feministische »neue Erkenntnis von der unterdrückten Frau« den tradierten Verhaltenskodex nicht per se aufbricht, sondern dieser sogar in fataler Weise perpetuiert werden kann: »Unglücklicherweise verband sich« dieses Wissen »mit meiner persönlichen Lähmung und verstärkte sie«. Wir entdecken, daß Frauen die erkannte Unterdrückung »wie in einem Reservat pflegen, um sie immer wieder triumphierend aufzuzeigen,« und daß »die Dornenkrone märtyrerhafter Weiblichkeit«, gepaart mit feministischen Gedanken, dazu führen kann, daß sich die »Dornen noch tiefer eindrücken«. Die feministische Arbeit hat die Unterdrückung der Frau als ein strukturell-gesellschaftliches Faktum – von dem alle Frauen als Geschlecht betroffen sind – aufgedeckt, politisch-moralisch angeklagt und an der radikalen Veränderung der geschlechtshierarchischen Unterdrückungsverhältnisse gearbeitet. Und sie hat vor allem versucht, bei den Betroffenen selbst ein Unrechtsbewußtsein zu schaffen, verbunden mit der Aufforderung und Hoffnung, sich als einzelne und kollektiv (in der Frauenbewegung) gegen Unterdrückung zu wehren. Diese Absicht der feministischen Arbeit wird dort unterlaufen, wo das Interesse der Rezipientinnen sich an den breitgefächerten, immer materialreicheren und differenzierteren empirischen Nachweisen der Unterdrückung der Frau festbeißt. Allgemeine Erkenntnisse werden nur auf die persönliche Situation und Erfahrung bezogen.

Die Frauen mögen sich in dem erlebten Leid wiedererkennen, fühlen sich aber nicht unbedingt herausgefordert, sich den Demütigungen und Zumutungen zu widersetzen. Vielmehr dient dieses Sich-Wiedererkennen offenbar mehr als *Entschuldigung* dafür, die »Konzentration von der eigenen Entwicklung abzuziehen«, ein »Stillhalteabkommen mit dem persönlichen Wachstum abzuschließen«, die Angst vor der Angst zu kultivieren und im beschränkten Horizont tradierter Denk-, Gefühls- und Handlungsschemata auszuharren; gerechtfertigt mit der feministischen Analyse, die eine Erklärung für die *Blockierungen* anbot/anbietet: »Frauen konnten es zu nichts bringen, weil die Männer sie daran hinderten.« Dort, wo eine Ursache für ihre Misere gefunden zu sein scheint, gibt es – selbst wenn die Misere anhält – für die 'Betroffenen' entweder keinen Anlaß, das Fahnden nach weiteren Gründen fortzusetzen, oder die angebotenen Erklärungen werden unhinterfragt als hinreichend akzeptiert. Die persönliche Lage erscheint dann als unabänderliches Los oder Schicksal und rechtfertigt ein Verharren in Passivität. Das Sich-Wiederfinden in einer Position von Machtlosigkeit erscheint als unverrückbare Regel, und diese Interpretation der sozialen Wirklichkeit wirkt nachhaltig prägend auf die Bilder, die Frauen von sich selbst und anderen entwickeln. So kann Machtlosigkeit zwar nicht idealisiert, aber doch soweit kultiviert werden, daß sie zum kollektiven Identifikationsmerkmal wird. Mit dieser Haltung verfestigen sich die Klassifikationsschemata, die polarisieren zwischen stark oder schwach; optimistisch oder pessimistisch; heil oder kaputt usw. usf. Das Wiedererkennungsmerkmal der Machtlosigkeit bringt es mit sich, daß Frauen »seltener Gelegenheit (finden), sich mit anderen Frauen in ihrer Stärke, ihrem Optimismus zu identifizieren, sondern umgekehrt mit ihren Schwächen, in ihrer Kaputtheit«. Diese Wahrnehmungen und Bewertungen von Frauen führen zur *Abgrenzung* oder zur *Ausgrenzung* der jeweils anderen, die nicht ins eigene Bild passen. Das Motiv dieser Ab- oder Ausgrenzungen ist der Wunsch nach Gleichheit. Dieses Ziel wird auch zu erreichen versucht über eine Nivellierung von Unterschieden oder Gegensätzen; mit einer Festlegung auf das »bescheidene mittlere Maß« verschwinden davon abweichende Interessen und Bedürfnisse von Frauen aus dem Gesichtsfeld. Beide Varianten der gegenseitigen Wahrnehmung und Wertschätzung von Frauen festigen den von ihnen angenommenen Status quo der Ohnmacht. Ein Sich-ohnmächtig-Fühlen führt nicht dazu, ungelebte und/oder unentwickelte vitale Potenzen zu entdecken, sondern führt dazu, die »ungeahnten Regressionswünsche« und »Verschlingungstendenzen«

auszuleben und damit die Empfindung von Ohnmächtigkeit zu festigen. Aus der politischen Solidarität mit den Kaputtgemachten droht das Kollektiv der Kaputten, der Ohmächtigen, der Ängstlichen zu werden.

Eine besondere Zuspitzung erfährt die Situation, wenn die rezipierenden Subjekte in einem *Handeln-wider-besseres-Wissen* verfangen sind. Die unüberbrückbar erscheinende Kluft zwischen Wissen und Handeln drückt sich in *Selbstvorwürfen* aus: »Es geschieht mir recht, daß es mir schlecht geht, denn ich weiß Bescheid und kann trotzdem nicht unabhängig werden.« Oder sie zeigt sich in einer Tendenz zur *Selbstentwertung:* »Wie wertlos muß ich sein, wenn ich mich in eine solche Situation bringen lasse, obwohl ich es besser wissen müßte.« Und sie beeinträchtigt den Realitätsbezug insofern, als sie die Rezipientinnen zwischen Allmachtphantasien und Unfähigkeitsgefühlen wechseln läßt: »Ich schwankte zwischen grandiosen Vorstellungen von meinen Fähigkeiten und gänzlich erniedrigenden Gefühlen der Inkompetenz.« Das *Handeln-wider-besseres-Wissen* nimmt das *Leiden* in Kauf: »Aus Furcht lebte ich innerhalb gewisser starrer Grenzen, und das verhinderte, daß ich etwas lernte, meinen Horizont erweiterte und herausfand, was ich leisten konnte. (…) Ich spürte instinktiv, daß ich vor einem Hindernis stand, aber ich wußte nicht, wie ich es überwinden könnte.« Das *Handeln-wider-besseres-Wissen* braucht ein *Arrangement mit den eng gesteckten Handlungsspielräumen,* damit der *Selbstbetrug* nicht ruchbar zu werden braucht: …es »gibt sich mit wenig zufrieden und verklärt das Wenige. (…) Das Scheitern wird dann in einen Gewinn umgemünzt; und wenn sie lange genug beteuert wird, glauben die Frauen ihre Lüge selbst.« Die Arrangements mit dem Gegebenen begrenzen den Erkenntnis- und Bewußtseinsstand der Subjekte, und der *Stellenwert und Erkenntnisgewinn von Selbsterfahrenem wird verabsolutiert:* »Alles gerann zur Erfahrung, alles war möglich, mußte möglich sein, weil es immer neue Mosaiksteine des Selbst zu entdecken gab, aber keine Struktur, in der Frauen sich anordnen wollten.« Aber nicht nur das Erkennen von Strukturen wird durch eine solche Fixierung auf (Selbst-)Erfahrungen verhindert, vielmehr auch das Erfahrungenmachen selbst. Denn »ohne ein Heraustreten aus dem, worin man war, ohne die Herstellung einer Distanz des bewußten Ich zum Gewesenen ist überhaupt keine Erfahrung möglich.«[8] »Erfahrung haben, heißt Nachforschung halten«[9], wenn wir es so verstehen, muß das Erfahrungsammeln über das Gewohnte, das empirisch vorab Verifizierbare hinausgehen.

II. Die Erscheinungsformen des Phänomens verweisen darauf, daß es um die 'Zustände' geht, in die das Subjekt Frau geraten kann, erstens infolge einer persönlichen Irritation, die durch eine Konfrontation mit feministischen Erkenntnissen ausgelöst wird, und/oder zweitens durch (unmittelbar) erfahrene Unterdrückung selbst. Hier stellt sich natürlich sofort die Frage, was sich hinter dem reichlich überstrapazierten Begriff Unterdrückung verbirgt, und warum er in diesem Zusammenhang einen Sinn ergibt. Ich benutze ihn deswegen, weil mir die Mannigfaltigkeit seiner Be-Deutungen hier entgegenkommt. Denn m.E. ist es notwendig, ein sehr breites Spektrum von Unterdrückungsformen gedanklich zuzulassen, um die 'Zustände' in die Frauen geraten, erklärbar machen zu können. Mit anderen Worten: alles das, was Frauen an Unterdrückung geschieht, muß in Betracht gezogen werden. Es sind nicht nur spezifische Gesten und Taten zu ihrer Unterwerfung, die im Subjekt Frau Gefühle von Machtlosigkeit mit all ihren Folgewirkungen auslösen. Es kann also nicht um die Suche nach einem lupenreinen Ursache-Wirkungsprinzip gehen, vielmehr um die Suche nach dem gesamten Spektrum von Unterdrückung als Spiegel und Ausdruck gesellschaftlicher Macht- und Ohnmachtverhältnisse und deren Niederschlag in individuellen Lebensgeschichten. Jede Unterdrückungsform hinterläßt bei den Objekten der Unterdrückung Schädigungen; Schädigungen an Körper, Seele und Geist, die mehr oder weniger verletzend oder zerstörerisch, situativ oder nachhaltig, sichtbar oder unsichtbar, manifest oder überwindbar, reparabel oder irreparabel sind. Die Art der Einwirkung – ob in Form strukturell-gesellschaftlicher Repressionsmaßnahmen oder direkter physischer, psychischer oder sexueller Gewaltausübung – kann ganz unterschiedliche, mehr oder weniger komplexe Formen der Schädigung hervorrufen.

Unterdrückungserfahrungen in diesem weitgefaßten Sinn und/oder das Wissen um die Macht- und Gewaltstrukturen, denen Frauen ausgesetzt sind – weil in der Ideologie der Männergesellschaft das Geschlecht Frau als legitimes Objekt der Schädigung gilt –, veranlassen Frauen zu spezifischen Deutungen ihrer Lage. Das Deutungsmuster, welches ich untersuchen will, möchte ich als *Opferbewußtsein* bezeichnen.

Daß eine subjektive Deutung von Wirklichkeit nicht identisch ist mit der Wirklichkeit selbst, muß nicht besonders betont werden, das heißt, nicht die Tatsache dieser Diskrepanz ist das Bemerkenswerte. Mein Interesse richtet sich vielmehr auf die je spezifischen Inhalte und Intentionen, die in den subjektiven Deutungsmustern der Lebenswirklichkeit zum

Ausdruck kommen. In diesem Fall zentrieren sich alle Gefühls-, Empfindungs-, Wahrnehmungs-, Interpretations- und Handlungsmuster auf das Opfersein. Dabei ist das Opfersein hier eben gerade nicht als (rein) empirische Kategorie zu verstehen. Oder anders gesagt: Im Selbst-Bewußtsein der Subjekte vermischen sich reale Erfahrungen der Schädigung, Verletzung etc. mit Identifikationsmustern des Opferseins. Damit erlangt das *Opferbewußtsein* eine psychische und identitätsstabilisierende Qualität, die Frauen sich als Deutungsmuster ihrer Lebenswirklichkeit zur Verfügung halten.

Bevor ich die Dimensionen dieser Wirklichkeitssicht von Frauen genauer beleuchte, will ich die Kategorie Opfer selbst, so wie sie in den feministischen Analysen verstanden wurde/wird, betrachten. In der Analyse der Geschlechterbeziehung ist der Begriff Opfer eine politisch-strukturelle Kategorie, mit der die gesellschaftliche Position der Unterworfenen, Unterdrückten, Ohnmächtigen bezeichnet wird. Die Kategorie Opfer macht nur Sinn in Verbindung mit ihrem Gegenpart – der Täterkategorie. In den gängigen feministischen Analysen soll die Opfer-Täter-Konstellation das Frau-Mann-Verhältnis unter den Bedingungen der herrschenden Macht- und Gewaltverhältnisse in der Männergesellschaft wiedergeben. Ob diese grobmaschige Analyse der Struktur des Geschlechterverhältnisses allein hinreicht, die wirklichen Bedingungen, Formgebungen und Tradierungen zu erfassen, mag an dieser Stelle dahingestellt sein. (siehe Abschnitt IV. und V.) Der Begriff Opfer als politisch-strukturelle Kategorie hat nicht nur deskriptiven Charakter – ebenso die Täterkategorie. Er ist bewußt wertend zu verstehen, sofern parteilich aus der Sicht der Unterdrückten argumentiert wird. Beide Kategorien sind wertend im Interesse einer moralischen Anklage des herrschenden Unrechts und seiner Akteure. In dieser gesellschaftspolitisch an- und eingreifenden Absicht sind die Analysen der Frauenbewegung von unschätzbarer Bedeutung für Frauen: Sie beabsichtigen die Demaskierung der Täter und die Entwicklung eines Unrechtsbewußtseins von Frauen im eigenen Interesse. Ziel ist, Unterdrückung nicht als Schicksal oder Wesensbestimmung hinzunehmen. Die politisch verstandene Kategorie Opfer enthält also implizit die Aufforderung an Frauen, sich nicht zum Opfer machen zu lassen.

Daß die rezipierenden Subjekte die politische Intention dieser feministischen Analysen des gesellschaftlichen Geschlechterverhältnisses mißverstehen können, ist die Ausgangsthese dieses Beitrags. Ich gehe davon aus, daß entgegen allen politischen Absichten nicht nur die Gefahr besteht – auf die in der einschlägigen Literatur immer wieder hingewiesen wird –, daß aus einer politischen Identifikation mit dem Opfersein oder der politischen Solidarität mit den Opfern eine »psychologische Opferhaltung oder Opferidentität«[10] werden *kann,* sondern daß das passiert, immer wieder, und nicht nur bei einzelnen wenigen Frauen. (siehe Abschnitt III.) Das ist nicht einfach eine individuelle 'Panne' und kein Problem, das nur individualpsychologisch zu erklären wäre; vielmehr handelt es sich m.E. um einen psychischen Reflex auf objektive gesellschaftliche Strukturen und Bedingungen, die mit der Ideologie der Geschlechtscharaktere ebenso zu tun haben wie mit dem kulturell-historisch belasteten Opferbegriff selbst. Die Implikationen dieses Begriffs sind schillernd und in unserem christlich-abendländischen Kulturkreis niemals frei von Zuschreibungen wie: Ausgeliefertsein, Schuldlosigkeit und Unschuld, Ohnmächtigkeit, Duldsamkeit, Demut, Passivität, Hilflosigkeit, Furchtsamkeit etc. Die beständige Reaktualisierung dieser Begriffsimplikationen steht den politisch-agitatorischen Inhalten und Absichten der feministisch-aufklärerischen Opferkategorie diametral entgegen. Ich gehe davon aus, daß im Falle des Mißverstehens dieser Intentionen die Konnotationen des kulturell-tradierten Opferbegriffs zum Tragen kommen. Damit wird auch das beschriebene Phänomen einer psychologischen Identifikation mit dem Opfersein erklärbar, die bei Frauen die Identität einer gefühls- und handlungsgelähmten, passiven oder fatalistischen Persönlichkeitsstruktur provozieren kann. Es bedarf keiner großen Anstrengung, die offensichtlichen Entsprechungen zwischen den Implikationen des kulturell-tradierten Opferbegriffs und denen des weiblichen Geschlechts- und Sozialcharakters zu entdecken. Die Vermittlung eines solchen Denkens geschieht also auf den für die Ideologie der Weiblichkeit üblichen Wegen: über Sozialisations- und Erziehungsprozesse, das Bildermachen und Mythenbilden über *die* Frau, die Betonierung einer geschlechtsbezogenen gesellschaftlichen Arbeitsteilung und ihrer hierarchisierenden Bewertung, die Dogmatisierung männlich-weiblich divergierender ethisch-moralischer Wertprinzipien etc. Was mit solchen ideologischen Infiltrationen beabsichtigt ist, ist bekannt: die bewußtlose Akzeptanz des im männlichen Interesse stehenden Geschlechtsschicksals *Frau.* Es geht um ein Sich-einrichten-Sollen in der Position des *anderen Geschlechts,* einschließlich eines psychischen Gewinns, Vorteils und Wohlbefindens. Aspekte dieser Art von Assimilation zeigen sich auch in den Aussagen der Frauen zu Beginn dieses Beitrages. Zu ihrem Repertoire der Lebensbewältigung gehören – wie gezeigt – *Selbstbetrug, Selbstvorwürfe, Selbstentwertung, Ab- und Ausgrenzungsmechanismen* gegenüber allem, was 'stört'; *Entschuldigungsattitüden* als Schutz vor Selbstverantwortung; *Blockierungen* eigener Fähigkeiten; *Verabsolutierung von Erfahrungen* als Erkenntnisquelle etc. Aber auch ein *Handeln-wider-besseres-Wissen*. Das, was also im Deutungsmuster des *Opferbewußtseins* zum Ausdruck kommt, sind ein mehr oder weniger klares Wissen um die eigene gesellschaftliche Lage und Vorstellungen über nicht zur Verfügung stehende Handlungsmöglichkeiten.

Genau in dieser unseligen Verknüpfung wirken die Intentionen der feministisch-aufklärerischen Opferkategorie und die des historisch-kulturell tradierten Opferbegriffs zusammen. Vor dem Hintergrund dieser spezifischen Qualität des *Opferbewußtseins* als Deutungsmuster von Wirklichkeit kann jetzt die Frage nach den Dimensionen dieser Wirklichkeitssicht noch einmal aufgegriffen werden.

Indem das Subjekt sich als Mittelpunkt seiner Erfahrungen und Erkenntnisse setzt, wird das *Opferbewußtsein* zum umfassenden Deutungsmuster, was die Person selbst, ihre Umgebung, ja ihr ganzes Welt- und Menschenbild bestimmt. Das *Opferbewußtsein* wird zur Matrix der Wahrnehmungen und Bewertungen. Bedingt durch das Denken in Gegensätzen wird unterschieden zwischen Opfern und Nicht-Opfern bzw. Opfern und Tätern, zwischen gut und böse, stark und schwach, mächtig und ohnmächtig, schuldbeladen und unschuldig usw. Menschen werden wahrgenommen und bewertet nach dem Muster: »Wer nicht für mich ist, ist gegen mich.« Und wer Freund oder Feind ist, entscheidet nicht in jedem Fall die Geschlechtszugehörigkeit der Personen. Dieses Deutungsmuster beschränkt den Wahrnehmungshorizont der Subjekte; alles wird gefiltert, gesiebt und wie durch ein Nadelöhr geschleust, um das Genehme vom Unangenehmen zu scheiden. Das Pendant zur Aussortierung und Ausgrenzung dessen, was das eigene Weltbild irritiert oder stört, ist der unbedingte Wunsch nach unhinterfragbarer Übereinstimmung mit Gleichgesinnten. Dabei entspricht die Vehemenz, mit der eine weitreichende und passive Toleranz nach innen praktiziert wird, der Vehemenz, mit der nach außen ein indirekt repressiv-intolerantes Verhalten gezeigt wird. Die gegenseitige Versicherung des *richtigen* Weltbildes dient der notwendigen Selbstvergewisserung des Bewußtseins, Opfer zu sein. Es ist ja nicht so, daß Frauen sich blind und unwissend 'bösen Mächten' ausgeliefert sehen, vielmehr versuchen sie mit der Entwicklung dieses Deutungsmusters ihre Lage auf den Begriff zu bringen. Das

Wissen darum formt sich zu einem Ich-Bewußtsein, zu einer subjektiven Wahrheit, nach der sie für sich die Position des Opfers reklamieren. In dem Maße, wie das *Opferbewußtsein* eine identitätsstabilisierende oder identitätsbildende Funktion für das Subjekt hat, kommt der Fixierung an dieses Deutungsmuster eine existentielle Bedeutung zu. Wenn sich die Vorstellung durchsetzt, daß alles Unrecht dieser Welt sie trifft, sie immer den Kürzeren zieht und sie immer auf der Seite der Geschädigten steht, wird die Frau nicht mehr an eine Veränderung der Verhältnisse glauben, also auch nichts dafür tun und stattdessen auf ihrer persönlichen Unschuld und Schuldlosigkeit bestehen. In diesem Sinn ist das *Opferbewußtsein* eine Art Pariabewußtsein und mit dem Anspruch auf besondere Aufmerksamkeit und Schonung verbunden.

III. Es stellt sich nun die Frage, wer in den Fallstricken dieses Deutungsmusters von Lebenswirklichkeit verfangen ist. Zunächst ist augenfällig, daß es sich um kein historisch neues Phänomen handelt. Denn der hier beschriebene Hang zur Schicksalsergebenheit der Frauen und die dazugehörige dichotomisierende Sicht der Welt ist auch ein auffälliges Kennzeichen sogenannter weiblicher Normalbiografien vieler Generationen von Frauen vor uns. Bewußtseinsphänomene lassen sich aber nicht quantifizieren. Doch die Beobachtung dieses Phänomens und seine weitreichende Verbreitung läßt sich qualitativ begründen; und zwar mit der offensichtlichen und besonderen über-lebenspraktischen Bedeutung dieses Deutungsmusters: Befriedigt wird der Wunsch nach Orientierung im sozialen Gefüge der Gesellschaft, insbesondere in den undurchsichtigen Bedingungen der Geschlechterbeziehung; existentielle Fragen, wie z.B. nach dem persönlichen Ort in der Gesellschaft oder nach den persönlichen Handlungsspielräumen, können – ohne damit an den Abgrund quälender Identitätskrisen zu geraten – vorläufig oder vermeintlich beantwortet werden. Diese identitätsstiftende Funktion verspricht psychischen Gewinn.

Potentiell betrifft die Anziehungskraft dieses Deutungsmusters alle Frauen. Denn allen Frauen in der Männergesellschaft stellt sich mit gleicher Dringlichkeit die Frage nach ihrer, nach *weiblicher* Identität. Potentiell sind also alle Frauen in den Fallstricken dieses Deutungsmusters verfangen, konkret aber keine mit Haut und Haaren. Denn selbst wenn dieses monolithische und dogmatische Deutungsmuster vollkommene Unterwerfung des persönlichen Weltbildes unter sein wirklichkeitssimplifizierendes Schwarz-weiß-Denken erfordert, so ist es doch kaum denkbar, daß eine Frau sich ausschließlich dieses Deutungsmuster von Lebenswirklichkeit zur Verfügung hält. Damit ist zweierlei gesagt: zum einen, daß die spezifische Qualität dieses Deutungsmusters sich um so mehr entfaltet, als sich die Subjekte dem Bewußtsein verschreiben, Opfer zu sein; zum anderen, daß im Subjekt durch ein Aufeinandertreffen komplexer, unterschiedlicher, miteinander nicht vereinbar erscheinender Deutungsmuster Konflikte entstehen. Denn Frauen begreifen sich ja nicht nur als Opfer, sondern auch als widerständig, als gleichberechtigt, als nonkonformistisch, als emanzipiert, als politisch-bewußte Außenseiterin u.v.a.m. Da auch an diesen Auffassungen jeweils ein mehr oder weniger universalistischer und hermetischer Deutungsanspruch haftet, kann schon die Herausforderung, nebensächlich erscheinende Probleme sozialer Wirklichkeit zu deuten, im Konfliktfall ein ganzes Weltbild aufs Spiel setzen. Wahrnehmungs-, Bewertungs- und Interpretationsmuster kollidieren, und gerade das *Opferbewußtsein* ist eng und verschließt sich anderen Deutungsmustern durch seine Rigidität und durch einen kleingehaltenen Wahrnehmungshorizont. Andererseits ist wohl gerade diese spezifische Qualität so vielversprechend und verlockend, denn die immanente Schlüssigkeit des Deutungsmusters macht Zweifel überflüssig. Nun kann aber mit Recht eingewendet werden, daß erstens das *Opferbewußtsein* seine ideelle und tatsächliche Bedeutung nicht überall, sondern vorwiegend nur im Kontext weiblicher Beziehungsarbeit entfalte; und zweitens, daß es als vorherrschende Matrix der Wahrnehmung und Bewertung in der Gegenwart zunehmend anachronistisch sei. Doch beide Einwände sprechen nicht gegen, sondern gerade für eine Beschäftigung mit dem Phänomen, ja, sie liefern den eigentlichen Anstoß zu seiner kritischen Reflexion. Der erste Einwand pointiert den Wirkungsradius des Phänomens, ohne einen genuinen Zusammenhang zwischen *Opferbewußtsein* und Beziehungsarbeit im weitesten Sinn herzustellen oder zu behaupten. Gesagt wird lediglich, daß besonders in diesem Ausschnitt der weiblichen Lebenswirklichkeit das *Opferbewußtsein* einen fruchtbaren Boden findet. Gerade eine feministisch-sozialwissenschaftlich-sozialpädagogische Arbeit muß sich mit diesem Phänomen beschäftigen. Denn ihr Untersuchungsinteresse richtet sich im Kern auf die konkreten Lebensverhältnisse von Menschen in Geschichte und Gegenwart, auf die unterschiedlichen Inhalte, Ausdrucksformen und Funktionen ihrer privaten und öffentlichen Beziehungen (zwischen Frauen, zwischen Männern und zwischen Frauen und Männern) und auf die ökonomischen und politisch-moralischen Strukturen und Bedingungen der

Gesellschaft. Vor diesem Hintergrund interessiert sie sich für das Wechselverhältnis von individuellen und gesellschaftlichen Veränderungsprozessen.

Auch der Einwand, es handele sich um ein zunehmend anachronistisch werdendes Problem, weil diejenigen, die in den Fallstricken dieses Deutungsmusters verfangen sind, mehr denn je hinter ihren tatsächlichen Möglichkeiten zurückbleiben, kann mit dem Hinweis auf das fachspezifische Interesse entkräftet werden. Denn das scheinbar oder tatsächlich Unzeitgemäße ist nicht nebensächlich oder unwichtig, sondern gerade das gibt – vermittelt über die Befindlichkeiten konkreter Menschen – Aufschluß über gesellschaftliche Widersprüche und damit auch den Anstoß zur Kritik und zum eingreifenden Denken und Handeln. Gerade das Anachronistische des Phänomens rüttelt auf, legt das bloß, was als undurchschaubare Normalität gilt. Aus dem Wissen um den Anachronismus leitet sich eine politisch-moralische und wissenschaftliche Verantwortung ab, den gesellschaftlichen Ungereimtheiten im Interesse von Frauen nachzugehen.

IV. Die Beschäftigung mit den Schattenseiten feministischer Aufklärungs- und Bewußtseinsarbeit kratzt an ihrem Image. Doch die Kritik gewisser Ausblendungen geht nicht allein zu ihren Lasten. Hier zeigt sich ein Problem von Aufklärung überhaupt. Denn Aufklärung erfolgt unter der Voraussetzung, daß das, was bis dahin nicht gewußt, nicht wahrgenommen, nicht wertgeschätzt wurde, ein bedeutender Beitrag zum Bewußtsein des Menschen über sich und seine Wirkungsmöglichkeiten in der Welt sei. Jede Aufklärungsarbeit ist flammendes Plädoyer im Interesse der Unwissenden und Bewußtlosen und gegen Skeptiker, Miesmacher, Gegner – insofern wird sie allzuleicht einäugig und gerät in eine Schieflage gegenüber den gesellschaftlichen Widersprüchen und Widerständen einerseits und gegenüber verfestigten Wertvorstellungen und den vielfältigen Möglichkeiten des Menschen, sich in der Wirklichkeit zu behaupten, andererseits. Ihre Intention droht ins Gegenteil umzuschlagen, wenn Aufklärung 'gelingt' zulasten einer Bewußtseinstrübung an anderer Stelle, zum Beispiel zugunsten der Rationalität, zulasten der Emotionalität; zugunsten der Partikularität, zulasten der Ganzheit; zugunsten eines Unrechtsbewußtseins, zulasten selbstbewußter Handlungskompetenz und differenzierten Verantwortungsbewußtseins. Ein sachlicher Zusammenhang zwischen feministischer Aufklärungs- und Bewußtseinsarbeit im Bemühen um politisches Unrechtsbewußtsein und der Ausformung eines *Opferbewußtseins* als subjektivem Deutungsmuster von Wirklichkeit ist nicht von der Hand zu weisen. Wenn also die beschriebenen Schattenseiten nicht allein auf Rezeptionsfehler zurückzuführen sind und gleichzeitig auf Aufklärung nicht verzichtet werden soll oder nicht verzichtet werden kann, müssen die theoretischen Voraussetzungen feministischer Aufklärungs- und Bewußtseinsarbeit selbst kritisch unter die Lupe genommen werden.

V. Diese kritische Reflexion richtet sich gezielt auf Ansätze feministischer Theoriebildung im Kontext der Unterdrückung der Frau. Es geht also um die in den Anfangsjahren der Frauenbewegung geleisteten feministischen Analysen, von denen ich eingangs behauptet habe, daß ihre Aussagen über das Geschlechterverhältnis zur Schwarzweißmalerei tendieren. Dieser Behauptung liegt eine Bewertung zugrunde, die so nur aus heutiger Sicht, mit zeitlicher Distanz möglich und notwendig ist. Das heißt, die schematischen Sichtweisen hatten damals durchaus einen (politischen) Sinn, aber sie waren letztlich historisch beschränkt. Deswegen muß kritische Aufmerksamkeit dort ansetzen, wo ihre Implikationen über ihre Zeit hinaus tradierend wirksam sind.

Die Auffassungen vom Geschlechterverhältnis erfolg(t)en nach dem Muster von Gegenbildern: Da erscheint (zunächst) der Mann als Sieger, die Frau als Besiegte, der Mann als Täter, die Frau als Opfer oder (in zeitlicher Folge) der Mann als Zerstörer, die Frau als Retterin, als die andere und damit als positive Identifikationsfigur, die das unattraktive Bild der schwachen Frau ablösen kann. Hinter diesen Schematisierungen stand die berechtigte politische Intention, der zerstörten, brüchigen und immer wieder bedrohten Einheit oder Gemeinsamkeit von Frauen zur Artikulation zu verhelfen. Doch mit diesen Gegenbildern, die männliche Stärke gegen weibliche Schwäche oder das Bild des bösen Mannes gegen das Bild der guten Frau polarisieren, werden ja nicht bloß politische Interessenkonstellationen festgestellt; vielmehr werden Interessensphären inhaltlich nach außen polarisiert und nach innen dogmatisiert. Das Interesse an politischer Einheit wird so zur ideologischen Gleichmacherei verwässert. Und mit der Konsolidierung des Bildes getrennter Geschlechterwelten wird die Aufmerksamkeit von den konkreten Strukturen, Erscheinungs- und Bewegungsformen der Verhältnisse bzw. Beziehungen zwischen den Geschlechtern abgelenkt. Die Denkvorstellung, das Geschlechterverhältnis entspräche einem polaren und asymmetrischen System, mindert den Klärungsbedarf. Die Dinge scheinen klarzuliegen: in einem Über- und Unterordnungsverhältnis. So wird allein aus dem Wissen um eine Seite die Berechtigung abgeleitet, auch Rückschlüsse auf die andere Seite ziehen zu können, und zwar nach dem Schema der Polarität von Gegensätzen: stark – schwach, gut – böse, aktiv – passiv etc. Was folgt nun aus den Konstruktionen vom Mann als Täter, der Frau als Opfer und der Polarisierung 'böser Mann' und 'gute Frau'? Gemeinsam ist ihnen, daß Frauen systematisch davon abgehalten werden, ihren Blick auf das Ganze, auf das Zusammenspiel zwischen Frauen und Männern als gesellschaftliches und nicht nur individuelles Verhältnis zu lenken; daß ihnen die funktionale Interdependenz des gesellschaftlichen Geschlechterverhältnisses verborgen bleiben soll; daß sie sich von Verantwortung freigesprochen fühlen können und damit von jeglicher Einflußnahme auf Strukturen und Verhältnisse der gesellschaftlichen Geschlechterrealität; daß sie aus Schuldlosigkeit 'Sauberkeit' ableiten können, sauber, weil ohnmächtig und schuldlos, oder sauber, weil omnipotent und anders. Was die Konstruktionen voneinander unterscheidet, ist die Frage nach der Qualität der Zugehörigkeit bzw. Nicht-Zugehörigkeit der Frau zur Welt des Mannes. So ist die 'schwache Frau', die Frau als Opfer nicht dazugehörig, weil sie nicht mitmachen darf, weil sie ausgeschlossen und nicht zugelassen ist, während die 'andersartige', die 'starke Frau' nicht dazugehört, weil sie nicht dazugehören und nicht mitmachen will, nach dem Motto: »Wir haben unsere eigene Realität ganz für uns. Früher, als wir stark waren, und später, wenn wir wieder ganz viele sind – da wird sie zur allgemeinen Realität, aber uns erscheint sie jetzt schon, eine zweite schönere und bessere Welt.«[11] In diesen polar asymmetrischen und nicht herrschaftsfreien Modellen geht es im Kern darum, eine Zuständigkeit und Verantwortung von Frauen für ihr Verwobensein im Geschlechter-Mißverhältnis und für ihre individuelle Lebenswirklichkeit quasi theoretisch wegzudefinieren. Damit also, daß Frauen ans untere, machtlose Ende der Asymmetrie gesetzt werden, scheint sich ihr Aktionsradius in unbedeutender Passivität zu erschöpfen. Verdeckt bleibt so, mit wieviel emsiger Aktivität diese vorgebliche Passivität vor sich geht. Damit wird gleichsam ignoriert, daß innerhalb dieses Aktionsradius Handlungsspielräume existieren und damit die Wahlmöglichkeit, etwas zu tun oder zu unterlassen. Eine Betonung des Geschlechtsdifferenten rechtfertigt keinesfalls, die Fragen nach der Funktion unterschiedlicher Verhaltensweisen von Frauen und Männern aufzugeben; vielmehr fängt es hier erst an, spannend zu werden, und zwar im Interesse eines selbst-kritischen und eingreifenden Denkens und Handelns von Frauen.

Anmerkungen

[1] Marlis Gerhardt: *Über Macht und Ohnmacht.* In: *Weiblichkeit oder Feminismus?* Hg. von Claudia Opitz, Weingarten 1984, S. 134
[2] Colette Dowling: *Der Cinderella-Komplex.* Frankfurt a.M. 1982, S. 35
[3] Ursula Krechel: *Selbsterfahrung und Fremdbestimmung. Bericht aus der neuen Frauenbewegung.* Neuwied 1975, erweiterte Auflage 1983, S. 49/50
[4] Cheryl Benard/Edit Schlaffer: *Viel erlebt und nichts begriffen. Die Männer und die Frauenbewegung.* Reinbek bei Hamburg 1985, S. 182
[5] Dowling, a.a.O., S. 34
[6] Krechel, a.a.O., S. 119
[7] ebd. S. 47/48
[8] Klaus Baum: *Die Transzendierung des Mythos – Zur Philosophie und Ästhetik Schellings und Adornos.* Würzburg 1988, S. 67
[9] Jakob und Wilhelm Grimm: *Deutsches Wörterbuch.* Band 3, München 1984
[10] Susanne Kappeler: siehe Beitrag in diesem Band
[11] Barbara Rendtorff: *Der gute Mensch Frau – Zum Wesen und Unwesen von Frauen und unserer frauenbewegten Ideologie.* In: Materialien Band 3, Vorträge aus der Frankfurter Frauenschule. Hg. SFBF, Frankfurt a.M. 1988, S. 68

Grenzüberschreitungen
Feministische Fragestellungen in der Sozialpädagogik zwischen 1974 und 1987 am Studienschwerpunkt »Frauenforschung«[1]
Es allen recht machen, sich selbst vergessen
Ein gesellschaftlicher Skandal wird aufgedeckt
Zwischen Zurichtung und Selbstentfesselung

Zwölf Jahre Frauenforschung in der Sozialpädagogik – das sind zwölf Jahre »Denkgeschichte«, zwölf Jahre, in denen die spezifischen Inhalte, Ansprüche und Zielvorgaben dieses Faches kritisiert und überschritten wurden. Im Mittelpunkt stand und steht das Interesse, den gesellschaftlichen Auftrag der sozialen Arbeit als Politikum und als feministische Herausforderung zu begreifen und umzusetzen. Dieses Anliegen überrascht und provoziert, weil zunächst davon ausgegangen werden kann, daß soziale Arbeit ihren gesellschaftlichen Auftrag traditionell in erster Linie darin sieht, die Menschen, die in Not-, Krisen- und Konfliktsituationen leben und die deswegen aus der Gesellschaft herausfallen, zu sozialunauffälligen, angepaßten und funktionstüchtigen Mitgliedern der Gesellschaft zu machen. Soziale Arbeit hat jedoch auch eine andere Tradition und Geschichte: Sie ist nicht nur politisches und ideologisches Anpassungsinstrument, sondern enthält ebenso das Potential für ein gesellschafts- und herrschaftskritisches Selbstverständnis. Speziell für die Sozialpädagogik zeigt sich, daß die unterschiedlichen Bewertungen ihres Gegenstands und Auftrags viel mehr abhängig sind von außerwissenschaftlichen und politischen Motiven als von fachtheoretisch begründeten Positionen und praktischen Handlungszwängen. Gegenstand von Sozialpädagogik allgemein ist die Realität der Lebensverhältnisse. Sie ist gegenwartsbezogen und nur insofern historisch, als die Geschichte zur Erklärung der Gegenwartsphänomene heranzuziehen ist. Ihr geht es um Menschen und Menschengruppen und um das, was diesen in der Gesellschaft widerfährt, was sie einschränkt, benachteiligt, unfrei macht, kränkt und worunter sie leiden; weiterhin um neue Lebensentwürfe, die Ausdruck sozialer und kultureller Veränderungsprozesse sind. Sozialpädagogik bemüht sich einerseits darum, die Ursachen der Lebensschwierigkeiten und

Krisensituationen von Menschen zu analysieren und theoretisch zu verstehen. Andererseits ist sie Handlungswissenschaft und Praxis, denn sie versucht, direkt in sozialen und persönlichen »Problemlagen« einzugreifen, indem sie »Hilfsangebote« sucht und ermittelt. Die sich aus diesen Ansprüchen ergebenden Fragestellungen, grundlegenden Erkenntnisinteressen und Arbeitsschritte in Theorie und Praxis spiegeln immer auch das jeweilige Gesellschafts-, Welt- und Menschenbild und das Erkenntnis- und Veränderungsinteresse am gesellschaftlichen Status quo der in diesem Fach Arbeitenden wider. Diese Interessen können sich auf eine karitative Linderung von Symptomen gesellschaftlichen Elends beschränken. Sie können aber auch, wenn sie sich gesellschaftskritisch verstehen, für diejenigen Partei ergreifen, die auf der »Schattenseite« der Gesellschaft leben. Sie können die Strukturen herrschenden Unrechts aufzudecken versuchen und sich um die Ermittlung von Möglichkeiten bemühen, bestimmte ethische Grundwerte wie soziale Gleichheit, Freiheit der persönlichen Entfaltung, Selbstbestimmung etc. durchzusetzen. Dieses Ziel sozialpädagogischer Arbeit ist nur in einer Gesellschaft zu erreichen, die solche Grundwerte achtet, schützt und durchsetzt. Wo dies nicht der Fall ist, ist kritische Sozialpädagogik immer auch Gesellschaftskritik.

Die konsequente Verweigerung einer geschlechtsdifferenzierten Problemsicht in der sozialen Arbeit hat feministische Arbeit als politischen Skandal aufzudecken. Sie steht hier – wie Frauenforschung in anderen Fach- und Arbeitsgebieten auch – vor der Aufgabe, die Ausblendungen, Diffamierungen von Frauen und verzerrten Darstellungen über sie herauszustellen, das vermeintlich geschlechtneutrale Gerede vom Menschen zu kritisieren, die theoretischen Ansätze der sozialen Arbeit gegen den Strich zu lesen usw. In der Beschreibung des Gegenstandes und des gesellschaftlichen Auftrags sozialer Arbeit sowie in der Benennung der sog. »sozialen Probleme« fällt jedoch die geschlechtsbezogen unterschiedliche »Betroffenheit« von Frauen und Männern unmittelbar und konkret ins Auge. In den sog. »sozialen Problemen« einer Gesellschaft spiegeln sich die grundsätzlichen Konflikte der individuellen und gesellschaftlichen Beziehung zwischen den Geschlechtern. Feministischer Arbeit in der Sozialpädagogik geht es um eine radikale Analyse und feministisch engagierte Interpretation dieser gewachsenen und verfestigten Strukturen und Bedingungen. Sie versucht damit, einen allgemein gesellschaftskritischen und -politischen Beitrag zu leisten, der in fachspezifische Begrenzungen nicht hineinpaßt bzw. auf eine andere Definition des »Fachspezifischen« hinauswill.

In der Etablierung des Studienschwerpunkts »Frauenforschung« und der Entwicklung der Arbeitsinhalte schlägt sich dieses Interesse von Frauen an der sozialen Arbeit nieder. Diese Arbeit stellte einen Bezug her zur historischen und politischen Bedeutung der alten Frauenbewegung, die sich seit dem ausgehenden 19. Jahrhundert für die soziale Arbeit als Frauenberuf einsetzte und die für die Ausbildung und für die Theorie und Praxis der sozialen Arbeit eigene Ansätze und Maßstäbe entwickelte. Die Auseinandersetzung mit diesem historischen Erbe ist in vielen Punkten ermutigend und inspirierend. Daß sie gleichzeitig auch eine kritische Würdigung sein muß, erklärt sich aus den veränderten ökonomischen, sozialen, kulturellen und ideologischen Bedingungen der Gegenwartsgesellschaft. Eine Herausforderung für die Arbeit ab Mitte der 70er Jahre waren die gesellschaftskritischen linken/marxistischen Positionen der sozialen Arbeit. Diese Bezugnahme war zwangsläufig verbunden mit einer grundlegenden Kritik und Infragestellung der linken Theorie-Praxis-Konzeptionen, weil darin die geschlechtsbezogene Brisanz der »sozialen Probleme« und die daraus erwachsende Dringlichkeit einer gesellschaftskritischen Arbeit keine Rolle spielten. Die politische Linke hatte in den späten 60er und frühen 70er Jahren die Sozialpädagogik/Sozialarbeit für sich als »Instrument der Gesellschaftsveränderung« entdeckt. (In diese Zeit fällt auch die Einrichtung des Diplomstudiengangs »Sozialpädagogik«.) Einhellig kritisiert wurden damals die herkömmlichen sozialpädagogischen Handlungs- und Interpretationsmuster, weil damit die Ursachen der sozialen Probleme den Betroffenen statt den ökonomischen Bedingungen des kapitalistischen Gesellschaftssystems angelastet würden. »Symptomkuriererei« galt als »system-stabilisierend«. Dagegen eiferten »emanzipatorische« und »antikapitalistische« Ansätze in der sozialen Arbeit um die richtige Linie: Ist die soziale Arbeit als Unterstützungs- und Hilfsangebot für einzelne oder Gruppen per se »reformistisch«, kann sie stattdessen nur die Funktion haben, das »revolutionäre Potential« mit dem Ziel aufzuklären, die »Selbstbefreiung des Menschen« in einer »freien Gesellschaft« möglich zu machen, was letztlich heißt, auf die Selbstauflösung und Entbehrlichkeit der sozialen Arbeit hinzuwirken. Daß diese fortschrittlichen und marxistischen Ansätze im vergangenen Jahrzehnt mehrheitlich an Bedeutung verloren haben oder Kurskorrekturen vorgenommen wurden, ist ohne den politischen Einfluß der Frauenbewegung und ohne die wachsende Zahl der Frauenprojekte in der sozialen Arbeit nicht denkbar.

Die Arbeit der vergangenen zwölf Jahre am Studienschwerpunkt »Frauenforschung« ist von einem Prozeß kritischer Auseinandersetzungen gekennzeichnet, der mehr als nur sich selbst repräsentiert. »Diese Entwicklung, die von einer marxistischen Orientierung und Begrifflichkeit ausging, richtete den Blick zuerst auf die gesellschaftlichen Bedingungen und Machtverhältnisse allgemein und führte zur Kritik am Nichtvorhandensein der Frau in der marxistischen Gesellschaftsanalyse und Herrschaftskritik. Dieser Phase folgten eine Zeit der Theorieabstinenz bis Theoriefeindlichkeit, die Hinwendung zu den unsichtbar und unbesprochen gebliebenen Lebenszusammenhängen von Frauen, die Orientierung am Alltag, die Präsentation von Erfahrungen von Frauen – Leben und Lebensgeschichte –, die authentische Berichterstattung. Diese Untersuchungsarbeit brachte eine große Menge an Material zutage, unzählige Phänomene, die nach Erklärung verlangten. Dieses Material über das Verhalten und die Erfahrungen von Frauen war zwar unentbehrliche Grundlage und Ausgangsstoff, aber eigentlich erst die Vorarbeit.«[2] Um Antworten auf die Frage zu finden, wie einzelne beschriebene Verhaltensmuster mit den gesellschaftlichen Verhältnissen, in denen sie entwickelt wurden, zusammenhängen, ist eine Methode, ein Erklärungsschlüssel notwendig. Voraussetzung ist eine Gesellschaftsanalyse im Hinblick auf die Entstehungsbedingungen, die Inhalte und Intentionen geschlechtshierarchischer Strukturen. Auf diesem Wissenshintergrund können die beobachteten und beschriebenen Erfahrungen ideologiekritisch gedeutet werden. »Denn eine feministische Analyse des Erfahrenen und Beobachteten hat immer mit verschlüsselten, unverstandenen, verhüllten Dingen zu tun; feministische Arbeit ist immer eine, die sich um die Dechiffrierung von Machtverhältnissen, deren Niederschlägen in Menschen bemüht – lägen die Dinge nämlich offen zutage, bedürfte es keiner Wissenschaft und keiner Erkenntnisversuche.«[3]

Ein Einblick in diese Untersuchungsarbeit soll anhand exemplarischer Fragestellungen aus den Jahren 1974 bis 1987 ermöglicht werden. In dieser Darstellung legen wir das Gewicht auf die Kennzeichnung der drei Phasen einer feministisch-theoriebildenden Arbeit, um dann der Frage nachzugehen, welche unterschiedlichen Sichtweisen und Definitionen der Frau sich jeweils entwickelt haben. Denn »diese drei Phasen: die marxistische Ausgangslage; die Hinwendung zur Erfahrung der Frau und der Versuch, auf der Grundlage dieser Erfahrungen zu theoriebildenden feministischen Ansätzen zu kommen, sind ja verbunden mit verschiedenen Fassungen, Entwürfen der Frau: die Frau als Objekt – Produkt –

Gemachte – Zugerichtete – Hergestellte – Ausgebeutete – Unterdrückte – Opfer – Ausführende – Handelnde – Agierende – Mittäterin.«[4] Die hier aufgezählten Kategorien sind terminologischer Ausweis des je unterschiedlichen Zugangs der Frauenforschung zur immer gleichen Frage nach der Position der Frau in der Männergesellschaft. Uns interessiert also der Veränderungsprozeß dieser Sichtweisen, der mit der Sicht auf die Frau als »Objekt« begann und bei der Benennung der Mittäterschaft der Frau (vorläufig) endet. Uns interessiert, welche Erkenntnisse über die Frau, die Gesellschaft oder das Geschlechterverhältnis verworfen wurden und welche Aha-Erlebnisse, welche Kritik und Selbstkritik diesen Prozeß vorangetrieben haben. Anhand der Themenkomplexe: »Reproduktionsarbeit«, »Gewalt gegen Frauen« und »Sozialcharakter der Frau« zeigen wir jeweils in einem inhaltlichen Zusammenhang, welche Interessen, Fragen und Kritikansätze im einzelnen zur Infragestellung oder zur Entwicklung von Entwürfen über die Frau Anlaß gaben. Als Materialgrundlage dient eine Auswahl von Studienabschlußarbeiten, die als Einzel- oder Gruppenarbeiten am Studienschwerpunkt »Frauenforschung« verfaßt worden sind. Es geht uns nicht um eine ausführliche inhaltliche Präsentation dieser Arbeiten, sondern in erster Linie darum, die Akzentverschiebungen und Veränderungen in den Entwürfen über die Frau herauszustellen. In der Darstellung werden die in den Arbeiten jeweils verwendeten theoretischen Termini und sprachlichen Wendungen ohne besondere Kennzeichnung und Kommentierung übernommen. Wir konzentrieren die Darstellung auf das Spektrum der Auffassungen, die zwischen den Kategorien »Opfer« und »Mittäterschaft« angesiedelt sind. Dabei geht es immer um die Frau, wie sie ist bzw. geworden ist, und um das, was sie zu tun und zu unterlassen hat, wie sie das zu tun und wie sie zu sein hat. Und es geht auch um die Bewertung und Sanktionierung ihres Tuns und Seins durch andere und durch sich selbst.

Die Fragestellungen der Studienarbeiten und die Intention ihrer Bearbeitung machen deutlich, daß es der feministischen Arbeit nicht um »frauenspezifische« Additionen zu den herkömmlichen Sichtweisen, Analysen und Erklärungsansätzen in der Sozialpädagogik geht, sondern darum, ausgehend von einer grundsätzlichen Opposition gegenüber der Männergesellschaft, den kritisch-mißtrauischen Blick auf die Erscheinungsformen der sozialen Wirklichkeit zu lenken, diese neu zu befragen, nicht mit vorgefundenen Erklärungsversuchen einverstanden zu sein, alles quer zu durchdenken und zu analysieren.

Ein solcher Anspruch an die eigene Arbeit erfordert eine bestimmte Grundeinstellung zur Gesellschaft, zur Welt, zu Menschen – die eigene Person miteingeschlossen –, die mit der Metapher *Grenzüberschreitung* umschrieben werden kann: Jede, die so arbeitet, wird zur *Grenzgängerin,* die ihre Wahrnehmungen, ihr Denken und Urteilen immer wieder zur Disposition stellt, die versucht, an der *Grenzlinie* zu bleiben zwischen dem, was selbstverständlich gilt, und dem, was es zu entdecken gibt. Es geht darum, die Konfrontation mit dem, was begrenzt ist, bewußt einzugehen; *Erkenntnisgrenzen* als Herausforderung zu begreifen und auszureizen; bekannte *Grenzziehungen* und *Abgrenzungen* genau zu untersuchen und gegebenenfalls in Frage zu stellen; *Grenzen* im Denken, Fühlen und Handeln zu überschreiten, hinter sich zu lassen, auch ohne Garantie auf ein vorgezeichnetes Denk-, Gefühls- und Aktions-Territorium jenseits der *Grenze* usw. Feministische Arbeit in diesem Sinn bemüht sich darum, »die jeweilige Einzelfrage, das jeweilige Einzelproblem, z.B. die Biografie, das einzelne Lebensschicksal, als eine gesellschaftliche Frage zu verstehen bzw. sie zu einer gesellschaftlichen Frage zu machen, in der das existentielle Interesse an der Gesellschaft und die existentielle Beschädigung durch die Gesellschaft zugleich zum Ausdruck kommen.«[5] Der kritisch-forschende Blick und das tiefe Mißtrauen gegenüber den Strukturen und Bedingungen der Gesellschaft fördern so unzählige Phänomene der Unterdrückung, der strukturellen und personalen Gewalt, der Ausgrenzung, der Manipulation zutage. Dagegen richtet sich die Empörung und aus ihr folgt die Auflehnung gegen gesellschaftliche Verhältnisse, verbunden mit der Entrüstung und Rebellion gegenüber geltenden moralischen Konventionen und verbunden mit der Weigerung, herrschende Normen, Anschauungen und Übereinkünfte als verbindlich zu akzeptieren. Mißtrauisch sein bedeutet, sich weder mit einem »frauenspezifischen« Standort, »frauenspezifischen« Themen noch mit dem sozialpädagogischen Gegenstandsbereich »Frau« zu begnügen, sondern differenzierte Fragen an den Zustand der Gesellschaft und ihrer Menschen, Frauen wie Männer, zu stellen. Mit dieser Absicht ist die feministische Arbeit Sand im Getriebe. Denn ihre Fragen sind nicht vorgesehen und deren Artikulation greift störend in die normalen Abläufe der sozialen Wirklichkeit ein. Es ist selbstverständlich, daß tradierte Zuständigkeiten für die unterschiedlichen Wissenschaftsdisziplinen politisch nicht respektiert werden; vielmehr muß feministische Arbeit in der Sozialpädagogik kritische Fragen an sog. fachfremde Disziplinen stellen. Die Beschäftigung etwa mit den

Gegenständen, den Denkmodellen, der Ideengeschichte und den Instrumenten moderner Naturwissenschaften ist aus feministisch-sozialpädagogischer Sicht unumgänglich. Denn die »Produkte« ihres Schaffens haben materiellen und ideellen Einfluß auf die gegenwärtigen und zukünftigen Lebensbedingungen, auf die Lebensqualität von Menschen – von Frauen und Männern. Es sei hier nur auf den Komplex der Gen- und Reproduktionstechnologien hingewiesen. Die rebellische Auf-nichts-ist-Verlaß-Haltung feministischer Arbeit führt nicht zu fertigen Erklärungen oder festgelegten Handlungskonzepten, sondern zu immer neuen Fragen und einer wachsenden Sensibilität und Radikalität in der Kritik an der Gesellschaft der Gegenwart, ihren Errungenschaften, Neuerungen, ideologischen Überbauten und Vereinnahmungen, aber auch zu Kritik an der Frau. Denn je beharrlicher und unbeirrbarer sich diese Empörung und der mißtrauische Blick zu einer Grundhaltung von Frauen entwickeln und in die vielschichtige und komplexe gesellschaftliche Beziehung zwischen den Geschlechtern einzudringen beginnen, desto schärfer stellt sich der Blick auch auf das Subjekt Frau in der Gesellschaft ein. In der Konsequenz bedeutet das die ungeheure Herausforderung, sich selbst als Frau in dieses Mißtrauen einzubeziehen. Das erschüttert die Annahme, Frauen seien lediglich Opfer und Unterdrückte. Ein auf sich selbst bezogenes Mißtrauen eröffnet die Sicht auf Selbstbehinderungsmechanismen und Erscheinungsformen des Eingebundenseins von Frauen in das bestehende Geschlechter-Mißverhältnis.

Das Erkennen der Formen des Mit-Beteiligtseins von Frauen provoziert die Frage nach der Struktur und Funktion des Systems der »geschlechtlichen Interessenverquickung«. Die Entwicklung und Anwendung der Kategorie »Mittäterschaft« hat diese Recherche und Analysearbeit in Angriff genommen und intensiviert.[6] Arbeiten aus den 80er Jahren zu einzelnen Fragestellungen aus den Themenkomplexen »Reproduktions- und Hausarbeit«, »Gewalt gegen Frauen« und »Sozialcharakter der Frau« sind erste Versuche einer Arbeit mit der Kategorie Mittäterschaft. Wir stehen gegenwärtig am Beginn einer Antwort auf die Frage, was die Analyse der Mittäterschaft der Frau für den gesamten Komplex der sozialen Arbeit bedeutet, der ja zudem ein traditioneller Arbeitsbereich von Frauen ist. Doch eins ist in den Diskussionen der letzten Jahre deutlich geworden: Der Gedanke der Mittäterschaft verschärft und bereichert die politische und persönliche Herausforderung feministisch-sozialpädagogischer Forschungs- und Untersuchungsarbeit. In einer feministischorientierten Sozialpädagogik wird kritisches Mißtrauen als Basishaltung in der Arbeit – gerade auch Frauen gegenüber – und gleichzeitig ein parteilich-existentielles Interesse an Frauen zu einer grundlegenden Kompetenz. Unter dieser Voraussetzung können sich ein gesellschaftskritisches und machtangreifendes Wissen und Bewußtsein nicht nur bei den sozialarbeitenden Frauen selbst, sondern vor allem auch bei den Frauen, mit denen sie arbeiten, entwickeln.

Es allen recht machen, sich selbst vergessen

Die Präsentation und Wertschätzung der Familie als Ort der Herstellung und Wiederherstellung der Ware Arbeitskraft für den Kapitalverwertungsprozeß versperrte zunächst den Blick auf die Frau und die von ihr geleistete Reproduktionsarbeit.[1] *(1.Phase) Die Frau erschien* lediglich *als Funktionsträgerin*, und es interessierte nur, welchen Sinn und Zweck die Familie als Einheit erfüllt. *Als Person trat die Frau nicht in Erscheinung, sie war subsumiert unter die Kategorie der »Familie als Institution und Reproduktionsinstanz der Gesellschaft«.* Eine Arbeit aus den 70er Jahren beschäftigt sich z.B. mit der Funktion der Familienerziehung für die Vermittlung der Qualifikationsanforderungen an die Ware Arbeitskraft[2]. In ihrer Inhaltsanalyse exemplarisch ausgewählter Themenkomplexe der »Elternbriefe« des »Arbeitskreises Neue Erziehung«[3] fragen die Autorinnen, ob und wie veränderte Qualifikationsanforderungen des Arbeitsmarktes Eingang in die öffentlichen Erziehungsratschläge gefunden haben. Sie können zeigen, daß die in den »Elternbriefen« vermittelten Erziehungsinhalte und -ziele pädagogische Antworten im Sinne bestimmter gesellschaftlicher und ökonomischer Interessen sind. Und sie können zeigen, daß die massenhafte Verbreitung solcher Erziehungstips an Eltern dazu dient, die Vermittlung von Basisqualifikationen an die zukünftige Ware Arbeitskraft nicht allein den öffentlichen Erziehungsinstitutionen (Kindergarten, Schule, Berufliche Bildung, Ausbildung) zu überlassen. Vielmehr soll ergänzend und vorgelagert die Institution Familie die Vermittlung spezifischer Grundeinstellungen zur Arbeit garantieren. Ende der 60er, Anfang der 70er Jahre kam es darauf an, das Qualifikationsniveau der industriell verwertbaren Arbeitskräfte zu verbessern bzw. zu verändern, um dem wirtschaftlichen Aufschwung nach der Rezession von 1966/67 in der Bundesrepublik gerecht zu werden. Dem entsprachen im Interesse veränderter Arbeitsplatzanforderungen

Fähigkeiten wie Kooperation, Mobilität, Flexibilität, Selbständigkeit, Verantwortungsbewußtsein etc. Derartige Fähigkeiten als allgemeine Erziehungsziele zu postulieren, versprach den Abbau des autoritären Erziehungsstils. Insofern ließen sich – wie die Autorinnen zeigen – diese erwünschten Fähigkeiten in den »Elternbriefen« des »Arbeitskreises Neue Erziehung« problemlos als emanzipatorische Erziehungsziele vermitteln. »Wenn die Fähigkeit zur Kooperation im Produktionsprozeß eine entscheidende Produktivkraft ist, kann es dem Kapitalist nicht gleichgültig sein, ob die Arbeitskraft, die er einkauft, über diese Fähigkeit verfügt oder nicht. Wir sehen, daß eine Erziehung zu kooperativem Verhalten den Kapitalverwertungsinteressen nicht widerspricht, (...) wie sie in den 'Elternbriefen' gefordert wird; sie erweist sich als durchaus 'funktional' für das Kapitalverwertungsinteresse.«[4] Diese Funktionalisierung der Familienerziehung wird aber nicht konkretisiert und personifiziert, vielmehr wird auf einer abstrakten Ebene – auf der Basis der historisch-materialistischen Gesellschaftstheorie – der allgemeine Funktionszusammenhang von Produktions- und Reproduktionsphäre analysiert. Dabei wird der ökonomische Nutzen der nicht vergesellschafteten Reproduktion für die Aufrechterhaltung der herrschenden Produktionsverhältnisse herausgearbeitet. Diese *Aufwertung der Reproduktionsarbeit als gesellschaftlich notwendige Arbeit schließt implizit eine Aufwertung der Institution Familie, der von der Familie geleisteten Arbeit und auch eine Aufwertung der Familienarbeiterin mit ein.* Denn die Autorinnen weisen darauf hin, daß die Frau die »Trägerin« der Reproduktionsaufgaben ist und daß, obwohl ihre Arbeit »indirekt produktiv für das Kapital ist«[5], diese Arbeit nicht bezahlt wird. Bei dieser Feststellung lassen sie es bewenden. Ihnen geht es nicht um eine Analyse der gesellschaftlichen Situation der Frau; denn diese ist nur als Funktionsträgerin und damit als Mittlerin der Wert- und Normvorstellungen, die im Kapitalverwertungsinteresse liegen, im Blickfeld.

Erst eine andere Gewichtung in der Frage nach dem Funktionszusammenhang von Produktions- und Reproduktionssphäre lenkt den Blick auf die Frau und auf ihre konkreten Erfahrungen und Tätigkeiten. Nicht angezweifelt wird die Erkenntnis, daß die Produktionsverhältnisse einer Gesellschaft die Bedingungen und Anforderungen der Reproduktionsarbeit diktieren und nicht umgekehrt. Aber aus diesem Faktum wird eine simple Schlußfolgerung gezogen: ohne die Leistungen des Reproduktionssektors bricht die Produktion zusammen. Und konkret bedeutet das: *ohne die von Frauen unbezahlt geleistete Arbeit als Hausfrau,*

Mutter und Gattin läuft gar nichts. Diese politische Schlußfolgerung veranlaßte Frauen dazu, sich mit den Alltagserfahrungen von Frauen und der Vielfalt ihrer Tätigkeiten im Reproduktionsbereich zu beschäftigen. *(2. Phase)* Diese *Konzentration auf die Erfahrungen* soll einerseits empirische Belege für die gesellschaftliche Notwendigkeit dieser Frauenarbeit liefern und gleichzeitig die gesellschaftliche Position der Frau als eigenständige Person aufwerten.

Eine Autorin stellt beispielsweise ihre persönlichen Erfahrungen als Hausfrau und Mutter in den Mittelpunkt ihrer Darstellung. Sie wendet sich gegen die Ideologie der »natürlichen Wesensbestimmung der Frau« für die Hausarbeit und zeigt, daß die Erfüllung der Reproduktionsaufgaben durch die Frau Arbeit ist.[6] Sie beschreibt eindringlich die Vielfalt, ständige Wiederholung und »Nervigkeit« von Tätigkeiten wie Kochen, Waschen, Putzen, Spülen, Bügeln, Einkaufen, Aufräumen, Betten machen, Heizen incl. Kohlen schleppen und Asche ausleeren, Backen und Vorratshaltung, Instandhaltung und Pflege der Kleidung und Schuhe, Ordnen von Schränken und Schubladen, Wartung und Pflege von Haushaltsgeräten, Herstellung von Kleidung, Wäsche und Strickwaren, Reinigen von Wohnung, Treppe und Fluren, Entrümpeln von Keller und Speicher, Kehren des Gehwegs oder Beseitigen von Schnee und Eis, Pflege von Haustieren und Pflanzen. Dieser Auflistung können wir die Aufzählung der dazu notwendigen Qualifikationen hinzufügen – sie ist bekannt: die Frau ist Köchin, Haushälterin, Stubenmädchen, Kinderpflegerin und Erzieherin, Krankenschwester, Therapeutin, Schneiderin, Putzfrau u.a.m. Sie muß Organisationstalent haben und in der Lage sein, viele Aufgaben gleichzeitig zu erfüllen: »Eine Frau steht in der Küche, rührt in einem Topf, zerkleinert Gemüse, füttert zwischendurch das Baby mit etwas Brei, rührt wieder im Topf, wischt dem Baby den Mund ab, reicht mit dem Lappen noch in der Hand einem größeren Kind etwas aus dem Kühlschrank, spricht dabei mit dem Mann, gibt dem größeren Kind Anweisungen, wischt Gekleckertes vom Fußboden auf, eilt zum Telefon. Als sie wiederkommt, ist das Essen angebrannt oder das Baby aus seinem Stuhl gefallen, oder sie kann gerade noch das Baby schnappen und den Topf vom Feuer zerren.«[7] Ihre detaillierten Beschreibungen des Haus- und Mütterarbeitsalltags haben nichts an Aktualität verloren, und die Autorin macht damit das anschaulich und sinnlich nachvollziehbar, was üblicherweise entweder überhaupt nicht oder zumindest nicht als Arbeit wahrgenommen wird. Selbstverständlich werden in ihrer Darstellung auch die Belastungs- und Überforderungsgrenzen von Frauen offenkundig. Doch die Autorin *klagt nicht die Unzumutbarkeit der Tätigkeiten, der Arbeit an sich, an, sondern die Nichtbezahlung dieser Arbeit.* Unter den gegebenen Bedingungen ihrer Nichtbezahlung könne es – nach dem Ermessen der Autorin – nicht im Interesse von Frauen sein, eine »Strategie der Verweigerung« von Reproduktionsarbeit zu verfolgen, weil immer »Menschen die Leidtragenden« seien. Zudem hat die Arbeit im Reproduktionsbereich für die Autorin grundsätzlich eine »besondere Qualität«, weil hier eine »Einheit von Arbeit und Leben« möglich sei, die in den Bereichen der Produktion nicht existiere bzw. zerstört worden sei. Die Erfüllung von Hausarbeit lasse einen gewissen »Freiraum«, und es gelte, Voraussetzungen für eine »selbstbestimmte Praxis« in diesem Bereich zu schaffen. Es gehe darum, »Macht zu gewinnen, um auch die hier vorhandene Entfremdung aufzuheben, um unser Leben nach unseren Bedürfnissen zu bestimmen. Es gilt, eine Strategie zu entwickeln, die uns Macht geben kann.«[8] In der Forderung nach »*Lohn für Hausarbeit*« sieht die Autorin eine solche politische Strategie, um Frauen aus der ökonomischen Abhängigkeit vom Mann zu befreien. Denn sie sieht die gesellschaftliche Zuweisung von unbezahlt zu leistender Hausarbeit als Grundlage der Unterdrückung der Frau. »Lohn für Hausarbeit« ist für sie also nicht nur die gerechte Bezahlung einer gesellschaftlich notwendigen Arbeit, sondern auch ein Stück *Unabhängigkeit für Frauen und damit eine Veränderung ihrer persönlichen und ökonomischen Abhängigkeit vom Mann.* (Die mehr politisch provokativ und weniger realpolitisch gemeinte Forderung der Frauenbewegung nach »Lohn für Hausarbeit« beabsichtigte vor allem, im Bewußtsein von Frauen ein »Mehr« an Selbstbestimmung und Machtempfinden zu wecken.)

Weitere Fragestellungen zum Themenkomplex Reproduktionsarbeit lassen *Zweifel an der ausschließlich materiellen Betrachtungsweise des Problems aufkommen.* An der besonderen Problematik der Reproduktionsarbeit von Müttern behinderter Kinder wird z.B. deutlich gemacht, in welcher nicht nur materiellen, sondern auch *ideologischen Abhängigkeit sich Frauen im Reproduktionsbereich* befinden[9]. Der allgemein anerkannte Sinn und Zweck von Reproduktionsarbeit in der kapitalistischen Gesellschaft ist die Herstellung und Erhaltung der Arbeitsfähigkeit und Funktionstüchtigkeit von Menschen für den Produktionsprozeß. Das gesellschaftlich geforderte Ziel ist also die Herstellung der »verwertbaren Arbeitskraft«. Da Behinderte dieser Norm nicht entsprechen, gilt die Reproduktionsarbeit der Mütter behinderter Kinder als dysfunktional für den Kapitalverwertungsprozeß. Gleichzeitig ist ihre

Arbeit im gesamtgesellschaftlichen Interesse äußerst funktional, weil durch ihre Gratisarbeit die »staatlichen Investitionen im Behindertensektor« niedrig gehalten werden können. In Gesprächen mit Müttern behinderter Kinder gewinnt die Autorin Einblick in die von Widersprüchen gezeichnete Arbeitssituation dieser Frauen. Von ihnen wird erwartet, daß sie die Versorgung und Erziehung ihres behinderten Kindes übernehmen. Darüber hinaus sollen sie sich für diese spezifischen Aufgaben selbst qualifizieren und damit das professionelle öffentliche Betreuungsangebot entlasten, unterstützen oder sogar überflüssig machen. Die befragten Mütter fühlen sich angesichts dieser Realität einerseits im Stich gelassen und überfordert. Auf der anderen Seite sind sie mit großer Selbstverständlichkeit bereit, diesen Erwartungen zu entsprechen. Ihr persönliches Engagement und der unendliche Zeit-, Kosten- und körperlich-seelische Kraftaufwand für diese Arbeit entsprechen ihren Erwartungen an sich selbst: Sie fühlen sich für das »Wohlergehen ihrer Kinder verantwortlich«. Jede der befragten Mütter lehnt eine Einweisung ihres Kindes in eine Pflegeeinrichtung ab. Alle wollen sie ihren Kindern möglichst »optimale Entwicklungsmöglichkeiten« bieten. Und jede ist bereit, dafür ihr eigenes Leben zurückzustellen. Diese Frauen zweifeln selbst keineswegs am »Sinn ihrer Arbeit«, aber die Gesellschaft verweigert ihnen die Anerkennung und provoziert so Zweifel am eigenen Tun. Denn von ihnen wird erwartet, daß sie der Verpflichtung zur Versorgung der gesamten Familie so perfekt nachkommen, daß niemand – vor allem die »gesunden« Familienmitglieder nicht – Entbehrungen hinnehmen muß. Schuldgefühle stellen sich unweigerlich ein, wenn Frauen die geforderten Doppel- und Dreifachbelastungen nicht problemlos bewältigen: »Frau J. litt auch sehr darunter, für ihren Mann wenig Zeit zu haben, und schwer zu schaffen machte ihr auch der Gedanke, daß sie ihre Hausarbeit vernachlässigen mußte: 'Hausarbeit mußte ich lassen, nur das Allernötigste, das hat mich unheimlich belastet. Ich mußte alles teuer einkaufen, damit ich Zeit für Jörg (das behinderte Kind) hatte'.«[10] Am Ende der Schilderungen der besonderen Problematik der Reproduktionsarbeit von Müttern behinderter Kinder bleiben Widersprüche offen stehen. Auf der einen Seite *beklagen auch diese Frauen nicht die Unzumutbarkeit der Tätigkeiten und Anforderungen, sondern deren Nichtbezahlung und Nichtwertschätzung durch die Gesellschaft.* Auch sie schließen sich der Forderung nach »*Lohn für Hausarbeit*« an und stellen die Norm der »verwertbaren Arbeitskraft«, die Behinderte zu Menschen »minderer Güte« herabstuft, in Frage. Sie wehren sich gegen eine Funktionalisierung ihrer unbezahlt geleisteten Reproduktionsarbeit durch den Sozialstaat, der in den Behindertenbereich je nach Konjunkturlage mal mehr, mal weniger investiere und immer nur so viel, wie notwendig sei, um Frauen von dieser Arbeit zu entlasten und sie damit für die Produktion und Reproduktion der »verwertbaren Arbeitskräfte« freizustellen. Auf der anderen Seite wird gezeigt, daß diese *Frauen alle an sie gestellten Reproduktionsaufgaben nicht nur ganz selbstverständlich unbezahlt erfüllen, sondern daß sie zudem von sich selbst dabei ein Optimum an Vollkommenheit und Perfektion erwarten.*

Mit diesen Beobachtungen macht die Autorin darauf aufmerksam, daß die materielle Abhängigkeit der Frau vom Mann nicht das allein zu lösende Problem der Reproduktionsarbeit sei, weil die Erfüllung der Reproduktionsaufgaben auch eine *identitätsstiftende* Funktion in den Lebensentwürfen von Frauen habe. Besonders kraß zeigt sich ein solches psychisches Angewiesensein am Beispiel der Alltagserfahrungen von behinderten Frauen, die über ihre Funktionstüchtigkeit in der Reproduktionsarbeit gesellschaftliche und persönliche Anerkennung zu erlangen versuchen. Trotz ihrer Behinderungen erwarte man von ihnen, daß sie wie jede nicht behinderte Frau funktionierten. Sie seien bereit, jede Form von Mehrarbeit, einen größeren Aufwand an Zeit und nicht zuletzt ein hohes Maß an Selbstbeherrschung auf sich zu nehmen, um der Norm einer funktionstüchtigen Hausfrau, Mutter und Gattin zu entsprechen. Gerade weil ihre ökonomische Abhängigkeit vom Ehemann größer sei als die nicht-behinderter Frauen, habe die Erfüllung der Reproduktionsaufgaben einen um so höheren Stellenwert. Gerade weil ihnen außerhäusliche Arbeitsbereiche weitgehend versperrt blieben, binde sich ihr Bedürfnis nach gesellschaftlicher Anerkennung und ihr eigenes Selbstwertgefühl an ihre Funktionstüchtigkeit im häuslichen Bereich. Zu diesen Erkenntnissen kommt eine Autorin, die in einer Rehabilitationsklinik Gespräche mit Frauen über ihre Alltagserfahrungen geführt hat. Die zumeist körperlichen Behinderungen hatten sich die Frauen im Erwachsenenalter durch Unfälle oder Krankheiten zugezogen.[11] Berichtet wird, daß das Ziel einer Rehabilitationskur für körperbehinderte Frauen die »Wiederherstellung ihrer vollen Funktionstüchtigkeit als Hausfrau« sei. Es wird ihnen beigebracht, wie sie die Beeinträchtigungen ihres Arbeitsvermögens kompensieren können. Daraus folgert die Autorin, daß den Frauen nicht geholfen werde, ihr objektives Angewiesensein auf fremde Hilfe akzeptieren zu lernen, sondern daß sie im Gegenteil deswegen Schuld- und Minderwertigkeitsgefühle entwickeln müssen.

In beiden Arbeiten – der über die Hausarbeit von Müttern behinderter Kinder und der über behinderte Frauen – werden außergewöhnliche Belastungen von Frauen beschrieben; und doch sind sie nichts anderes als ein überdeutlicher Hinweis auf die allgemein herrschenden Strukturen und Bedingungen der Reproduktionsarbeit. Diese und andere Diplomarbeiten machen deutlich, welches breite Spektrum von Anforderungen und Erwartungen Frauen im Reproduktionsbereich erfüllen sollen, welche konkreten Tätigkeiten und Fertigkeiten dafür erforderlich sind, und auch, wie abhängig Frauen in ihrer Identität von einer Bestätigung für diese Arbeit sind. Danach gerieten mehr die *Auswirkungen dieser Verrichtungen und Abhängigkeitsstrukturen* auf die Frauen, die Subjekte dieser Arbeit, in das Blickfeld. Mehrere Arbeiten Ende der 70er Jahre beschäftigen sich mit einem Phänomen, das damals auch als »Hausfrauensyndrom« bezeichnet wurde. Es geht dabei u.a. um die Unzufriedenheit der Hausfrau und um ihr Leiden an den Bedingungen ihrer Arbeit, die sie allein und isoliert im privaten Bereich verrichtet.

Zwei ausgewählte Arbeiten gehen von dem beobachteten Widerspruch aus, daß Frauen einerseits unter den Bedingungen ihres Hausarbeitsalltags leiden und z.B. psychosomatische Krankheitssymptome entwickeln und gleichzeitig in der Situation verharren, die dieses Leiden verursacht.[12] Nach Ansicht der Autorinnen ist ein Verbleiben in der Situation möglich, weil Frauen zum einen den Widerspruch selbst lange nicht bemerken, und zum anderen, weil sie das Leiden selbst als alltäglichen Bestandteil ihrer Lebensrealität sehen. Diese Art des Umgangs mit sich kennen alle Autorinnen von ihren Müttern, und in der Reflexion ihrer Biografien finden sie in dem »*Anpassungsvermögen*« bzw. der »*Anpassungsleistung*« ihrer Mütter eine Erklärung für den beobachteten Widerspruch. Die »Anpassungsleistung« wird von einer der Autorinnen als notwendiges »Über-Lebensmittel« von Frauen erkannt. Sie geht von der These aus, daß Frauen sich an die Bedingungen der Reproduktionsarbeit anpassen, um sie überhaupt aushalten zu können. Diese »Anpassungsleistung« will sie aber nicht als »Fähigkeit im positiven Sinn« verstanden wissen, denn »solche Anpassungsleistungen sind keine freie Entscheidung der Frau, sie gehören zu ihrer gesellschaftlich definierten Wesensbestimmung: Eine Frau hat sich anzupassen, und deshalb bezeichne ich es als Arbeit, als Leistung. Es bedeutet Arbeit und kostet viel Energie, sein Leben darauf einzurichten, für andere da zu sein, zu sorgen, mit ihren Gedanken zu denken.«[13] Diese *Anpassungsarbeit* meint vor allem die bis dahin weniger beachtete psychische Dimension von

Reproduktionsarbeit. – Die Anpassung an wechselnde Bedürfnisse unterschiedlicher Menschen fordert die Frau immer als »ganze Person«. An dieser Stelle tauchen in der Diskussion um die Reproduktionsarbeit der Frau die bekannten Kategorien *Beziehungs- und Gefühlsarbeit* auf. »Beziehungsarbeit erfordert die vollkommene Identifikation mit den Bedürfnissen und Problemen der Familienmitglieder. Diese Arbeit verlangt die Perfektionierung der ansozialisierten Fähigkeiten wie Einfühlungsvermögen, Opferbereitschaft, Mitgefühl im Hinblick auf die emotionale Verbundenheit mit den Familienmitgliedern. Es gilt also, eine ungeheure Sensibilität zu entwickeln, eine Sensibilität, die auch non-verbale Bereiche umfaßt, die Deutung von Mimik, Gestik und Spannungen, die sozusagen 'in der Luft' liegen, oder die Fähigkeit des Sich-Hineinversetzens in den anderen, das Erahnen seiner Wünsche. Diese Sensibilität umfaßt ebenfalls Bereiche wie das Kaschieren und Zurückstecken eigener Emotionen und Bedürfnisse, das Harmonisieren und Beschwichtigen bei Konflikten, den Aufbau des Selbstwertgefühls anderer, sei es durch Trost oder Sexualität, das Taktieren bzw. diplomatische Vorgehen in bestimmten Situationen, das Nicht-abschalten-Können, sondern sich ununterbrochen weiter Gedanken machen, sowie, und hier mischt sich psychische mit materieller Hausarbeit, das jemanden Erfreuen durch ein Geschenk, einen Kuchen, das Lieblingsessen. Diese Hausarbeit ist endlos. Wenn auch die materielle Hausarbeit vielleicht zu einer bestimmten Tageszeit aufhört – die Beziehungsarbeit endet erst dann, wenn die Beziehung nicht mehr existiert.«[14]

In den Beschreibungen der Auswirkungen dieser Arbeit auf die Mütter – die Subjekte dieser Arbeit – taucht gleichzeitig die angstvolle Frage der Verfasserinnen nach den Folgen dieser Arbeit für sie selbst – als Objekte dieser Arbeit – auf und danach, ob es eine Chance gibt, dem Schicksal ihrer Mütter zu entkommen. Denn sie stellen mit Erschrecken fest, was ihre Mütter alles leisten und dafür an eigenen Interessen aufgeben oder unterdrücken mußten, und sie stoßen vor allem auf die Spuren, die ein solches Tun über Jahre hinterläßt. Sie erkennen bei ihren Müttern psychische Deformationen, Abhängigkeitsstrukturen oder auch psychosomatische Krankheitssymptome. Sie kommen zu einer politischen Wertung dieser Fakten, indem sie den *Inhalt und die Zumutbarkeit der Tätigkeiten und Erwartungen der Reproduktionsarbeit selbst in Frage stellen.* Es entstehen Zweifel, insbesondere gegenüber dem Bemühen, die gesellschaftliche Aufwertung und Anerkennung dieser Arbeit durchzusetzen. Denn warum sollte etwas aufgewertet werden, was von Frauen verlangt, eigene Interessen und Bedürfnisse zurückzunehmen und sich an Bedingungen anzupassen, auf die sie selbst keinen Einfluß haben? Die Autorinnen sehen *Frauen als Zugerichtete, als Objekte einer »Sozialisationsmaschinerie«*, der sie selbst allerdings zu entkommen hoffen. Sie haben für ihr eigenes Leben Entscheidungen getroffen, die sie vor einer Vereinnahmung durch Reproduktionsarbeit bewahren sollen. Aber: »Obwohl wir uns in dieser Selbsteinschätzung sehr von unseren Müttern unterschieden, war das Mittel zur Problemlösung letzten Endes doch wieder dasselbe – nämlich ein Mann. (...) Auch wenn wir es nicht wahrhaben wollten und es auch nicht in unser Theoriegebäude paßte, befanden wir uns trotzdem in einem Abhängigkeitsverhältnis, denn wie bei unseren Müttern stand und fiel unsere Identität mit einem Mann.«[15] Die Übereinstimmung mit ihren Müttern sehen die Töchter in ihrer Beziehungsabhängigkeit und damit auch der Bereitschaft zur Beziehungsarbeit. Sie versuchen zwar, gegen diese Strukturen (bei sich selbst) anzugehen, können ihnen aber nur schwer entkommen, obwohl sie meinen, Reproduktionsarbeit im klassischen Sinn zu verweigern. Indem hier *Beziehungsarbeit von Reproduktionsarbeit abgekoppelt* wird, entsteht der Eindruck, ein reproduktives Arbeitsvermögen sei an die tatsächliche Ausübung von Reproduktionsarbeit gebunden.

Erst die grundsätzliche Frage nach »weiblichen Interessenstrukturen« lenkt den Blick auf *das reproduktive Arbeitsvermögen von Frauen einschließlich der Beziehungsarbeit und unabhängig vom jeweiligen Arbeitsplatz der Frau*. Eine Autorin geht von der These aus, die Struktur der Reproduktionsarbeit sei mit jeder Frau verknüpft, und ein reproduktives Arbeitsvermögen sei nicht an die Funktion der Hausfrau und Mutter gebunden. Merkmale eines solchen Arbeitsvermögens sind: Abhängigkeit vom Urteil anderer, Uneindeutigkeit der Bewertungsmaßstäbe, eingeschränkte Handlungsmöglichkeiten, Zerstreutheit der Aufmerksamkeit, ziel- und grenzenlose Arbeitsbereitschaft, Tätigsein für andere, ständiger Tätigkeitenwechsel, die Zerstückelung der Arbeitsabläufe etc. Solche Verhaltensstrukturen kennt die Autorin von sich, obgleich sie weder Hausfrau noch Mutter noch Ehefrau ist. Sie ist Studentin und beschäftigt sich mit ihrer Arbeitssituation. Ihre Arbeitsschwierigkeiten sind für sie von »Diffusität und Zerrissenheit« gekennzeichnet. Bei ihrem Versuch, diese Probleme, deren Struktur und Funktion zu erklären und zu verstehen, wird das, was allgemein reproduktives Arbeitsvermögen genannt wird, zum Schlüssel des Verständnisses.[16] *(3.Phase)* Hier erst offenbart sich, daß die differenzierten Beschreibungen der Tätigkeiten und

Erfahrungen von Hausfrauen weder etwas über die Merkmale dieser Arbeit noch über deren Funktion aussagen können.[17] In den Interessenstrukturen von Frauen entdeckt die Autorin eine Geschlechtstypik. Interesse allgemein meint das uneingeschränkte Wichtignehmen eines Inhalts, unabhängig von jedem nützlichen Effekt für andere und ungeachtet umgebender Faktoren. Diese Merkmale des Interessehabens widersprechen jedoch der von Frauen geforderten Selbstbeschränkung, der Rücksichtnahme auf andere und der Ausrichtung eigener Bedürfnisse nach den Vorstellungen und Wünschen anderer. In der Lebensrealität von Frauen hat ein Alles-um-sich-herum-Vergessen keinen Platz. Die Aufmerksamkeit richtet sich nie allein auf eine einzelne Tätigkeit, diese darf nie die volle Konzentration in Anspruch nehmen. Frauen streuen ihre Aufmerksamkeit in verschiedene Richtungen. Die einzelnen Alltagshandlungen führen nicht zu einem selbstdefinierten Ziel, sondern dienen dazu, den Ist-Zustand für die anderen Familienmitglieder/Menschen zu erhalten. Diese *»weibliche Interessenstruktur«* steht im Widerstreit mit *den Möglichkeiten der Autorin, sich mit einer Sache, einem Thema zu beschäftigen, und ihren tatsächlichen Handlungen, mit denen sie sich selbst daran hindert.*

»Es ist ein 'Nicht-wissen-was-ich-will' – wahrgenommen als 'Diffusität' in dem Sinne, daß eine Unklarheit besteht, die von dem Gefühl der Beliebigkeit, der Gleichgültigkeit verschiedener Tätigkeiten und Möglichkeiten bestimmt ist, oder als 'Zerrissenheit' insofern, als es um das Wahrnehmen und Wahrnehmenwollen der vielfältigen Angebote und Möglichkeiten geht, mit der Angst, etwas zu versäumen, nicht das eigentlich Wichtige und Richtige zu machen. Dieses Zurückschrecken vor eindeutigen und auf einen bestimmten Weg festlegenden Entscheidungen, das Ausweichen in das diffuse Ausprobieren, das 'Mal-hier-mal-da-etwas-machen' mit dem gleichzeitigen Gedanken, daß es ja auch etwas anderes hätte sein können, (...) verhindert ein intensives Sicheinlassen und bedingt das schnelle Abbrechen einer Tätigkeit und das Sichanschließen an andere. Das Ergebnis ist, daß vieles begonnen wird und alles Begonnene 'ein bißchen' bleibt mit der Wahrnehmung eines 'Dazwischenseins' im Sinne eines 'Zwischen-den-Dingen-Stehens'.«[18]

Die Autorin erkennt darin die *Grundstruktur des historisch-weiblichen Arbeitsvermögens,* und sie analysiert diese Beobachtungen als ein *Phänomen von Mittäterschaft.* Denn die Nichtfestlegung und Nichtrealisierung der eigenen Interessen oder das Sichanschließen an die Interessen anderer gibt Frauen die Chance, »Mögliches im Stadium des

Möglichen« zu halten. Einige Fähigkeiten müssen nicht unter Beweis gestellt werden. Und: was ungetan und unformuliert bleibt, kann nicht hinterfragt werden. Das Zurückstellen eigener Interessen und das Abbrechen von Tätigkeiten zugunsten anderer verhindern mögliche Kritik und Bewertung. Gleichzeitig wird die Stufe des »Ich-kann-ein-bißchen«[19] nie überwunden.

Am eigenen Beispiel zeigt die Autorin, daß es nicht äußere Zwänge und Reaktionen auf patriarchale Vorgaben und Verhältnisse sind, die sie in die erlebte »Diffusität« und »Zerrissenheit« hineintreiben bzw. dort gefesselt halten. In ihrer Analyse erkennt sie, daß die *Selbstverhinderungen von Frauen im Interesse der Männergesellschaft* sind. Die Frau, die ihre Interessen abbricht, sich ablenken läßt, eigene Wünsche und Bedürfnisse »freiwillig« zurückstellt, schränkt sich in ihren eigenen Denk- und Handlungsspielräumen ein. Obwohl sie nicht an die Grenze eines direkten Verbotes stößt, *verzichtet sie darauf, in die Domäne der Männer einzudringen.* Damit perpetuiert die Frau selbst ihre Einbettung an dem vom Mann zugewiesenen Ort. Ihr Verhalten ist konstitutives Moment der patriarchalen Strukturen und dient dem Mann auch an Orten, wo er nicht real anwesend ist.

Ein gesellschaftlicher Skandal wird aufgedeckt

Die ersten Arbeiten zum Thema »Gewalt gegen Frauen« zeigen viel von der *Empörung und Wut*, die Frauen in den 70er Jahren *gegen die Männergesellschaft* gerichtet haben, *weil diese die sichtbaren Fakten der Gewalt ignoriert, deren Ausmaß bagatellisiert, das Phänomen selbst mit einem Tabu belegt und in den von der Gesellschaft zu schützenden »privaten Intimbereich« verlegt hat.* Über Gewalt gegen Frauen wurde strenges Stillschweigen gewahrt, und es war ein langwieriger, für die betroffenen Frauen oft schmerzhafter, aber auch befreiender Prozeß, dieses Tabu zu brechen. Von heute aus gesehen ist es kaum vorstellbar, daß es bis Mitte der 70er Jahre keinerlei öffentliches Bewußtsein über Gewalt gegen Frauen gab und dementsprechend auch kaum Literatur darüber. Angesichts dieser kurzen »öffentlichen Phase« wäre es voreilig und falsch, dieses Thema bereits als abgeschlossen und bearbeitet zu betrachten.

Zwei hier ausgewählten Arbeiten über Vergewaltigung und Mißhandlung[1] geht es darum, *über diese Erscheinungsformen der Gewalt gegen Frauen aufzuklären, sie bewußt zu machen und die Verwerflichkeit*

und Inhumanität der Taten und Täter politisch-moralisch anzuklagen.
(1.Phase) Alle in diesen Arbeiten dargestellten Fakten, Bewertungen, Erklärungen, Mutmaßungen und Schlußfolgerungen haben das Ziel zu zeigen, *daß Frauen an der ihnen zugefügten Gewalt keine Schuld tragen, sondern daß sie Opfer und Männer Täter sind.* Diese Auffassung über einen in der Männergesellschaft *strukturell verankerten Opferstatus der Frau* muß gegen die bekannten Mythen angehen, mit denen Männer ihre Täterschaft abzuleugnen versuchen und damit gleichzeitig die Position der Frau als Opfer bestreiten.

Die Vielzahl der Schutzbehauptungen von Männern und die Entgegnungen und Schlußfolgerungen von Frauen zum Phänomen der Männergewalt sind bekannt: Männer würden gewalttätig, weil Frauen sie provozierten; eine Frau könnte nicht gegen ihren Willen vergewaltigt werden; gewalttätig sei nur der Ausnahmemann, der Unterprivilegierte, der Asoziale, der Alkoholiker (Milieutheorie); Gewalt gegen Frauen sei ein »Ausrutscher« oder »Kavaliersdelikt«; der Vergewaltiger sei ein Psychopath oder Triebtäter (Triebtheorie) etc. Dagegen haben Frauen die alltägliche Normalität der Gewalt erkannt und gezeigt, daß an Frauen strafrechtlich relevante Gewaltverbrechen verübt werden, daß die bekannt werdenden Vergewaltigungen und Mißhandlungen nur die Spitze des Eisbergs sind und daß die Struktur der Männergesellschaft von Grund auf verachtend und gewalttätig gegenüber Frauen ist. Sie haben gezeigt, daß die Gewalterfahrung kein individuelles Problem einer einzelnen Frau, sondern ein gesellschaftliches Problem ist, und daß Gewalt nicht erst bei physischer Verletzung und sexuellem Übergriff anfängt, sondern alle Formen der Demütigung, Diffamierung, Diskriminierung, Unterdrückung, Ausbeutung und Benachteiligung umfaßt. Sie haben auch gezeigt, daß die Tabuisierung dieser Gewalt durch die Männergesellschaft eine Fortsetzung der Gewalt gegen Frauen mit anderen Mitteln ist und daß die Folgen und Auswirkungen der Gewalt, wie Angst, Einschüchterung, Verletzung, Schädigung, Eingrenzung, Ausgrenzung etc., für die Männergesellschaft funktional sind. Denn die Macht der Männer liegt in dem gewalttätigen Ausschluß der Frauen von Macht. Darüber hinaus wird angeprangert, daß die Männergesellschaft die Frau nicht als Opfer anerkennt bzw. nur dort, wo es ihr zweckdienlich erscheint: vor Gericht, wo mann sie erneuter Demütigung und Erniedrigung aussetzen kann, wo sie sich ohnmächtig und handlungsunfähig zeigen muß, um sich als Opfer glaubwürdig zu verhalten.

Alle zusammengetragenen Fakten führen zu der Schlußfolgerung, daß *die Frau in der Männergesellschaft ein Objekt männlicher Machtinteressen, männlichen Willens und Begehrens sei,* daß es Männern also legitim erscheine, sie als »männlichen Besitz« zu begreifen, sie als »Willenlose« zu unterwerfen, sie in ihrem »Selbstbestimmungsrecht« zu behindern, sie ihrer Würde, ihrer körperlich-seelisch-geistigen Unversehrtheit zu berauben etc. Erklärt wird diese Objekt- und Opfermachung der Frau von den Autorinnen erstens mit der These von der physischen Überlegenheit des Mannes, aus der sich alle Formen der Gewalt und Unterdrückung ableiten ließen, und zweitens mit der These von der ökonomischen Abhängigkeit der Frau vom Mann, die sie gegenüber seinen Besitzansprüchen macht- und rechtlos halte.

Das von den Autorinnen gezeichnete *Bild der Frau als ohnmächtiges und wehrloses Opfer* wird noch verstärkt, indem sie die »geschlechtsspezifische Sozialisation« der Frau so interpretieren, wie es in diesen Jahren üblich war: als Zurichtungs- oder Konditionierungsprozeß oder als »Zwangsmaschinerie«, die Frauen (hier mißverstanden als empirische Kategorie) zur Aneignung und Verinnerlichung gewünschter »weiblicher« Eigenschaften, wie Opferbereitschaft, Passivität, Schwäche, Ohnmacht, zwinge. Daraus folgerten die Autorinnen, daß die geschlechtsspezifische Sozialisation gleichbedeutend sei mit einer »*Erziehung der Frau zum potentiellen Opfer*«. Und sie stellen die Frage, ob Frauen nicht zu einer »Mißhandlungs- und Vergewaltigungsbereitschaft« erzogen würden. Sie beabsichtigen damit aber nicht, Frauen ein persönliches Verschulden an den gewalttätigen Übergriffen von Männern auf sie zu unterstellen. Sie wollen vielmehr zeigen, daß die Sozialisation der Frau selbst als gesellschaftliches Unterdrückungsinstrument funktionalisiert ist und als Ausdruck und Mittel struktureller Gewalt entlarvt werden kann. Diese Analyse der Gewalt gegen Frauen argumentiert auf einer abstrakten, überindividuellen Ebene. So ließen sich prinzipielle Aussagen über die Merkmale und die kulturell-historische Verankerung dieser Gewaltstrukturen in der Männergesellschaft ableiten. Allerdings vermischen sich diese Erkenntnisse mit Bildern über die Frau, die aus der Sozialisationstheorie abgeleitet werden und die die Frau als Objekt und vollständig zugerichtete bzw. deformierte Person zeigen.

Gegen diese Theorien über *die* Frau mußten Frauen opponieren. Es bestand Aufklärungsbedarf. Denn es mußte gezeigt werden, daß Frauen sich auch anders verhalten, daß sie sich wehren und in der Vergangenheit immer schon gewehrt haben, daß keine Frau so ist, wie es die

Theorie vorgibt. Denn jede Frau kennt eine andere, die dem vorgezeichneten Bild oder der zugeschriebenen Rolle kaum oder gar nicht entspricht. Ihre größte Überzeugungskraft in der Vermittlung dieser anderen Wahrheit sahen Frauen in der Präsentation individueller Lebensläufe von Frauen. Hier sollten nicht die »Schwächen«, sondern die »Stärken«, nicht die »Zurichtung«, sondern die »Veränderungsfähigkeiten«, nicht die »Anpassung«, sondern das »Ausbrechen«, nicht das »Typische«, sondern das »Untypische« gezeigt werden. *(2.Phase)* Ausgehend von der Enttabuisierung und Verurteilung der Gewalt gegen Frauen in der Öffentlichkeit – wenn auch nicht durch *die* Öffentlichkeit – erfolgte die *Hinwendung zu den Erfahrungen* einzelner Frauen, vor allem zu ihren von der Norm abweichenden Erfahrungen. Die Autorinnen der folgenden drei ausgewählten Arbeiten[2] konzentrieren ihre Darstellung auf die »Stärken« bzw. das »Untypische« von Frauen, weil sie das Wissen über das »typische« und gesellschaftlich erwartete »weibliche« Verhalten als bekannt voraussetzen. Die Widerständigkeit mißhandelter Frauen, die die Autorinnen im Frauenhaus kennenlernen[3], veranlaßt sie, sich jeweils mit der Biografie einer ehemaligen Frauenhausbewohnerin zu beschäftigen.[4] Zu dem Interesse an deren Lebensgeschichten gesellen sich eigene Interessen, die sie selbst beispielsweise so formulieren: »Gerade Frauen, die in Mißhandlungsbeziehungen gelebt haben, müssen sich in besonderer Intensität mit männlicher Gewalt auseinandergesetzt haben, um diese auszuhalten bzw. aus dieser ausbrechen zu können. Über die Auseinandersetzung mit der Lebensgeschichte einer mißhandelten Frau glauben wir, uns über eigene Reaktions- und Verhaltensweisen bewußter zu werden und aus der Weitervermittlung ihrer Erfahrungen für unsere Zukunft lernen zu können.«[5] »Unser starkes Interesse an K.s Erfahrungen ... resultiert daraus, daß wir bei ihr Elemente wiederfinden, die auch unsere Suche nach mehr Leben und Raum bestimmen.«[6] Die Autorinnen sind auf der Suche nach Vorbildern, nach Frauen, mit denen sie sich identifizieren können. *Sie wollen keine Opfer präsentieren, weil sie sich selbst so nicht sehen (wollen)*: »In unserem eigenen Interesse wollen wir an der Idee, daß Frauen nur Opfer der Verhältnisse sind, nicht festhalten. Würden wir daran festhalten, so würde das für uns bedeuten, daß wir uns selbst jede Möglichkeit der Veränderung, des Widerstands absprechen würden, weil uns im Zustand des Opferseins jeder Handlungsspielraum verschlossen bliebe.«[7] In ihren Gesprächspartnerinnen erkennen die Autorinnen Frauen, die nicht in ihr Opferbild passen: »Obwohl die psychischen und physischen Auswirkungen der Mißhandlung enorm waren, war das Frauenhaus nicht überfüllt mit leidenden, schweigenden, sich aufopfernden Frauen. Ich habe Frauen erlebt, die ihre Interessen gegenüber Ämtern aktiv durchsetzen (...) In ihren Erzählungen über ihre Mißhandlungsbeziehungen erschien ihr Verhalten keineswegs typisch weiblich wie: anpassungsfähig, unterordnend, sich zur Verfügung stellend etc.«[8] Die Beschäftigung mit den Biografien fremder Frauen soll für die Autorinnen offenbar zwei Aufgaben gleichzeitig erfüllen: Einerseits wollen sie aufklären über das nicht-typisch weibliche Verhalten ihrer Gesprächspartnerinnen, andererseits verfolgen sie das persönliche Interesse, ihr eigenes Selbstbild als Frau zu klären: »Wir suchten bei K. die Stärke, die wir selbst leben wollten.«[9] Diese Interessenlage, die den Autorinnen selbst nur zum Teil bewußt ist, bleibt nicht ohne Einfluß auf die Darstellung und Bewertung der Lebensgeschichten der von ihnen befragten Frauen. Obgleich die Autorinnen deren Biografien sehr ausführlich wiedergeben, werden nur die widerständigen Verhaltensweisen und Erfahrungen der Frauen hervorgehoben. Sie *beschreiben* die Stationen ihres Lebens: Kindheit, Familiensituation, Sozialisation, Pubertät, Berufssituation, Mutterschaft, die Aufnahme der Beziehungen zu Männern bis hin zu den Mißhandlungserfahrungen und dem Aufgeben dieser Beziehungen. Sie *beschreiben* das widersprüchliche Verhaltensspektrum der Frauen zwischen Aufbruch und Zusammenbruch, Eigenständigkeit und Abhängigkeit, Angst, Liebe, Wut und Aggression gegenüber dem mißhandelnden Mann, zwischen Trennung und Rückkehr zu ihm. Sie *beschreiben* darüber hinaus die Auswirkungen und Folgen der Gewalterfahrungen und berichten beispielsweise von Alkohol- und Tablettenkonsum, Depressionen, Gefühlen der Handlungsunfähigkeit und Resignation, Fluchtgedanken und wiederkehrenden Hoffnungen auf eine Verbesserung der Beziehung. Besonders hervorgehoben und wertgeschätzt wird aber zunächst nur das nicht-konforme Verhalten, so als hätten die Autorinnen das Schwanken zwischen Anpassung und Widerstand in den dargestellten Biografien nicht bemerkt. Indem sie so die den weiblichen Rollenvorstellungen entsprechenden Verhaltensweisen ignorieren bzw. abspalten, versuchen sie zu beweisen, daß diese Frauen keine Opfer sind, und präsentieren die »*widerständige Frau*«. Den Schlüssel zur Erklärung dieser »Stärke« suchen sie in der individuellen Sozialisation: »Ihre Kindheit ist gekennzeichnet von dem Bestreben, sich ihre Autonomie solange wie möglich zu erhalten und die unterlegene Rolle als Mädchen nicht widerspruchslos hinzunehmen. (...) Ihre in diesem Kampf erworbenen Fähigkeiten, wie sich behaupten, sich wehren, sich verteidigen, kommen ihr dabei zugute, sich vor weiteren Anpassungsleistungen zu schützen. In K.s Kindheit sehen wir Elemente, die darauf hinweisen, daß sie der gesellschaftlichen Norm: Mädchen haben weiblich zu sein, nicht wie erwartet entsprochen hat.«[10] Der Eindruck, daß gerade diese Sozialisation so »untypisch« sei, kann nur entstehen, weil hier eine singuläre Erklärung für einen individuellen Fall gesucht und gefunden wird. *Das Bild der 100% zugerichteten Frau kann* durch die dargestellten Erfahrungen von Frauen *empirisch erschüttert, aber nicht theoretisch in Frage gestellt werden.* In ihrer Wahrnehmung gibt es »widerständige Frauen« und Frauen, die Opfer sind und »Opferverhalten« zeigen. Aber die Herausbildung eines Opferverhaltens bei Frauen weisen die Autorinnen nicht in den spezifischen Sozialisationserfahrungen ihrer Gesprächspartnerinnen nach, sondern sie verweisen an dieser Stelle ganz pauschal auf die Resultate der geschlechtsspezifischen Sozialisation *der* Frau. Denn sie sei einem »Weiblichkeitsdrill«, einer »totalen Unterdrückung« und einem »Zwang zur Anpassung und Verinnerlichung der Ideologie der Liebe« ausgesetzt. Und so entsteht der Eindruck, daß die Autorinnen ein »Opferverhalten« von Frauen als Norm betrachten. Sie bestätigen damit das Bild der angepaßten Frau und setzen dem lediglich einzelne, abweichende Erfahrungen gegenüber. Die Sozialisation der »typischen« Frau erscheint als Regel, die der »untypischen« als Ausnahme. Ob die Autorinnen sich zu diesen Ausnahmen zählen, bleibt offen. Denn am Ende ihrer Arbeit werfen sie einen abschließenden, etwas genaueren Blick auf ihr Material und stellen fest: »Das Verhalten der Frau ist in seiner Komplexität schwierig zu erklären, auf alle Fälle aber offensichtlich widersprüchlich.«[11] Sie erkennen, daß es ihre ausschließlich »widerständige« Ausnahmefrau nicht gibt. Einschränkend interpretieren sie die Lebensgeschichten ihrer Gesprächspartnerinnen als brüchig, weil sich dort »starke« und »schwache« Lebensphasen erkennen ließen. Aber aus diesem vermeintlichen Nacheinander der unterschiedlich gewerteten Lebensphasen formt sich für sie kein verändertes Bild der Frau. Sie ahnen nur, daß die *Widersprüche mitten durch die Frau gehen,* ohne dies schon explizit zu formulieren. Am Ende der Arbeiten bleibt die Frage offen, ob das angepaßte Verhalten der Frau ausschließlich mit dem »Zwang der Verhältnisse« erklärt werden kann oder ob dieses Verhalten nicht auch im eigenen Interesse von Frauen liegen könnte.

Indem sich die Autorinnen den konkreten Erfahrungen von Frauen zuwenden, liefern sie einen wichtigen Beitrag zur Beschreibung von Verhaltensweisen, die es einer Frau ermöglichen oder die sie daran hindern, aus einer Mißhandlungsbeziehung auszubrechen. Aber ihnen allen fehlt es an einer theoretischen Erklärung für die aufgezeigten Widersprüche. Die reine Beobachtung und Beschreibung der gegensätzlichen Erfahrungen kann diesem Interesse aber nicht weiterhelfen. Gefragt werden muß vielmehr nach dem Inhalt des Widersprüchlichen selbst und dessen Funktion im Lebenszusammenhang von Frauen. Erst *theoretische Fragen eröffnen einen qualitativ anderen Zugang zum Verständnis von lebensgeschichtlichen Erfahrungen. (3.Phase)*

Eine Verfasserin beschäftigt sich mit der Tatsache[12], daß mißhandelte Frauen nach Trennungsversuchen immer wieder zum mißhandelnden Mann zurückkehren.[13] Sie versucht, dieses Phänomen mit einer These zu erklären: Die Hoffnung von Frauen auf Veränderung und einen Neuanfang in der Beziehung zu dem Mißhandler treibe die Frau in das Hin und Her zwischen Weggehen und wieder Zurückkehren. *Sie geht davon aus, daß der Opferstatus die gesellschaftliche Position der Frau nicht erfaßt.* Denn »wenn wir uns selbst nur als Opfer sehen – als Opfer der Gesellschaft und/oder Opfer eines einzelnen Mannes –, machen wir uns kleiner, passiver und unbedeutender, als wir sind, sprechen wir uns selbst die Verantwortung für unser eigenes Leben ab.«[14] Sie plädiert für eine offensive Auseinandersetzung mit den Inhalten geschlechtsspezifischer Sozialisationsprozesse, die eine Zurichtung von Frauen auf erwünschte »Weiblichkeitsbilder«, »weibliches« Verhalten etc. beabsichtigen. Das heißt, sie erkennt die *ideologische Bedeutung der Sozialisation.* Doch dies *rechtfertigt nicht, Sozialisation generell als einen »absoluten und unentrinnbaren Konditionierungsprozeß« zu begreifen.* »Die Vorstellung von Sozialisation als einseitiger, beliebiger Prägung... schließt das Erkennen von Eigenbeteiligung an unserer Unterdrückung aus. Aber gerade die Suche nach unseren eigenen aktiven Anteilen ist notwendig; nicht, um Frauen erneut die Schuld an ihrer Situation zu geben, sondern um unsere eigenen Veränderungsmöglichkeiten und -fähigkeiten zu erkennen und wahrzunehmen.«[15]

Allein in der schonungslosen Konfrontation mit – und nicht in der Abspaltung von – den eigenen, angepaßten und zugerichteten Anteilen sieht diese Autorin eine Chance für Frauen, diese Anteile zu erkennen und zu überwinden. Auch sie beschäftigt sich mit der Lebensgeschichte einer mißhandelten Frau, aber im Unterschied zu den Verfasserinnen der zuvor dargestellten Arbeiten hat sie theoriegeleitete Untersuchungsfragen zur Auswertung des biografischen Materials.[16] Sie arbeitet die Inhalte heraus, auf die sich die Hoffnungen ihrer Gesprächspartnerin beziehen, und fragt, in wessen Interesse sich die Frau auf diese Hoffnungen fixiere. Sie kommt zu dem Schluß, daß das Hoffen von Frauen dazu beiträgt, die Strukturen des individuellen und gesellschaftlichen Geschlechterverhältnisses aufrechtzuerhalten und die Machtposition des Mannes zu bestätigen. Das heißt weiter, daß Frauen nicht nur als Objekte von Schädigungen zu begreifen sind, sondern daß sie sich mit ihrem Prinzip Hoffnung auch selbst daran hindern, in ihrer Lebensrealität solche Möglichkeiten der Entscheidung und des Verhaltens wahrzunehmen, die sie aus einer Abhängigkeit vom Mann heraustreten ließen.

Zwischen Zurichtung und Selbstfesselung

Aus differenzierten Beschreibungen des Fühlens, Denkens und Handelns von Frauen lassen sich spezifische Merkmale ihrer Kollektivpersönlichkeit herausarbeiten. Die Zusammenfassung und theoretische Einordnung dieser Merkmale im Begriff »*Sozialcharakter der Frau*« weist auf das historische Gewordensein der Frau hin. Die Bestimmungen ihres Sozialcharakters sind determiniert durch sich stets verändernde soziale, ökonomische, politische und ideologische Bedingungen einer Gesellschaft. Die erwünschten Eigenschaften des Sozialcharakters der Frau sind traditionell eingebaut in den Funktionszusammenhang des Machtverhältnisses der Geschlechter. Unser Interesse am Sozialcharakter der Frau in der Gegenwart ist konfrontiert mit dieser Sozialgeschichte und mit der Tatsache, daß wesentliche Aussagen der bürgerlichen Geschlechterideologie des 19. Jahrhunderts, vermittelt über den Sozialcharakter der Frau, ihre »Langlebigkeit bis in unsere Zeit unter Beweis stellen. Da andererseits aber die Gesellschaft der Gegenwart nicht die des 19. Jahrhunderts ist, stellt sich die Frage, in welchem Verhältnis die gegenwärtige Funktionalisierung und Selbstfunktionalisierung der Frau zu den realen gesellschaftlichen Bedingungen unserer Zeit stehen«.[1] Alle Arbeiten, die in diesem Beitrag zusammengefaßt sind, untersuchen zwar nicht die Anstöße und Ursachen der Veränderungsprozesse des Sozialcharakters der Frau, auch der Begriff selbst taucht nicht als theoretische Kategorie auf, aber diese Arbeiten liefern Anschauungsmaterial zur Deutung des sich wandelnden Sozialcharakters der Frau in der Gegenwart.[2]

      Die ersten Arbeiten beschäftigen sich mit geschlechtsideologischen Auffassungen über die Frau. Denn diese sind – darüber herrscht Einigkeit – die ideelle Basis der geschlechtsspezifischen Sozialisation.

Es ist die politische Absicht dieser Arbeiten zu zeigen, daß *Mädchen bzw. Frauen zu einem »typisch weiblichen Verhaltensrepertoire« erzogen werden.* Damit soll die hartnäckige Behauptung zurückgewiesen werden, daß sich in den Lebensentwürfen der Frau lediglich ihre »natürliche« oder »weibliche Wesensbestimmung« realisiere. *(1.Phase)* Der in diesem Zusammenhang oft zitierte beauvoirsche und von Ursula Scheu adaptierte Merksatz: »Wir werden nicht als Frau (Mädchen) geboren, wir werden dazu gemacht«, bringt diese Erkenntnis auf eine knappe Formel. Die Kritik der geschlechtsspezifischen Sozialisation von Mädchen stellt eine Autorin in den Mittelpunkt ihrer Darstellung. Sie entwickelt diese Kritik exemplarisch am Frauenbild der Jugendzeitschrift »Mädchen«.[3] Sie weist nach, daß die darin bild- und wortreich vermittelten Vorstellungen davon, wie Mädchen bzw. Frauen sein sollen, dem Frauenbild der bekannten Ergänzungstheorie der Geschlechter entsprechen. Die in dieser Theorie vertretene Auffassung einer »sich ergänzenden Andersartigkeit der Geschlechter« werde mit Hinweisen auf »biologische Funktionsunterschiede«, auf »unveränderbare Wesensgesetze«, auf die »Natur« oder das »Wesen« der Frau und des Mannes gerechtfertigt. Von Mädchen und Frauen werde *»Unterordnungs-, Anpassungs- und Unterwerfungsbereitschaft«* erwartet, bis zur *»Selbstaufgabe«* der eigenen Meinung, des eigenen Freundeskreises, der eigenen beruflichen und privaten Interessen etc. Die Frau soll sich in den emotionalen, intellektuellen und territorialen Räumen entfalten, die der Mann für sie bereithält; sie soll da sein zu seinem Nutzen, zu seiner Bereicherung und Vervollkommnung. Die Massenmedien fungierten als »Träger gesellschaftlich notwendiger Ideologien«, das mache sie zu einer wichtigen Sozialisationsinstanz, die die Absichten der vor allem familiären Sozialisationsprozesse unterstütze und ergänze. Da sie das *richtige* Frauenbild jugendgerecht vermittle, spricht die Autorin der Jugendzeitschrift »Mädchen« große Attraktivität und beträchtliche Wirkung zu. Die Ratschläge und Tips der Jugendzeitschrift nach den bekannten Mustern: »Mach das beste aus deinem Typ« und »Dr. Sommer« oder »Frau Barbara antwortet« etc. verfangen deswegen bei den jugendlichen Leserinnen, weil sie stets von alterstypischen Erfahrungen, Wünschen, Sorgen ausgehen. Für die Autorin funktioniert geschlechtsspezifische Sozialisation als lückenloses System, denn mehrere Sozialisationsinstanzen wirken zusammen und alle ziehen gemeinsam am gleichen Strang. Die Zurichtung von Mädchen und Frauen auf ein *richtiges* Frauenbild werde so zu erreichen versucht. Auch wenn die vermittelten Frauenbilder der Jugendzeitschrift oberflächlich betrachtet

»emanzipierter« und anders verpackt seien, der Grundtenor sei hier wie anderswo die »*Beziehungsorientiertheit*« *der Frau*. Sie solle eigene Interessen zugunsten anderer opfern, und nur die Frau genieße Anerkennung und Wertschätzung durch den Mann, die sich diesen Anforderungen unterwerfe.

Neben den Massenmedien werden auch Märchen[4] als Vermittlungsinstrumente von Ideologien analysiert. Drei unterschiedliche Fassungen (aus den Jahren 1810, 1812 und 1857) eines Märchens der Gebrüder Grimm werden untersucht, und es läßt sich zeigen, daß das Bild der Frau nachträglich – je nach den gesellschaftlichen Erfordernissen – verändert wurde. Die Autorinnen fragen, was diese qualitativen Veränderungen im bürgerlichen Frauenbild ausgelöst habe. Eine Analyse von sozial- und ideengeschichtlichen Entwicklungen des 19. Jahrhunderts zeigt, wie sich veränderte soziale und ökonomische Bedingungen der Gesellschaft auswirken: auf die Anforderungen an Frauen und ihr spezifisches Arbeitsvermögen, auf die Theorieentwürfe über die Frau, auf die Modelle des gesellschaftlichen Geschlechterverhältnisses etc., und sie zeigt, wie die Idealvorstellungen von der Frau mit diesen Fakten verknüpft sind und zu deren Rechtfertigung dienen.

Märchen funktionieren bekanntlich sehr gut als »Träger gesellschaftlich notwendiger Ideologien«. Wenn also in den unterschiedlichen Märchenfassungen zwischen 1810 und 1857 aus einer anfangs relativ entscheidungskompetenten Frau zunehmend eine hilflose, passiv abwartende und entscheidungsunfähige Person gemacht wird, und zwar in ihrem Zuständigkeitsbereich Familie und in ihrer Rolle als Mutter[5], so spiegelt sich darin der gesellschaftliche Bedeutungswandel bzw. -verlust der Familie in dieser Zeitspanne wider. Die Familie – und damit die Frau – sollte immer mehr in der sog. Privatsphäre aufgehen und d.h., ihr wurde immer weniger Entscheidungs- und Verantwortungskompetenz in der und für die Gesellschaft zugestanden. Dieses in den Märchen vermittelte Bild der Frau entspricht der bürgerlichen Familien- und Weiblichkeitsideologie und *reduziert die Frau auf Schönheit, Sittlichkeit, Schicksalsergebenheit und Passivität in Verbindung mit absoluter Ergebenheit und Unterordnung unter die Belange von Vater und Ehemann.* Für sie gilt das Ideal der liebenden Gattin, idealen Ehefrau und aufopfernden Mutter. Diese Arbeit kann als Beitrag zur Frage nach dem historischen Gewordensein der Frau gewertet werden. Doch auch sie argumentiert, wie die zuvor vorgestellte Arbeit, auf einer ideologischen Ebene. Damit kann der Mythos vom »Wesen der Frau« zerstört werden, aber der Mythos von der vollständig in Klischeebildern aufgehenden Frau wird bestätigt. Denn es geht in diesen ersten Analysen um weibliche Ideale, nicht aber um konkrete Frauen, wie sie wirklich sind.

Die extensive Hinwendung zu den autobiografischen Erfahrungen macht dieses Manko wett. Eingeleitet wird diese Phase mit einer tiefen Skepsis gegenüber der Sozialisationstheorie, weil es, so wird argumentiert, genügend Anzeichen für *Ausbruchsversuche von Frauen aus dem Zwangskorsett von Frauenrollen und Frauenbildern* gebe. *(2. Phase)*

In der Entscheidung, mit Frauen zusammenleben zu wollen, mit ihnen ein Haus zu besetzen, dort den gemeinsamen Alltag »selbst zu bestimmen« und so »politischen Widerstand und Lebenslust« miteinander zu vereinbaren, sieht eine Autorin den Beweis eines solchen Ausbruchsversuches.[6] »Die Hausbesetzung war für unendlich viele... der Beginn von etwas Neuem gewesen, an das viele Utopien und Träume geknüpft wurden.«[7] Ihr Bericht über diese Gruppenerfahrung mit Frauen in einem besetzten Haus beginnt mit Euphorie, »Aufbruchstimmung«, dem Gefühl: »Uns gehört die Welt« und endet in Enttäuschung, Resignation und Hilflosigkeit. Der friedens-, haus- und frauenbewegungspolitische Hintergrund gilt als unhinterfragte gemeinsame »Plattform«. Alle Frauen sind sich in ihrer »Auseinandersetzung mit dem Patriarchat und der Männergesellschaft« einig, alle bestätigen sich gegenseitig, daß sie mit der »geschlechtsspezifischen Rollenzuweisung und der Zwangsheterosexualität«[8] nichts zu tun haben. Sie sind fest davon überzeugt, daß der Ausschluß von Männern und die »selbstbestimmten« Lebensbedingungen im Haus sie davor schützen, in »typisch weibliche Verhaltensweisen« hineinzurutschen. Da sie »draußen«, das heißt außerhalb des Hauses, mehr oder weniger zur Anpassung an herrschende Normen gezwungen sind, erhöhen sich die Erwartungen an die Gruppe und an die Nutzung des selbstgeschaffenen »Freiraumes«. Das Haus ist ein Ort, »losgelöst von gesellschaftlichen Verhältnissen«, es ist der »Traum von einem Frauenland, einer Lesbeninsel, von Gemeinsamkeit und Zusammenarbeit, von Liebe und Solidarität«.[9] Daraus wurden: desillusionierte Träume, denn schon »nach dem Abflauen der ersten Euphorie flohen wir entsetzt auseinander«.[10] Ihre Enttäuschungen in den alltäglichen Erfahrungen des Zusammenlebens beschreibt die Autorin u.a. in bezug auf die Bildungs- und Umbildungsprozesse der kleinen Wohneinheiten, in bezug auf die Organisation und Regeln des Lebens im Haus, die Strukturen der Plenardiskussionen und in bezug auf das widersprüchliche Verhalten zwischen »drinnen« und »draußen«. Betont wird der Wunsch nach »Geborgenheit,

Solidarität und gegenseitigem Verständnis« auf der Basis der gemeinsamen »Plattform« und des »Gruppenkonsenses«. Die Beschreibung dieser Erfahrungen ist ein erschütterndes Dokument des Scheiterns: Keine inhaltlich kontroversen Diskussionen, keine Akzeptanz und Nutzung unterschiedlicher Handlungs- und Entscheidungskompetenzen, kein Zugeständnis und keine Zuteilung von vielfältigen Verantwortlichkeiten für das Gelingen des Zusammenlebens; statt dessen wird *geschwiegen, gelitten, ein »Gruppen-Über-Ich« zur Moralinstanz stilisiert, ziehen Frauen sich zurück, ordnen sich unter, gehen sich gegenseitig aus dem Weg* etc. Zurück bleiben »einsame und wunde Frauen, von denen keine bekam, was doch jede so dringend brauchte: Liebe, Verständnis und Unterstützung«.[11] In ihren Erklärungsversuchen für das Scheitern bleibt die Autorin mehr oder minder auf der Erscheinungsebene stecken. Zum einen, mutmaßt sie, sei die Zusammensetzung der Gruppe »unglücklich« gewesen. Zum anderen, stellt sie fest, weise das tatsächliche Verhalten der Frauen – die eigene Person selbstkritisch miteinbezogen – doch »typisch weibliche Verhaltensmerkmale« auf: Sie *harmonisierten, sie seien konfliktscheu, sie scheuten die Übernahme von Verantwortung, sie opferten persönliche Interessen zugunsten anderer* usw. Erschüttert ist die Autorin, weil sozialisatorische Prägungen doch nicht qua politisch-feministischer Willenserklärung abgelegt werden können. Zweifel entstehen auch darüber, was »selbstbestimmte« Orte für Frauen sein können, wenn Frauen ein »typisch weibliches Verhalten« »verinnerlicht« haben und somit überallhin mitbringen. In der weitgehenden Anpassungsbereitschaft von Frauen erkennt die Autorin deren Verhaltensmuster in Beziehungen zu Männern. Haben die Frauen im besetzten Haus also zuwenig voneinander gefordert, oder konnten sie die Erwartungen der anderen nicht annehmen, weil diese *nur* Frauen waren? Die Frage, ob das Zusammenleben von Frauen an den mitgebrachten heterosozialen Erwartungshaltungen scheitern mußte, steht am Ende zwischen den Zeilen.

Das *Mißtrauen gegenüber dem »weiblichen Verhaltensrepertoire«* führte zu selbstkritischeren Sichtweisen der eigenen Erfahrungen, Wünsche, Erwartungen oder Interessen. Und so ist z.B. der typisch weibliche Wunsch nach Harmonie begleitet von einem »diffusen Unbehagen« und einer »Unzufriedenheit« mit den eigenen Verhaltensstrukturen. Davon gehen zwei Frauen in ihrer Arbeit aus, die zudem beobachten, daß sie an ihrem Harmoniewunsch festhalten, obwohl ihre Bemühungen, diesen einzulösen eher zu Selbsteinschränkungen führen als zu dessen Erfüllung.[12]

Die Unerfülltheit führe zu »Leidensgefühlen« und einem »Rückzug auf sich selbst. Allerdings findet dabei keine Auseinandersetzung mit den Gründen der Enttäuschung und Unzufriedenheit statt, vielmehr hoffen wir darauf, daß sich unsere Wünsche doch einmal verwirklichen lassen.«[13] Sozialer Bezugspunkt ihres Wunsches nach Harmonie sind ihre Wohngemeinschaften, in denen sie mit Frauen und Männern zusammenleben. Ihre Vorstellungen von Harmonie verbinden sich mit anspruchsvollen sozialen, menschlichen und politisch-moralischen Werten: Verantwortung aller füreinander und für die Gruppe; keine Ausbeutung, Verletzung, Kränkung oder Ablehnung irgendeines Gruppenmitgliedes; alle respektieren sich so, wie sie sind; Differenzen werden ausgetragen und in einen Konsens überführt; Geschlechtsrollen werden abgebaut, und »auf der Basis von Zuneigung, Verständnis und gegenseitigem Einfühlen (entsteht) die Vorstellung einer absoluten Gleichwertigkeit von Frauen und Männern«.[14] Mit diesen Vorstellungen, Wünschen, Hoffnungen und Erwartungen im Kopf ist die Realität ein Schock. Die Autorinnen untersuchen ihr Verhalten im Alltag der Wohngemeinschaftsgruppe. Sie beschreiben ihre Bemühungen um Konsens, um Zusammengehörigkeit, um gegenseitige Achtung etc. Dabei kommen sie allerdings ihren Idealvorstellungen nicht näher: Sie tun zwar alles für die Gemeinschaft, aber auf Kosten von sich selbst. Ihnen mag es gelingen, drohende Konflikte, Meinungsverschiedenheiten oder schlechte Stimmung im Vorfeld aufzulösen. Dafür setzen sie sich an den gemeinsamen Küchentisch statt an den eigenen Schreibtisch, dafür hören sie zu, statt selbst zu argumentieren, dafür machen sie ein »schönes Essen«, statt allein ins Kino zu gehen, dafür übernehmen sie die »Putzdienste« von anderen statt im Frauenprojekt einen Beratungstermin etc. Aber diese Bemühungen führen lediglich zu einer Art Scheinharmonie. Sie entdecken, wie sie in ihrem *harmonisierenden Verhalten* selbst ihre Idealvorstellungen verletzen. Denn sie *unterdrücken, betrügen, beschränken und schaden sich selbst, sie mißachten ihre Interessen, Verpflichtungen oder Bedürfnisse zugunsten anderer, und das sind – auch in diesem Fall – meist Männer*. Die Autorinnen durchschauen ihre Verhaltensstruktur, dennoch pflegen sie die Scheinharmonie weiter. Aus Angst davor, wie sie sagen, von der Gruppe abgelehnt zu werden, und das heißt im Klartext: Sie tun es, weil sie gerade für ihr harmonisierendes Verhalten in gemischtgeschlechtlichen Gruppen Anerkennung bekommen; das heißt aber auch, wenn sie die Scheinharmonie nicht mehr herstellen, wird das Zusammenleben mit Männern für sie unerträglich.

Die *Frage nach der Funktionalität bzw. Funktionalisierbarkeit des Verhaltens von Frauen* für die Aufrechterhaltung der individuellen und gesellschaftlichen Beziehungen zwischen den Geschlechtern drängt sich nach diesen Untersuchungen über die Alltagsrealität von Frauen förmlich auf. *(3.Phase)*

Bei der Forschung nach den Ursachen des Scheiterns einer zweijährigen Projektarbeit von Frauen[15] geht die Autorin u.a. von der Diskrepanz zwischen einem heterosozialen und homosozialen Verhaltensrepertoire von Frauen aus. Das heißt, bezogen auf einen Mann verfügen Frauen über ein reichhaltiges Verhaltensrepertoire und auch über einen sicheren »Instinkt«, worauf es ankommt: Es geht darum, *ihn nicht zu verletzen,* denn *das »männlich egozentrische Individuum (ist) ständiger Orientierungspunkt weiblichen Wohlverhaltens,* dessen Funktion es ist, durch selbstlose Angleichung an die Bedürfnisse, Interessen und Ausbrüche des Mannes ein friedliches Heim für ihn und nach seinem Maßstab zu erschaffen«.[16] Ganz anders sieht es in der Bezugnahme von Frauen auf Frauen aus. In der Analyse der Arbeitsschwierigkeiten von Frauen miteinander wird deutlich, wie dürftig hier das Verhaltensrepertoire für eine produktive Auseinandersetzung, für konstruktive Diskussionen und ein produktorientiertes Arbeiten ist. Mangels angemessener Verhaltensalternativen »kleben« Frauen – nach Beobachtung der Autorin – an ihren Erwartungen und an ihren Mustern und Ritualen im Umgang mit Männern; doch gerade diese Orientierung verhindere eine Konzentration des Interesses von Frauen auf Frauen. Die Verwobenheit der Frau ins männliche System, ihr Mitwirken darin durch »*Selbstfesselung«* sind auch Gegenstand zukünftiger Fragestellungen.

Anmerkungen

Grenzüberschreitungen

[1] Die Themenschwerpunkte dieses Beitrages wurden zur Tagung in Arbeitsgruppen erarbeitet von: Brigitte Altenkirch, Maria Barth, Gabriele Borgmeyer, Martina Emme, Sabine Finger, Monika Flamm, Dagmar Folke, Vera Fritz, Cordula Herwig, Dagmar Kamps, Susanne Kopf, Iris Kötter, Petra Lohe, Susanne Luhmann, Karen Meyer, Claudia Napp, Birgit Rudolph, Andrea Thielmann, Anne Thiemann, Andrea von Marschall, Sigrid Voigt, Sabine Wagenfeld, Carola Wildt, Dagmar Winkler.

Dieser Beitrag wurde bearbeitet von: Monika Flamm, Vera Fritz, Sigrid Voigt und Carola Wildt.
2 Christina Thürmer-Rohr: Einführungsreferat der Eröffnungsveranstaltung der Tagung »Mittäterschaft von Frauen – Ein Konzept feministischer Forschung und Ausbildung« vom 6.–10. April 1988 an der TUB
3 ebd.
4 ebd.
5 ebd.
6 Siehe hierzu Beiträge in diesem Band:
Christina Thürmer-Rohr: *Forschen heißt wühlen – Einführung.* Dies.: *Mittäterschaft der Frau – Analyse zwischen Mitgefühl und Kälte*

Es allen recht machen, sich selbst vergessen

1 Wir verwenden überwiegend den Begriff Reproduktionsarbeit in dem Wissen, daß die Frauenbewegung der 70er Jahre den Begriff »Hausarbeit« prägte. »Arbeiten Sie?« – »Nein, ich bin Hausfrau.« Dieser Dialog zeigt die politische und gesellschaftliche Nicht-Bedeutung der Arbeit der Frau: Ihre Arbeit im Haus gilt als unproduktive Arbeit, sie taucht nicht im Bruttosozialprodukt auf, sie wird nicht entlohnt, in soziologischen Sichtweisen wird sie als »Rolle« verklärt, in linken Theorien als »Konsumtion« verschleiert, in biologistischen Erklärungsmodellen als »Wesensbestimmung der Frau« definiert etc. Gegen diese Ausblendungen, Verzerrungen und Diffamierungen der tatsächlich von Frauen geleisteten, gesellschaftlich notwendigen und produktiven Arbeit wandte sich der Begriff »Hausarbeit«, der den Ort der Arbeit ins Zentrum stellte. Trotz dieser politischen und historischen Bedeutung des Begriffs »Hausarbeit« scheint uns der Begriff »Reproduktionsarbeit« zutreffender zu sein: Denn er »bestimmt nach unserer Meinung genauer die inhaltliche Funktion der Arbeit (als Wiederherstellung von Arbeitskraft) und ist umfassender, insofern die Arbeit der Frau zur physischen und psychischen Reproduktion von Mann und Kindern und ihrer selbst nicht ausschließlich ans Haus gebunden ist«. *(Beiträge zur 2. Berliner Sommer-Universität für Frauen,* Berlin, 1977, S. 327)
2 Reintraud Gewetzki/Petra Goldmann: *Zum Zusammenhang von Qualifikation der Arbeitskraft und Familienerziehung: Die Elternbriefe des »Arbeitskreises Neue Erziehung«.* Unveröffentl. Diplomarbeit, TU Berlin, 1977
3 Der »Arbeitskreis Neue Erziehung« ist ein senatsgeförderter Verein für Eltern und Kinder in West-Berlin. Seit 1960 verschickt er an alle Eltern von der Geburt des ersten Kindes an seine »Elternbriefe« (Nachfolger der Peter-Pelikan-Briefe, die 1954 in den USA entwickelt wurden und im Sinne der Re-Education-Kampagnen nach dem 2. Weltkrieg in der Bundesrepublik resp. in West-Berlin eingesetzt wurden). Ziel der »Elternbriefe« ist es, junge Eltern vom Tag der Geburt des ersten Kindes an mit Tips und Ratschlägen zu unterstützen.
4 Gewetzki/Goldmann, a.a.O., S. 266

5 ebd., S. 126
6 Cornelia Engel: *Über das Wesen der Frau und die Notwendigkeit der Kinderaufzucht.* Unveröffentl. Diplomarbeit, TU Berlin, 1978
7 ebd., S. 29
8 ebd., S. 69
9 Ingeborg Tuchscherer: *Zur Funktion der Hausarbeit von Müttern behinderter Kinder.* Unveröffentl. Diplomarbeit, TU Berlin, 1979
10 ebd., S. 101
11 Helga Spangenberg: *Gleichgewichtsstörungen – Behinderte Frauen und Hausarbeit.* Unveröffentl. Diplomarbeit, TU Berlin, 1981
12 Christel Bürmann: *Anpassungsleistungen von Frauen – Analyse der Lebensgeschichte einer Hausfrau und Mutter.* Unveröffentl. Diplomarbeit, TU Berlin, 1980. Margot Greiner/Susanne Meger/Susanne Töpfer: *Die Situation von Müttern und Hausfrauen aus der Sicht ihrer Töchter.* Unveröffentl. Diplomarbeit, TU Berlin, 1980
13 Bürmann, a.a.O., S. 27
14 Greiner/Meger/Töpfer, a.a.O., S. 78
15 ebd., S. 160
16 Gabriele Borgmeyer: *Diffusität und Zerrissenheit – Merkmale weiblicher Interessenstrukturen.* Unveröffentl. Diplomarbeit, TU Berlin, 1987
17 siehe: Cornelia Engel, a.a.O.
18 Borgmeyer, a.a.O., S. 7ff
19 siehe: Beitrag von Martina Emme in diesem Band

Ein gesellschaftlicher Skandal wird aufgedeckt

1 Nora Prützel: *Bedingungen und Erscheinungsformen von Frauenmißhandlung.* Unveröffentl. Diplomarbeit, TU Berlin, 1977
Agnes Thomas: *Zur Vergewaltigung als Ausdruck des »männlichen Prinzips«.* Unveröffentl. Diplomarbeit, TU Berlin, 1977
2 Margarete Aboul-Zahab/Silvia Kolbe: *Aushalten oder Ausbrechen – Lebensstrategien einer Frau.* Unveröffentl. Diplomarbeit, TU Berlin, 1982
Dagmar Hörster/Anneliese Homann: *Eine typisch/untypische Frau? Analyse einer Lebensgeschichte.* Unveröffentl. Diplomarbeit, TU Berlin, 1982
Barbara Konrad/Hildegard Schonefeld: *Karina P. – Eine mißhandelte Frau auf der Suche nach einer Perspektive.* Unveröffentl. Diplomarbeit, TU Berlin, 1982
3 Während ihrer Arbeit im ersten Berliner Frauenhaus im Rahmen eines Theorie-Praxis-Projektes
4 Zur methodischen Absicherung ihres Vorgehens beziehen sich die Autorinnen auf die »Postulate zur Frauenforschung« von Maria Mies (1978). Die Prinzipien »Parteilichkeit« und »Betroffenheit« gelten für die Autorinnen als »unabdingbare Voraussetzungen für die Erforschung konkreter Lebenszusammenhänge von Frauen«; sie wollen sich mit ihren Interpretationen nicht »über die Frau stellen« und sie nicht zum »Forschungsobjekt« machen. Nach ihrem

Verständnis verbietet »Parteilichkeit« eine Bewertung und Beurteilung der Lebensgeschichte der anderen Frau. Aus Respekt und Hochachtung vor der befragten Frau begreifen sie sich als deren Sprachrohr. Sie sehen die betroffene Frau als »Expertin ihrer Situation«. »Es ist nicht unsere Absicht, uns mit Interpretationen über K. zu stellen. Unsere Absicht ist, eine solidarische Auseinandersetzung über Lebenszusammenhänge von Frauen zu führen.« (Konrad/Schonefeld a.a.O., S. 15/16) Sie suchen nach »Gemeinsamkeiten« mit ihren Gesprächspartnerinnen; und diese »konnten für sich feststellen, daß wir nicht die überlegenen 'Forscherinnen' sind, die sie belehren wollen, sondern daß uns die Weitervermittlung ihrer Erfahrungen helfen kann, uns über unsere eigene Situation als Frau bewußter zu werden und für unsere Zukunft zu lernen.« (Aboul-Zahab/Kolbe a.a.O., S. 14/15) Doch dieses Anliegen der Autorinnen ließ sich so nicht erfüllen. Die starke Orientierung an den befragten Frauen führte dazu, daß sie ihre Fragestellung immer weiter aus den Augen verloren. Aus ihrer gewünschten Interpretationsabstinenz erwuchs eher eine Hilflosigkeit gegenüber den widersprüchlichen Erfahrungen, die sie in den Biografien der befragten Frauen zutage gefördert hatten. Ebenso eine große Irritation über nicht vorhersehbare Verhaltensweisen der Frauen, wenn diese das Interesse an der Fortsetzung der Gespräche verloren, Termine nicht einhielten oder den Kontakt ohne Ankündigung und ohne Angabe von Gründen beendeten. (s. hierzu: Beiträge zur feministischen Theorie und Praxis, Heft 11, 1984: *Frauenforschung oder feministische Forschung?* Und Christina Thürmer-Rohr: *Der Chor der Opfer ist verstummt.* In: *Vagabundinnen.* Berlin 1987)

5 Aboul-Zahab/Kolbe, a.a.O., S. 3
6 Konrad/Schonefeld, a.a.O., S. 8
7 ebd. S. 66
8 Hörster/Homann, a.a.O., S. 2
9 Konrad/Schonefeld, a.a.O., S. 113
10 ebd. S. 27
11 ebd. S. 88
12 Die Autorin hat im Rahmen eines Theorie-Praxis-Projektes im ersten Berliner Frauenhaus mitgearbeitet
13 Karen Meyer: *Hoffnung – eine Vermeidung von Möglichkeiten. Die Bedeutung von Hoffnung für Frauen in Mißhandlungsbeziehungen.* Unveröffentl. Diplomarbeit, TU Berlin 1984. Siehe: Beitrag von Karen Meyer in diesem Band
14 Meyer, a.a.O., S. 3
15 ebd.
16 Die Untersuchungsfrage der Autorin ist nicht identisch mit den lebenspraktischen Fragen ihrer Gesprächspartnerin. Insofern sind für den gemeinsamen Arbeitsprozeß deutlich voneinander unterscheidbare Ausgangsvoraussetzungen und Interessen erkennbar. Ganz unabhängig davon *kann* im Arbeitsprozeß selbst der Erklärungsversuch der Autorin auch für die befragte Frau zu einem Schlüssel werden, das Unverstandene und Widersprüchliche an der eigenen Handlungs- und Entscheidungsstruktur zu erkennen und diese daraufhin langfristig (unabhängig vom Forschungsprozeß) auch verändern zu können.

Zwischen Zurichtung und Selbstfesselung

1. Tagung zur »Mittäterschaft der Frau. Ein Konzept feministischer Forschung und Ausbildung« vom 6.–10.4.1988 an der Technischen Universität Berlin: Tagungskonzeption (Thürmer-Rohr)
2. Siehe: Roundtable-Gespräch in diesem Band
3. Regula Pfeiffer: *Es ist aufregend, eine Frau zu werden.* Unveröffentl. Diplomarbeit, TU Berlin, 1977
4. Elke Braun/Ute Fiedler: *Zur Widerspiegelung bürgerlicher Frauenideale in Märchen der Brüder Grimm.* Unveröffentl. Diplomarbeit, TU Berlin, 1983
5. »Die zwölf Brüder« 1810: »Da wurde die Königin gar traurig und hatte ihre 12 Söhne von Herzen gar lieb und ging zu ihren Söhnen und sprach zu ihnen... 'Herzliebe Kinder geht in den Wald'.« In der zweiten Märchenfassung von 1812 ist die Königin immer noch traurig, weiß aber kaum noch, wie sie die Situation bewältigen soll. Ihre ursprüngliche Handlungsfähigkeit verflacht und wird in der Fassung von 1857 zur Hilflosigkeit. »Die Mutter aber saß nun den ganzen Tag und trauerte, so daß der kleinste Sohn, der immer bei ihr war, ...zu ihr sprach: 'Liebe Mutter, warum bist du so traurig?' – 'Liebstes Kind', antwortete sie, 'ich darf dir's nicht sagen.' Er ließ ihr aber keine Ruhe, bis sie ging ... Und als sie weinte, während sie das sprach, so tröstete sie der Sohn und sagte: 'Weine nicht, liebe Mutter, wir wollen uns schon helfen und wollen fortgehen.'« (Braun/Fiedler, a.a.O., S. 97)
6. Cornelie Gronemeyer: *Politischer Widerstand und Lebenslust.* Unveröffentl. Diplomarbeit, TU Berlin, 1984
7. Gronemeyer, a.a.O., S. 48
8. ebd. S. 32
9. ebd. S. 48
10. ebd. S. 58
11. ebd. S. 57
12. Susanne Eberding/Christiane Saleski: *Wunsch nach Harmonie – Frauen in gemischtgeschlechtlichen Lebenszusammenhängen.* Unveröffentl. Diplomarbeit, TU Berlin, 1986
13. Eberding/Saleski, a.a.O., S. 99
14. ebd., S. 46
15. Brigitte Altenkirch: *Die Moral des Nicht-Verletzens in Arbeitsbeziehungen von Frauen.* Unveröffentl. Diplomarbeit, TU Berlin, 1986 (siehe: Beitrag von Brigitte Altenkirch in diesem Band)
16. Altenkirch, a.a.O., S. 19/20

Christina Thürmer-Rohr

Mittäterschaft der Frau –
Analyse zwischen Mitgefühl und Kälte

Mißtrauen gegenüber der Männergesellschaft schließt Mißtrauen gegenüber der *Frau* in der Männergesellschaft ein. Dieses ist eine folgenreiche Behauptung. Ihr will der Begriff »Mittäterschaft«* nachgehen. Zugrunde liegt ein Hadern mit den Menschen, wie sie unter den Bedingungen der Männergesellschaft geworden sind, ein Hadern mit den fragwürdigen Errungenschaften, die *Frauen* im *Mitleben* in den gleichen Verhältnissen erworben haben, deren ebenso banale wie raffinierte Unrechtsform nicht mehr unter Beweis gestellt werden muß. Die Marterung der Natur und die Beleidigung und Abstumpfung des Menschen, für die uns in jedem Jahr neuer Anschauungsunterricht erteilt wird, sind keine geschlechtsneutralen Gewaltakte. Ihre Realisierung bedarf offenbar der unterschiedlichen Funktionen von Männern und Frauen bzw. bedarf der Vereinnahmung des einen Geschlechts für das Tun des anderen. Frauen sind eingestrickt in die einfachen und komplizierten Macharten dieser Kultur. Sie wachsen unter ihren Gesetzmäßigkeiten und ihrer zwiespältigen Moral auf, sie lernen und leben unter einer Lebenslogik, in der das Mißverhältnis zwischen dem fortlaufenden Unheil und der menschlichen Intelligenz alle herkömmlichen Begriffe des Lernens in Frage stellt.[1] Frauen profitieren und leiden gleichzeitig an ihrer Teilhabe. Sie waren und sind im Hintergrund unverzichtbar durch ihre Versorgung und Bejahung der Akteure im Vordergrund, durch die systematische und flexible Ausbildung eines Sozialcharakters, der verhältnismäßig gut geeignet ist, um *nicht* einzugreifen in die Machwerke des Mannes an sich und an der Welt, gut geeignet, sich zu überlassen, mit verzweifelter Gefügigkeit das Jeweilige zu dulden, sich hineinzufinden in Unausweichliches und Unverstandenes.

* Im Unterschied zur Argumentation von Susanne Kappeler (s. Beitrag in diesem Band) meine ich mit »Sozialcharakter« nicht nur ein ideologisches Konstrukt, eine patriarchale Zuschreibung im Sinne des Konstrukts »Weiblichkeit«, sondern die *Realisierungen* dieser Zuschreibungen im Verhalten, Denken, Fühlen etc. der Frau.

Das Hadern mit der Frau ist ein Ausdruck der Unversöhnlichkeit mit den Zurichtungen an unserem Geschlecht; ein Ausdruck dafür, daß wir uns mit dem, was uns umgibt, nicht abfinden, aber auch nicht mit dem, was wir *sind*. Es ist ein Hadern mit den Grund- und Erkennungsmerkmalen einer weiblichen Kollektivperson, einer standardisierten gesellschaftlichen Figur, die bestimmten Geschäftsgrundlagen der Männergesellschaft entsprechen soll und die mit der Erfüllung dieser Auflagen ein nützliches Werkzeug der patriarchalen Kultur wird. Es ist ein Hadern mit der Tatsache, daß diese Absicht so weitgehend gelungen ist und so weitgehend gelingt und daß sie sich in tiefen Schäden in der Frau eingegraben hat, auch dann, wenn diese keine unmittelbaren Werke am Mann leistet. Es ist so auch ein Hadern mit der Person der Frau selbst, mit dem eingeschränkten Überraschungswert, mit der Wiederholung eines Problemkarussells, das zur Ermüdung an der Frau führen könnte, zur Ermüdung am drangsalierenden und stumpfsinnigen Kreiselaufen. Es ist auch ein Hadern mit der Vermutung, daß die zur Kollektivperson gewordene Frau von ihrem geheimen Mitfunktionieren nichts weiß, nicht genug jedenfalls, daß vielmehr gerade dieses *Nicht-Wissen* zu den wesentlichen Bestandteilen der erwünschten Person Frau zählt.

Mittäterschaft ist ein Begriff, der gegen die Funktionalisierung und Gleichförmigkeit gesellschaftlicher Prägeverfahren rebelliert, gegen die Zwangsläufigkeit dieser Prägung, die Zwangsläufigkeit der Angleichung, der teilnehmenden Ent-Geistung und Verhunzung der Frau. Dies ist keine ruhige Ausgangslage, von der aus wir gelassen beobachten und analysieren könnten, sondern ein Zustand zwischen Mitgefühl und Kälte, zwischen Anziehung und Aversion, zwischen Rührung und Ekel: ein agitierter, ein nervöser, in höchstem Grade angespannter und aufgeregter, ein erwartungs- und anspruchsvoller Zustand.

Der *Unwille* über die Frau signalisiert ein leidenschaftliches *Interesse* an der Frau. Er signalisiert das Abhandenkommen der Bereitschaft, uns mit dem Status quo der Gleichgültigkeit, des Desinteresses an der Welt, der Fahrlässigkeit mit uns selbst und der Langeweile an der Frau zu arrangieren. Er signalisiert auch, daß wir uns nicht abzufinden bereit sind mit der Unvermeidbarkeit einer Kollektivperson Frau, die *gezwungen* würde zu sein und zu bleiben, wie sie ist, die keinen anderen Ausweg hätte, als ihre geistige, seelische und physische Heimstätte beim Mann zu suchen, und der ein Leben des Leidens bevorstünde, sofern sie die herrschenden Geschäftsbedingungen nicht einhielte. In der Tat droht wohl ein Lebenskollaps, sofern die Frau beides will, nämlich sowohl eine »richtige« Frau sein, geschützt, gefördert und geliebt vom Mann, und gleichzeitig so etwas wie ein freier Mensch. Beides zugleich geht schlecht. Unter diesem Spagat zerreißt nicht nur die Person, sondern entleeren sich auch die Beziehungen unter Frauen, als könnten sie nicht mehr sein als vorübergehende Zweckbündnisse, Pausenfüller oder Medikament, ohne eigenes Motiv, ohne eigene Spannung und Attraktivität, so als könnten sie nur zur Bestätigung, Spiegelung und vordergründigen Päppelung des jeweils eigenen und einzelnen Ichs gut sein. So bleiben die Bezüge egozentrisch und autistisch und berauben sich der Kraft des Eigensinns, der Individualität, der Begierde, über sich hinauszusehen, der Kraft, Normen zu mißachten, die ja nicht wie naturhafte Dämonen über uns verhängt sind. Vielmehr wurden sie von Menschen, Männern für deren Gebrauch und Nutzen ersonnen und erhalten. Diese haben sich die Macht genommen, und ihnen wurde die Macht gegeben oder überlassen: von Frauen mit gutwilliger Billigung oder herzlicher Ignorierung. Das ist die Ausgangslage des Problems der Mittäterschaft: Ein Einblick in die einfache Tatsache, daß diese Welt, deren Ordnung und Unordnung wir anklagen, ohne die Mitwirkung der Frau als aktive und passive Würdigerin des Mannes nicht wäre, wie sie ist; daß auch Frauen nicht wären, wie sie sind, wenn sie nicht den Hauptschub ihrer Kraft, Zeit und Fähigkeiten der Machtermächtigung des Mannes widmen würden.

Diese Behauptungen setzen eine gewisse Beherztheit voraus. Sie lassen keine Kultivierung weiblicher Sauberkeit und Harmlosigkeit zu. Sie lassen auch keine Schlupfwinkel frei, keine Inselchen und Fluchtecken. Sie beschmutzen die Frau mit *Realität*. Frauen werden zu Komplizinnen von Männertaten, indem sie Männermystifizierungen weitertreiben, indem sie den Mann körperlich und psychisch präparieren für sein kleines und großes Tun und seiner Machtgewißheit den täglichen privaten Boden bereiten. Liebe, Bewunderung, Applaus und Vertrauensvorschüsse, die Hinnahme seiner Vorrechte, seines Schutz-, Entscheidungs- und Beurteilungsrechts, das Stehenlassen seiner Entwürfe von Leben, Kommunikation und Wissen, das Verschweigen und Vergessen der eigenen Einwände, des eigenen Willens und der sanfte und zähe Versuch, ihn und sich selbst in die »Normalität« zurückzuverweisen, das Kitten von häuslichem Unfrieden und das Beschwichtigen von Ausbrüchen der Gewalt: Das alles ist nicht nur häuslicher Beziehungsalltag der Zurückgebliebenen und Ewig-Gestrigen, sondern darin spiegelt sich ein ganzes historisches

Gebäude des Geschlechtermachtverhältnisses, und diese Geschichte nimmt die Frau mit, hat sie zuverlässig im Persönlichkeitsgepäck, auch wenn sie den Beziehungsalltag dieser Art nicht kennt oder ihn verweigert. Sie nimmt die Lasten auch mit auf den Weg zu Frauen. Sie sitzen ihr im Nacken und in den Knochen, auch wenn kein Mann in der Nähe ist und niemand mit Sanktionen droht. Frauen haben sich in den tatsächlichen oder virtuellen Verhältnissen zu Männern oder zur »Männlichkeit« eingerichtet und zugeordnet. Sie haben den ergänzenden, zuarbeitenden Teil übernommen in einem viel umfassenderen Sinne, als die häusliche Reproduktionsarbeit ihn sichtbar macht. Sie haben – im Ergebnis – Männer machen lassen, indem sie ihnen ihr Vertrauen geschenkt haben, diesen großzügigen Kredit, mit dem Männer in Wichtigkeit und Sicherheit ihre Dinge weitertreiben konnten. Frauen haben sich einspannen lassen zu einer gesellschaftlichen Tat am Mann, die seine überhöhte Werthaftigkeit mit herstellt. Dabei haben sie sich selbst eingliederungsfähig mit-gemacht und sich der Dequalifizierung ihrer Person überlassen. *Mittäterschaft* ist eine Kategorie, die diese Mechanismen, die die Männergesellschaft von ihren Frauen wünscht, braucht und schätzt, ans Licht bringen will.

Die Rede von der Mittäterschaft der Frau ist ein gesellschaftlicher *Angriff*. Dieser setzt voraus, daß wir eine *Idee* vom Menschen haben, deren Abweichung von dem, was uns tagtäglich vorgeführt wird, und dem, was wir tagtäglich in Gefahr sind, uns selbst vorzuführen, unerträglich wird. Ohne eine solche Vorstellung wäre jeder Angriff nichts als die bloße Abfuhr von Lebensfrust, Ärger und Unmut. Die Tatsache aber, daß wir die Verzerrungen am Menschen, an der Frau wahrnehmen können, daß wir in der Lage sind, den Mangel und Flachsinn zu empfinden, daß wir also nicht einfach die Situation als uns adäquat, als zu uns passend hinnehmen, daß wir gleichzeitig unsere Empörung als nicht minder stümperhaft erahnen können als die Welt, die sie auslöst[2], das alles befugt und ermächtigt uns zu einem Angriff gegen das *Negativ* der Möglichkeit und Idee unserer selbst und damit auch zu einem Angriff gegen die Fabrikware Frau mit ihren gesellschaftlich gesollten Unbesorgtheiten und Halbheiten, ihren geistigen Faulheiten und Gefühlsunwürdigkeiten, die alle dem Negativ ständig Nahrung geben. Ein solcher Angriff, verstanden als Haltung zum Leben überhaupt, ist dazu angetan, eine Idee vom Menschen in die Frau hineinzuholen, statt sie als utopische Konstruktion außerhalb und vor uns stehen zu lassen.

Das bedeutet nun gar nicht, dem Feiertagswort Zukunftshoffnung das Wort zu reden, dieser »unberechtigten Emotion«, der alten »Hofferei«.³ Wissenschaftliche und philosophische Vorstellungen vom Menschen und seinen Gesellschaften, die anfangs die Feministische Wissenschaft sicher stark beeinflußt haben, waren bestimmt von einem *zukunftsgerichteten Menschenbild*. Der »eigentliche« Mensch, der seine »wirklichen« Fähigkeiten und Möglichkeiten zur Entfaltung bringen kann, war demnach immer noch nicht da, er stand erst bevor. Alle bisherige Geschichte war somit erst Vorgeschichte des wahren Menschen, wie er sein kann und sein soll. Alle emanzipatorischen und revolutionären Gesellschaftstheorien enthalten implizit ein Menschenbild, für dessen Realisierung erst eine andere Zeit kommen müßte. Vor allem der Marxismus hat ein »verpflichtendes zukünftiges Gut« im Auge, zu dessen Vorbereitung die Gegenwart dient, die Erhöhung der ganzen Menschenart, die beim Kapitalismus in schlechten Händen liegt⁴: die allseits entwickelte Persönlichkeit, den von aller Unterdrückung befreiten Menschen.

Von dieser Zukunftslehre war auch der Feminismus durchdrungen. Das Zukunftsheil war zwar mit anderen Inhalten gefüllt, es waren die Frauen, die zur Befreiung von der Herrschaft des Mannes aufsteigen und zu noch unbekannten und allenfalls aus fernster Vergangenheit erahnten Stärken und Kräften kommen würden. Spätestens die politischen Fakten der 80er Jahre bzw. das Bekanntwerden schon viel älterer Fakten, die tatsächliche gegenwärtige Zerstörungskraft dieser Kultur und der sie konzertiert ermöglichenden Akteure, nämlich *alle*, haben es erzwungen, von solchen Visionen Abstand zu nehmen. Ich kann dies nicht bedauern. Der Verzicht auf den Lebenshauch der Utopie fordert dazu heraus, vom Entwurf *künftiger* Menschenbilder abzusehen, abzuraten, stattdessen die Konzentration darauf zu richten, was der Mensch, was die Frau *gegenwärtig* ist und sein kann.

Was bleibt, ist ebenso revolutionär wie bescheiden. Bescheiden jedenfalls im Vergleich zum großen Ideal, was den Menschen immer vor sich hergeschoben hat als einen guten, fehlerfreien, integeren Menschen, als einen, der unter der Voraussetzung günstigerer, gerechterer Lebensbedingungen den Aufschwung nehmen würde zu menschlicher Vollkommenheit und moralischer Perfektion, zur reinen Lust und zum durchdachten wie harmonischen Miteinander, zum Gelingen des Menschen also. Solche schönen Entwürfe halten uns davon ab zu sehen, daß Menschen keine Heilsbringer *sind*. Sie können aber – jetzt – Menschen sein, die das, was sie hier vorfinden, ebenso *verantworten* wie *angreifen*.

Das ist eine recht nüchterne Konzeption von uns selbst, keine, die uns besonders erhöht und veredelt, immerhin eine, die sich ohne Zynismus zumutet zu sagen, dieser Mensch sei erhaltenswert. Die Fähigkeiten und Möglichkeiten, die wir jetzt haben, werden damit zum Ausgangspunkt aller Überlegungen, sind alles, was wir gegenwärtig mobilisieren können an Kraft, Intelligenz und Leidenschaftlichkeit. Es ist die Behauptung, daß die gegenwärtige Frau den Stoff enthält, um unter den gegenwärtigen Bedingungen den Angriff auch auf ihre gesellschaftlich gemachte Person – und damit auf deren Bedingungen – zu tragen und zu führen.

Das Neuartige daran ist nicht, daß Frauen Verantwortung übernehmen. Dies zu tun, gehört zu den historischen Erfahrungen der Frau: Verantwortung für einen gutartigen Vollzug der Lebensabläufe zu tragen, die vorausschauende Sorge für die mitlebenden Nächsten. Dies ist sogar eine Erfahrung, die Merkmale eines »historischen Bewußtseins« enthält. Denn Frauen erfüllen hier immer Verpflichtungen gegenüber dem, was *noch nicht* ist, was noch wird und Anspruch auf Existenz hat, eine Verantwortung, die weit über den Präsenscharakter der männlichen Gebrauchsethik hinausgeht[5]: Verantwortung für die nächste Generation, die Kinder. Das Erziehungshandeln im weiteren Sinn geschieht prinzipiell immer um einer Zukunft willen, einer, an der die Frau nicht unbedingt teilhat. Das Charakteristische dieser Verantwortung gegenüber dem Kind, den Klienten, den Ratsuchenden etc. liegt gerade darin, daß die aktuellen Sorgen um andere immer von der Frage begleitet sind, inwieweit der Anlaß der Sorge zukünftig fortbestehen, welche Entwicklung er also nehmen wird.

Hier handelt es sich weder um Erfahrungsmängel noch um einen Gegenstand der Kritik. Die Kritik richtet sich also nicht darauf, daß Frauen *für* andere Verantwortung übernehmen. Dieses »Für-andere« ist in der Frauenbewegung immer wieder einer unmäßigen und kurzgefaßten Entwertung ausgesetzt worden, die einen verhärteten Umgang miteinander zur Folge hatte. Die Kritik muß sich vielmehr darauf richten, inwieweit die Verantwortung der Frau die *Bedingungen* akzeptiert und mitträgt, unter denen und in die sie die anderen einfügen und lebensfähig halten soll. Neu ist damit das *Objekt* der Verantwortung. Denn für diese Bedingungen war die begrenzte Verantwortung der Frau nicht zuständig. Sie waren einfach vorgegeben, sie lagen außerhalb des Einflusses der Frau. Für diese Bedingungen selbst fehlen ihrer Verantwortungserfahrung die Kriterien. Und so ging es wohl niemals um eine so unbegrenzte, so abstrakte, so ferne und unkalkulierbare Verantwortung, um eine Verantwortung für nicht allein Verantwortbares, für nicht allein und selbst Getanes und Ausgeführtes.

Die Verantwortung, die im Begriff Mittäterschaft mitgedacht ist, ist also eine, die die Verantwortungserfahrung der Frau ebenso nutzen und würdigen wie kritisieren und überschreiten will. Sie will die Kapazitäten der Zuwendung, des Interesses und des Angriffs auf *diesen* Menschen richten statt auf einen anderen, auf den *jetzigen* statt auf einen kommenden, auf *diese* Zeit statt auf eine spätere, auf *diese* Gesellschaft statt auf eine neue, auf das *Ganze* statt nur auf das Eigene. Nur so kann die Verantwortung für das Kommende und Fernliegende und für eine noch nicht völlig erstickte Idee vom Menschen und eine kaum geborene Idee vom Menschen Frau ihren Ausdruck finden. Das heißt, daß wir auf *diese* Frau die bewußte Anstrengung und die Empfindlichkeit des Gefühls richten, auf *diese* ganze unzulängliche und verhäkelte Person.

Der Begriff der Mittäterschaft ist einer jener »Doppelbegriffe«[6], die sowohl auf einen gesellschaftlichen Prozeß als auch auf einen persönlichen Zustand verweisen. Er hat eine *gesellschaftsanalytische* und eine *subjektiv-moralische* Seite. Diese Doppelseitigkeit macht das Wesentliche des Begriffs aus, und es führt zu starken Verkürzungen, wenn nur die eine oder die andere Seite aufgenommen wird. Als analytischer Begriff fragt Mittäterschaft nach der Beteiligung der Frau an der *historischen Gesamthandlung,* am historischen Gesamtprodukt dieser selbstherrlichen Männerkultur. Zugrunde liegt die These, daß die wesentlichen Männertaten in der Normalität und Legalität des Geschlechterverhältnisses und des Verhältnisses zur Welt vorbereitet werden, daß diese »Normalität« selbst schon durchtränkt ist mit Gewalt- und Machttaten des Mannes gegenüber der Frau. An diesen »normalen« Taten des Mannes ist die Frau im allgemeinen als *Mit-Agierende* beteiligt. Die subjektive Seite des Begriffs verweist die einzelne Frau auf ihre spezifische Verwobenheit mit dem gut funktionierenden Gefüge der patriarchalen Ordnung und damit auf ihre eigenen alltäglichen Handlungen, die sie immer wieder zur Dienstleistenden an patriarchalen Verrichtungen macht.

Es ist wohl kein Zufall, daß Frauen – wie die Rezeption dieser Gedanken in den letzten Jahren gezeigt hat – dazu neigen, die gesellschaftsanalytische Funktion des Begriffes hintanzustellen oder zu vergessen, und erstrangig über seine subjektive Seite den Zugang zum Problem finden wollen. In dieser Art der Rezeption spiegelt sich wohl mehr als ein beliebiges Mißverständnis. Ich will deswegen versuchen, dieser Beobachtung nachzugehen.

Der Gedanke der Mittäterschaft fällt vielen Frauen sofort auf die individuelle Seele, auf den eigenen Körper: ICH als Mittäterin. ICH bin es! In der Rezeption entfällt auf einmal und fast unbemerkt der analytische Begriffsgehalt und damit der gesellschaftliche Tatzusammenhang, in dem sich die Agierenden befinden. Aus: »Die Frau in der Männergesellschaft« wird ganz schnell: »Ich und mein Freund« oder »ICH allein«. So bleibt die isolierte und bedrohliche Frage stehen: »Was mache ICH? Was habe ICH gemacht, heute, gestern, früher? Weil ich das und das getan habe, bin ich Mittäterin. Ich bin Mittäterin, weil ich..., wenn ich...« Der Appellcharakter des Begriffs bewirkt zuerst seine Individualisierung. Das Wort wird zum individuell anlastenden Über-Ich, zur gestrengen Kontrollinstanz, die alle Handlungen und Gedanken supervidiert und jeden Impuls, jede Erinnerung, auch jede kleine soziale Freundlichkeit sofort der Verwerflichkeit bezichtigt, sofern sie die einzelne Frau in die Nähe eines viel zu schnell konkretisierten Abschreckungsbildes der Kollaboration rücken könnte. Der Begriff kommt an als eine Art Weiblichkeitsverbot. Und dieses kann nicht eingehalten werden. Die Frau quält sich, macht sich selbst zur Täterin. Sie belastet sich mit der ganzen Wucht eines überindividuellen gesellschaftlichen Problems, einer jahrtausendealten oder doch 200jährigen Zurichtung bis hin zur Schuldigen an allem Unheil. Unheil richtet nun diese subjektverhaftete Auffassung ihrerseits an. Die Frau guckt und sucht im eigenen Gehäuse, wo sie Anstößiges findet, sucht in der Absicht, es zu eliminieren, zumindest mit der Wirkung, darunter zu leiden, unter sich zu leiden, weil sie beherbergt, was nicht beherbergenswert ist. Frauen fangen an, sich selbst anzugraben und anzunagen, sie steigen in den eigenen Schacht, beginnen eine gefahrvolle Expedition in die Anatomie des eigenen Seelenlebens; wobei die Gefahr nicht darin liegt, daß die Frau sich überhaupt in Gefahr begibt – denn dieses ist unvermeidbar –, sondern daß sie aus dem eigenen Schacht nicht herausfindet, daß sie sich in eine Gefahr begibt, die sie nicht beflügelt und herausfordert, sondern zerkleinert und zermürbt.

Was bedeutet diese einseitige Aufnahme, diese Neigung, einem allgemeinen abstrakten Gedanken so schwer Leuchtkraft verleihen zu können, vielmehr erst inspiriert und entzündbar zu werden, wenn das eigene Ich zum Brenn- und Angelpunkt des Problems gemacht werden kann? Ist das ein weiteres ärgerliches Symptom weiblicher Beengtheit, in der ein ich-loses Ich ständig jeden Inhalt in sich hineinzerrt, ihn aufsaugt oder im eigenen Bau gräbt, in dem es sich am besten auskennt, nur hier auf Inspektion geht, immer im Überschaubaren sucht und sich für den Überblick nicht zuständig fühlt?

Enthüllen der dringende Wunsch, die Infektion loszuwerden, und der Versuch, auf einmal alles anders, nämlich »richtig« zu machen und keine Unterlassungssünde zu begehen, nichts als die weibliche Neigung zur Reinlichkeit? Kommt hier nur das Bestreben der moralischen Sauberfrau zutage nach dem Wieder-in-Erfüllung-gehen des alten lieben Kindergebets: »Ich bin klein, mein Herz mach rein«? Zeigen sich hier die hartnäckigen Spuren einer Opfer-Definition, nach der das betroffene Opfer frei von Schmutz und Unrat sein soll, es sei denn, es ist beschmutzt mit fremdem Unrat, der von außen hineingeträufelt wurde, aber niemals vom Opfer selbst stammt? Folgt dem Erschrecken über das »Ich bin auch Mittäterin!« nur die psychische Antwort des Putzversuchs? Wird der Begriff zum Putzbefehl und zum notwendig mißlingenden Versuch, selbst wieder in den Zustand der Unschuld zu gelangen?

Es ist notwendig, diesen Ich-Bezug sorgfältig zu beleuchten und nicht vorschnell zu urteilen. Die Sogkraft des Ichs entspricht offenbar einer Logik, einer kaum auswechselbaren Reihenfolge des Zugangsversuchs vieler Frauen zur Realität. Und den Weg über das Ich zu nehmen, darin muß nicht nur Borniertheit zum Ausdruck kommen, sondern darin zeigen sich auch die Qualität, die Ernsthaftigkeit und der Mut des Suchens: Ein unschätzbarer Wert, eine ganz selten gewordene Aufrichtigkeit. Dieses Ich ist nicht überspringbar, denn es ist ja Behälter dieses ganzen verwundeten und verbrannten Materials, dieser ganzen eingekesselten und festgebundenen Möglichkeiten, der Möglichkeiten zu Sprüngen, vielleicht auch zu Freudensprüngen.

So gesehen ist die ich-bezogene Rezeption, in der der Mittäterschaftsgedanke immerzu erst als Vorwurf und Verletzung ankommt, nicht einfach nur eine Verständnispanne. Vielmehr könnte sie einen Prozeß der Annäherung und Durchdringung einleiten, in welchem die einzelne Frau zum Ausdruck bringt, daß sie weder bereit noch in der Lage ist, ein für uns existentielles gesellschaftliches Problem von sich zu schieben, aufzuschieben und auf andere zu verschieben. Sie macht sich nicht daran, stellvertretend fremde Objekte zu sezieren, eine Operation, die im übrigen niemals die gleiche Sprengkraft gewinnen könnte, wie wenn die untersuchende Person gleichzeitig Subjekt und Objekt ihrer Erkundigungen und Erschütterungen wird und die Regisseurin der einzelnen Akte des Dramas bleibt. Die eigene tiefe Irritierbarkeit ist überhaupt die Voraussetzung jeder Bewegung, jeder Unterbrechung verordneter Verschlafenheit.

Die Mittäterschaftsthese bringt ja in ihrem grundsätzlichen Mißtrauen auch ein Mißtrauen gegenüber einer so gewichtigen psychischen Instanz wie dem eigenen Gewissen mit sich, einer Instanz, die Gefühlsvergangenheiten entspringt, welche die gegenwärtige Person oft längst hinter sich gelassen hat. Dennoch maßt dieses Gewissen sich immer wieder an, Gefühlsinformationen und Weisungen zu übermitteln, die den Charakter überdauernder menschlicher Werte und Weisheiten anzunehmen scheinen – oft ein tragikomischer Vorgang. Der Zweifel an Recht und Rechthaberei der Stimme des Gewissens aber macht das dumpfe oder trotzige, jedenfalls fraglose Vertrauen in die eigenen psychischen oder körperlichen Signale leider oft ganz grundlos. Dies ist eine Behauptung, der sich gerade die Frauenbewegung mit ihrem mitunter allzu offenen Gehör gegenüber Körper und Seele besonders hartnäckig zu widersetzen pflegt. Die eigenen psychischen Mahnungen entpuppen sich oft als bloße Sentimentalitäten, und vorübergehende Schwächeanfälle können nicht einfach als Richtungsweiser, als Stimme der inneren Wahrheit genommen werden. Sie heften die Frau immer wieder an ein Soll, dem sie sich eventuell mit gutem Grund nicht mehr verpflichtet fühlt. Zynischerweise sind Gefühlsmeldungen nur dann zuverlässige Wegweiser, wenn eine Person in penibler Deckungsgleichheit von lebensgeschichtlichen Prägungen, gesellschaftlichem Soll und eigenen Überzeugungen lebt, in ausgewogener Rechteckigkeit. Aber dieses seelische Gleichgewicht und Leichtgewicht ist gerade nicht zu finden bei denjenigen Frauen, die in Widerspruch zu ihren eigenen Lebensbedingungen geraten und in Widerspruch zu Teilen der eigenen Geschichte. Sie – die eigentlich Interessanten, die Nicht-Konsistenten – können sich am allerwenigsten auf ihre Instinkthaftigkeit verlassen. Ihre Gefühle sind nicht immer zuverlässige Spiegel ihrer Überzeugungen und ihrer tatsächlichen Abweichungen, ihrer »Ungewöhnlichkeit«. Im Gegenteil, jene haben es immer wieder an sich, in ihren mitunter zutiefst konservativen, Vergangenheitswerte präjudizierenden Neigungen zu bremsen und die Frau anzuleinen. Das Frauen-Ich und das Über-Ich, diese berühmten psychischen Institutionen, sie sind nicht unbedingt feministisch.

So führen die Erkenntnisse über den brenzligen Zusammenhang von gut gemeintem und für gut gehaltenem weiblichen Tun und männlichen Taten, von denen die Frau sich abmelden will, zu der erschreckenden Einsicht: »Mein Gewissen hat mich getäuscht – worauf kann ich mich jetzt noch verlassen?« Im alten guten Gewissen wird eine kollektive Mitschuld erkennbar. Das eigene täuschende Gewissen wird zur unablässigen Erkenntnisirritation. Das reflektierende Ich ist also gar nicht zu entlassen, wenn es darum geht, etwas über die Tiefe der Zurichtungen der Frau zu begreifen.

Das Ich ist nicht nur privat und individuell, es spiegelt mehr als sich selbst. Es entbindet nur scheinbar von der lästigen Frage nach seinem eigenen gesellschaftlichen und historischen Stoff. Und so wird die Neigung zur Selbstinspektion ärgerlich, wenn sie »egozentrisch« bleibt, wenn sie zur Zentrierung der Welt auf den eigenen kleinen Organismus führt, wenn das Ego sich aufbläht und verklemmte Größenphantasien sich innerhalb seiner Grenzen auszutoben beginnen. Sie wird beklemmend, wenn die elende Begrenztheit des Horizonts sich nicht ausweitet, das Ich in seiner Gefängniszelle sitzenbleibt und sich für den Mittelpunkt der Welt hält. Sie wird beunruhigend, wenn der Sehapparat nur noch kleine Flecken sieht, ohne sie zu einer Struktur zusammenzufügen.

Frauen neigen dazu, Begriffe erstrangig zu Handlungsbegriffen und damit zu Anweisungen zu machen. Die Umsetzung – »Was soll ich tun?« – wird wichtiger als der Begriffsinhalt und sein Erkenntnisinteresse. Der Begriff wird nicht zum analytischen Instrument, mit dessen Hilfe Phänomene durchsichtiger und erklärbarer werden, sondern er wird zur *Überzeugung.* Wie alle Überzeugungen soll er sofort in Handlungen münden. Handlungsziel ist ein Ich-Ideal, das vom Makel der weiblichen Kolonialisierung befreit ist, eine Zielperson, die aus der Mittäterschaft herausspringt. Die Gewißheit, die dem Begriff anzuhaften scheint, wird so nicht zur *begrifflichen,* sondern zur *sinnlichen* Gewißheit.[7] Eine solche aber zwingt immer zum unmittelbaren Handeln, wie wenn jemand sich am kochenden Wasser verbrennt und sofort die Hand zurückzieht und außerdem in Zukunft vorsichtiger sein wird im Umgang mit heißen Flüssigkeiten. In einem solchen Fall kann die Person sich vollkommen gewiß sein, daß, da die Verbrennung schmerzhaft ist, das kochende Wasser nicht auf die Hand gehört und die Hand zurückzuziehen ist. Da gibt es keine Frage. Die Handlung, die einer sinnlichen Gewißheit wie der des körperlichen Schmerzes folgt, ist in jedem Fall »richtig«, ist adäquat, ist zweifellos sinnvoll. Nach diesem Muster sinnlicher Gewißheit antworten nun Frauen in der Regel auch – zumindest zuerst mal – auf einen Begriffsinhalt, der gar nicht sie allein, wie der Schmerz, trifft. Er wird sozusagen zum sinnlichen Stimulus, zum Impuls, das Unschöne des nackten Inhalts durch Handlung aufzulösen. Erst der persönliche Veränderungsimpetus scheint einem Begriff Fleisch und Leben zu verleihen: die Folgen, die Umsetzung, nicht die Denkoperation selbst. Das Denken, das Erkennen bekommen keine eigenartige Bedeutung, bekommen auch nicht so etwas wie Tätigkeits- und Arbeitscharakter, so als seien sie keine eigenständige Anstrengung, vielmehr vergleichbar mit einem bloßen Eindruck oder schnellen Einfall. Der Gedanke selbst wird nicht als *Handlung,* als Denkhandlung identifiziert, an dem weitergehandelt, nämlich weitergedacht werden könnte, als eine Handlung, die die Kraft der ganzen Person, nicht nur Kopfkraft, beansprucht. Das so abgekürzte Erkennen – das übrigens gerne an Spezialistinnen delegiert wird, falls es sich doch etwas aufwendiger gestaltet als ein bloßer Einfall – braucht somit auch nur für einen einzigen Zweck gut zu sein: zur eigenen erfolgreichen Verhaltensänderung. Jeder Gedanke wird am Maßstab der aussichtsreichen oder -losen Handlungs- und Veränderungsanleitung gemessen.

Frauen stellen sehr schnell die Frage nach dem Gebrauch von Wissen. Sie wollen, daß jeder Denkversuch möglichst sofort persönlich gebrauchsfähig wird: »Was kann ich damit anfangen? Was nützt er mir? Was geht er mich an?« In diesem Ruf nach persönlichen Handlungsanweisungen sind Frauen auch schnell bereit, lediglich ausführen zu wollen, was andere vorgedacht haben, anstatt selber die Anstrengung zu unternehmen, mit dem Mittel des Denkens eigene Grenzen zu überschreiten und an die eigenen Grenzen zu gehen.

Ein nur pragmatischer Umgang mit einem gesellschaftskritischen Problem wie dem der Mittäterschaft muß unweigerlich zu ungeten Überraschungen führen, denn pragmatische Entscheidungen sollen sich immer in *nützlichen* Handlungsfolgen, in Erfolgen niederschlagen. Die Handlung muß sich bewähren und lohnen, das ist der pragmatische Sinn. In unserem Fall kann aber diese Bewährungs- und Nützlichkeitsprobe nicht einfach erbracht werden. Denn der unmittelbare *Nutzen* der Mittäterschaftsthese für das einzelne, persönliche Leben kann gar nicht vorhergesehen und vorformuliert werden. Jene stellt die Frau außerhalb der geschlechtsständischen Norm, bringt sie in harte Konfrontation mit ihr. Dabei sind Vorstellungen von Nutzen und Bewährung wenig angemessen. Denn was hier folgt, ist viel eher Dramatik und Risiko, Anforderung und Herausforderung, Einsamkeit und immer wieder Weiterdenken, in aller Schlichtheit, Ehrlichkeit und Geduld.

Die ich-bezogene Rezeption spiegelt aber nicht nur Häuslichkeit und Pragmatismus. Die Neigung zum Ich-Bezug, so als sei das Ich das einzige Erkenntnisobjekt und der entscheidende Erkenntnisbeweis, charakterisiert den Umgang von Frauen mit theoretischen Kategorien überhaupt, auch unabhängig vom persönlich beunruhigenden Inhalt eines Begriffs. Frauen tun sich schwer, überpersönlichen Begriffen Leben zu verleihen. Diese bleiben lange leer und blaß, sie bekommen keine Farbe. Während ich sagen kann: »*meine* Sinneswahrnehmung«, kann ich nicht sagen: »*mein* Begriff«. Der Begriff gehört nicht mir allein. Er ist ein allgemein verfügbares Werkzeug, kommunizierbar für alle, die das Instrument gebrauchen können. Die Alltags- und Umgangssprache nun, an der Frauen wohl viel mehr hängen, reicht nicht hin, um über die kommunizierenden Ichs hinauszuführen. Sie enthält selbst Grenzen, die ein Über-den-Alltag-Hinausdenken behindern. Das Reden über den Alltag neigt dazu, in ihm eingeschlossen zu bleiben. Die im Alltag verborgenen, aber in Alltagssprache nicht faßbaren *Bedingungen* des Alltäglichen verlangen so auch nach der Anstrengung der Sprache, nach Begriffen, die über das Alltägliche hinausgehen, *nach begrifflichem Denken*. Das Erkennen von Alltagserfahrungen ist, wenn es nicht im Kreislauf des schon Gekannten, des längst Gewußten, des hundertfach Wiederholten und damit der bloßen Selbstbestätigung und -vergewisserung verbleiben will, angewiesen auf Begriffe, die etwas fassen, das nicht unmittelbar in der einzelnen Erfahrung zu sehen und in ihrer Beschreibung abzubilden ist.

Frauen neigen dazu, einen theoretischen Begriff wie die Kopie von Realität zu verwenden, als direkte Abbildung, als ein Wort für das, was *ist*. Denken ist aber nicht einfach Kopieren von Realität, sondern immer eine Handlung, die aus dem *Zweifel* an der unmittelbaren Zugänglichkeit und Verständlichkeit des Erfahrenen kommt. Sonst wäre Denken überflüssig. Ein Denken über die Alltagserfahrung hinaus hantiert nicht mehr im Häuslichen und Vertrauten, sondern nimmt Behauptungen und Setzungen vor, geht Wagnisse ein. So ist jede Hypothese über einen möglichen, aber nicht unmittelbar einsichtigen Zusammenhang unserer unerfaßten und unfaßlichen Alltagsdinge auch immer mit dem Risiko behaftet, daß sich die Hypothese vielleicht als nicht tauglich erweist, daß alles wieder verworfen werden muß, neu entworfen, neu durchdacht: ein Experiment mit offenem Ausgang, keine Garantie endgültiger und Sicherheit verleihender Ergebnisse.

Zur Hypothesenbildung gehört außerdem eine gewisse Unbescheidenheit. Sie stellt die Sorgfalt und Scharfeinstellung gegenüber dem Einzelnen und Nahen vorübergehend zurück, verlangt die Ablösung von dem, was unmittelbar vor einem liegt, verlangt, *von oben* aufs Geschehen zu blicken, jedenfalls immer wieder mal. Die Anmaßung, die dazu gehört, sich selbst als Denkende und Betrachtende vorübergehend *über* das Beobachtete zu stellen, anstatt *in* ihm zu sein, ist nicht gerade eine eingeübte und erwünschte Gewohnheit der Frau. Frauen wagen sich selten an sie heran. Und wie alles, was Frauen in dieser Gesellschaft *sollen* bzw. *nicht sollen,* gerät auch diese Abstinenz in den Verdacht der Mittäterschaft, besser: Sie ist eines ihrer Symptome, ein ganz undurchschautes und schwerwiegendes, meine ich. Sie verlangt eine feministische *Kritik* auch *des Denkens* der Frau.

Wie kommt es, daß die Begierde, über sich hinauszugehen, so schwach und verzagt ist? Können wir keinen Überblick gewinnen, weil wir keine Flügel *haben,* sondern eben nur kleine Maulwurfsschaufeln? Nur über den Versuch, den »Ort« der Frau in der Männergesellschaft zu verstehen, können wir die Zwangsläufigkeit, die Unvermeidbarkeit oder die Überwindbarkeit unserer Blick- und Bewegungsbeschränkungen anfangen zu beurteilen. Damit müssen wir zum Ausgangspunkt der Mittäterschaftsthese zurückgehen: Zu der Aussage nämlich, daß die Frau aus der Männergesellschaft nicht nur ausgegrenzt ist, sondern auch einbezogen, in sie eingegrenzt: daß Frauen aus der Entwicklung dieser Kultur ausgeschlossen und gleichzeitig an ihr beteiligt sind.

Es reicht also nicht aus, Frauen als Ausgegrenzte, Abseitsstehende, Abwesende, also durch *Ausschluß* Geschädigte zu definieren. Das ist nur die halbe Wahrheit. Die gesellschaftliche Ortsbestimmung der Frau ist ungleich komplizierter, weil vermischter mit den eigenen Antagonisten. Einerseits hat die bürgerliche Gesellschaft ihre Frauen von allen öffentlichen, wissenschaftlichen, politischen, technologischen Aktivitäten *ausgegrenzt* und können Frauen mit Recht behaupten, sie seien für das Angerichtete nicht zuständig. Andererseits aber sind Frauen gerade mittels ihrer Ausgrenzung unverzichtbar für das ungehemmte Weitertreiben in einen Zustand, der nicht nur als »Zivilisationsvulkan«[8] bezeichnet werden kann, sondern auch als fortschreitende Verstümmelung menschlicher Möglichkeiten. Es reicht auch nicht aus, die Gleichzeitigkeit von Ausschluß einerseits und Teilhabe andererseits zu konstatieren und diese Gleichzeitigkeit bereits für eine Ortsbestimmung zu halten.[9] Das bloß additive Nebeneinanderstellen von Ausschluß einerseits und Teilhabe andererseits sagt noch nichts darüber aus, wo, in welchen Ausschnitten, Frauen Einblicke ins Geschehen haben, welche Aufschlüsse sie sich selbst verschaffen, welche sie vorgefertigt übernehmen. Was kann das heißen, die Frau sei »gleichzeitig« dabei und nicht dabei? Ist sie also beliebig mal hier, mal dort? Wechselt sie ihre Plätze? Ist sie widersprüchlich, gespalten, schizophren? Ist sie nirgendwo richtig, überall halb? Hat sie vielleicht zwei Seelen, eine zugehörige, eine fremde? Was würde sie als Fremde erkennen können, was als Zugehörige? Wem nützt diese Merkwürdigkeit der sogenannten Simultanität von Ausschluß und Teilnahme? Was ist das spezifisch Funktionale dieses Sowohl-als-auch?

Wenn eine Ameise sich von ihrem Haufen absonderte und dem Schauspiel der Mühsal von außen zusähe, käme ihr die lebenslange Plackerei ihrer Artgenossinnen vielleicht höchst fragwürdig vor. Ist die Position des Draußenseins von Frauen eine solche des Von-außen-Zusehenkönnens? *Tun sich durch das Abseitsstehen neue Aspekte mit einer zusätzlichen Perspektive auf, einem abstrahierenden Überblick?* Dies könnte grundsätzlich der Fall sein, sofern die »Ameise« zuvor in ihrem Haufen war, also intime Kenntnisse über das Drinsein hat. Andernfalls sähe sie nur Umrisse und die Fassade des Ganzen, ihr Außenblick könnte sich nicht mit genauen Kenntnissen aus dem Innen anreichern und verbinden. Wäre es so, daß Frauen in diesem Männersystem Gelegenheit hätten, nach freier Entscheidung mal drinnen und mal draußen zu sein, daß sie das Drinsein und das Draußensein gleichermaßen kennen würden, erfahren wären in beidem, dann wäre die Schlußfolgerung naheliegend, sie seien *kompetent,* das Ganze zu durchdringen; sie hätten beides: *Einblick* und *Überblick.*

Nun ist aber das Außenstehen der Frau im allgemeinen nicht vergleichbar mit dem des souveränen Flaneurs, der sich seine Welt von allen Seiten betrachten, sie aufsuchen und verlassen, sich mal einlassen, mal distanzieren kann. Die Frau kann das Draußen nicht erfahren wie ein interessantes überraschendes Ausland. Als Ausgestoßene wird sie ihre Aufmerksamkeit, ihre Anspannung und Sehnsucht vielmehr auf das Vermißte und Entbehrte oder das vermeintlich Vermißte und Entbehrte richten und weniger darauf, die Distanz zur Schärfung, zur schonungslosen Einstellung der eigenen Optik zu nutzen.

Auch die Teilnahme der Frau am Drinnen besteht keineswegs im freischwebenden Erkunden. Ihre Teilnahme ist vielmehr an Bedingungen geknüpft, nämlich die, tatkräftig mitzuhelfen, daß diejenigen, denen diese Welt zu gehören scheint und die die Tonart und Machart des Lebens bestimmen, die Männer, von der Teilnahme der Frau Vorteile haben und mit ihrer Hilfe die eigenen Ziele realisieren können. Die Kenntnisse und Einblicke, die die Frau durch eine so bedingte Teilnahme gewänne, wären somit sehr beschränkte, da von vornherein zugeschnitten auf den Bedarf des Mannes an ihr und ihren Dienstleistungen. Nähme sie nun die als Zugehörige erworbenen Eigenschaften der Bedarfsdeckung am Mann mit in ihre zeitweilige Außerhalb-Existenz, hätte sie also ihr gesamtes Verhaltensrepertoire unter solchen Bedingungen des Dazugehörens und ihrer funktionalen Unentbehrlichkeit erworben und überhaupt kein anderes zur Verfügung, dann wäre wohl von ihrem Außenblick nicht viel neuer Einblick zu erwarten. Dem Blick von außen würde die Souveränität fehlen; sie könnte nur erkennen, was sie vorher auch schon kannte. Der Blick bliebe der der beschränkten und zuverlässigen Insiderin.

Mittäterschaft ist ein Begriff, mit dem im Einblick und im Überblick zugleich etwas zu entdecken ist, das der schmalen Anschauung nicht offen zutage liegt und das wir nicht sehen *sollen*. Mittäterschaft ist somit keine Erfahrungskategorie, sondern eine *methodische Kategorie:* Sie kann einen Weg zeigen, um Fragen zu stellen. Diese setzen sich verändern wollende und sich verändernde Personen voraus. Wer das eigene Mitfunktionieren und das der anderen über alle Offensichtlichkeit hinaus ent-deckt, kann nicht mehr so gut mitfunktionieren wie zuvor. Diese Ent-Deckungen sind bereits Akte der Ent-Solidarisierung, der Ent-Koppelung der Frau.

Die Frau, die beides kann, beides haben kann: Einblick und Überblick, ist die Frau, die *jetzt* da ist, die Frau in ihrer gesellschaftlichen Doppelexistenz: Eine Frau, die das Drinnen, das Mitsein kennt und in diesem keine Befriedigung mehr findet; eine Frau, die das Draußen, die Heimatlosigkeit kennt und mit dieser keine Sehnsucht zurück mehr verbindet. Dieses Nicht-Befriedigtsein von den Angeboten der Männergesellschaft, dieser ebenso übersättigenden wie armseligen Fehlernährung, und diese Nicht-Sehnsucht nach Rückversicherung, nach Rückkehr und Einkehr: das ist die gesellschaftliche Ausgangslage, die Art von Freiheit, die wir ausprobieren könnten in aller Selbstverständlichkeit und Souveränität.

Anmerkungen

1. Peter Sloterdijk: *Wieviel Katastrophe braucht der Mensch?* In: Psychologie heute Taschenbuch, Weinheim, Basel 1987, S. 51
2. E. M. Cioran: *Lehre vom Zerfall.* Stuttgart 1987, S. 52
3. Günter Anders: *Interview.* In: DIE ZEIT, Nr. 13, vom 22.3.1985
4. Hans Jonas: *Das Prinzip Verantwortung.* Frankfurt a.M. 1984, S. 256
5. ebd., S. 35 ff.
6. s. z.B. Joachim Israel: *Der Begriff Entfremdung. Makrosoziologische Untersuchung von Marx bis zur Soziologie der Gegenwart.* Reinbek bei Hamburg 1972
7. Emile Durkheim: *Schriften zur Soziologie der Erkenntnis.* Frankfurt a.M. 1987, S. 161 ff.
8. Ulrich Beck: *Risikogesellschaft. Auf dem Weg in eine andere Moderne.* Frankfurt a.M. 1986
9. Sigrid Weigel: *Die Stimme der Medusa – Schreibweisen in der Gegenwartsliteratur von Frauen.* Dülmen-Hiddingsel 1987, S. 9

Brigitte Altenkirch

Die Moral des Nicht-Verletzens
in Arbeitsbeziehungen von Frauen

»Frauen gemeinsam sind stark«, diese Parole war eine politische Kampfansage an eine Gesellschaft, die durchdrungen ist von männlicher Gewalt gegen Frauen und in der Männer über das »Wohlergehen« von Frauen entscheiden. Die Postulierung von Gemeinsamkeit war Ausdruck der Notwendigkeit, gemeinsam zu agieren, um die Lebensrealität von Frauen öffentlich zu machen, das Geschlechterverhältnis anzuklagen und zu verändern. Die angestrebte Gemeinsamkeit bezog sich darüber hinaus auf die Bedingungen der Kommunikation untereinander. Frauen erhofften sich in ihrer Zusammenarbeit ein hohes Maß an Übereinstimmung, sie erwarteten grenzenloses Verständnis und bedingungslose Unterstützung.

Sobald Frauen nicht mehr nur ihre Gemeinsamkeit – ihre Existenz als Frau in einer Männergesellschaft – teilen, sondern vielfältige Erfahrungen miteinander machen, zeigen sich irritierende Unterschiede, Nicht-Übereinstimmendes, Trennendes. Diese scheinen als existentielle Bedrohung der vielbeschworenen Gemeinsamkeit empfunden zu werden.

In dem Band »Schwesternstreit«[1] wurden 1983 erstmals im deutschsprachigen Raum Probleme der Kooperation unter Frauen öffentlich zum Thema gemacht. Ich möchte mit meinem Beitrag daran anknüpfen. Anstoß zu dieser Auseinandersetzung sind zum einen meine Skepsis gegenüber dem Loblied auf die weibliche Friedfertigkeit, das weiterhin vehement aus den unterschiedlichsten gesellschaftlichen Bereichen ertönt, und zum anderen meine Erfahrungen in einem zweijährigen Gruppenprojekt mit Frauen an der Universität.[2]

Diese Gruppe, die im folgenden im Mittelpunkt meiner Überlegungen steht, war für mich wie für die meisten der anderen die erste Erfahrung der Zusammenarbeit mit Frauen. Die Erwartungen aneinander waren hoch. So begeistert wir angefangen hatten, so schnell sahen wir uns mit unerwarteten Schwierigkeiten konfrontiert. Und am Ende der zwei Jahre standen wir uns in schier unauflösbaren Fronten gegenüber.

Enttäuschung, Wut, Schuldzuschreibung und Rachegelüste charakterisierten das Ende eines Arbeitsprozesses, der von allen mit soviel Euphorie begonnen worden war. Was war mit uns geschehen? Warum konnten wir so wenig von unseren anfänglichen Erwartungen und Ideen realisieren? Wir hatten am Bild einer harmonischen Gruppe gebastelt, in der sich alle gleich gut verstehen und einem nicht greifbaren Gruppenkonsens verpflichtet fühlen sollten. Wir hatten eine Scheinharmonie aufgebaut und aufrechterhalten, ohne uns dessen bewußt zu sein und die Konsequenzen abschätzen zu können.

Zunehmend kam unsere Lebendigkeit abhanden, das große Schweigen setzte ein, und eine umfassende Gruppenlähmung breitete sich aus. Diskussionen zogen sich schleppend hin, wurden zähflüssig, uninteressant, langwierig, langweilig und gleichzeitig irgendwie äußerst bedrohlich. Wir waren alle erleichtert, wenn eine solche Sitzung endlich ein Ende fand und wir dieser unerträglichen Situation entkommen konnten. Auch die Treffen zum besseren Kennenlernen außerhalb der Universität brachten nicht den erwünschten Erfolg. Auch hier schlich sich Zähigkeit ein. Aber laut ausgesprochen wurde weder Unmut noch Kritik.

Beharrlich hielten wir an der Vorstellung fest, daß wir alle mit den gleichen Interessen an diesem Projekt teilnähmen, unser Thema in gleicher Weise einschätzten und die gleichen Fragen hätten. Worin dieser Konsens eigentlich bestand, war jeder einzelnen Frau aber recht unklar. Dennoch diente er als unausgesprochene Orientierung. Abweichende Meinungen wurden zurückgehalten und Auseinandersetzungen an dem Punkt abgebrochen, an dem unterschiedliche Positionen hätten deutlich werden können. Wir versuchten lange, ein auf Gleichheit beruhendes Gruppengefühl aufrechtzuerhalten: »Wir wollen alle dasselbe, haben die gleichen Fähigkeiten, die gleichen Interessen, das gleiche Engagement, mögen uns alle gleichermaßen gern, verstehen unter Feminismus alle das gleiche etc.« Unser Umgang miteinander war durch übermäßige Vorsicht gekennzeichnet. Kritik durfte, wenn überhaupt, nur behutsam formuliert werden. Wurde sie mal vehementer geäußert, folgte sofort der Rückpfiff durch die Kritisierte oder die Gruppe: »Sei nicht so aggressiv! Ich finde es unmöglich, daß du persönlich angreifst.« Kritik wurde als Angriff bewertet und die Kritisierte von der Gruppe sofort in Schutz genommen vor einer Kritisierenden, die die andere angeblich persönlich treffen wollte: An sie erging die Aufforderung, deutlich zu erklären, daß dies nicht ihre Absicht sei. Häufig wurde damit der Inhalt der Kritik vom Tisch gewischt. Das verletzende bzw. das beschützende Moment der

Beziehung trat gegenüber dem Arbeitsinhalt in den Vordergrund. Kritik wurde sorgfältig verpackt und oft mit den Worten eingeleitet: »Ich will dir ja nicht wehtun, aber...«, »Versteh' mich bitte nicht falsch, aber...«.

Selten wagten wir, direkt nachzufragen, wenn wir eine Frau nicht verstanden hatten, sondern fügten ihrer Aussage noch unsere Annahme darüber hinzu, was sie wohl hatte sagen wollen, ohne uns zu vergewissern, ob diese Annahme zutraf. Dadurch kam es zu Mißverständnissen, die lange unausgesprochen und ungeklärt das Gruppenklima vergifteten. Auf diesem Boden gediehen hanebüchene Einschätzungen und wilde Vermutungen, die sich in den Köpfen der einzelnen zu scheußlichen oder farbenprächtigen Bildern über andere Frauen zusammensetzten. Spannungen wurden meist als persönliche Probleme im Sinne von: »Die mag mich nicht« abgehandelt, nicht aber auf inhaltliche Differenzen zurückgeführt.

Mit Beginn der konkreten Projektarbeit bildeten wir Kleingruppen, deren Konstellationen häufig wechselten. Hier konnten Spannungen für Momente abgebaut bzw. in die Höhe getrieben werden. Ihr Inhalt blieb auch hier weitgehend im Dunkeln. Jede von uns suchte sich persönlich so gut wie möglich zu arrangieren.

Die anfängliche Annahme, mit allen gleichermaßen gut zusammenarbeiten zu können, ließ sich nicht halten. Manchmal störten mich nur irgendwelche Einzelheiten, z.B. wenn eine Frau so leise sprach, daß ich mich anstrengen mußte, um sie überhaupt zu verstehen. Manchmal hatte ich das unbestimmte Gefühl, daß Frauen ganz anders dachten, als ich es für richtig hielt, z.B. wenn ich Anklänge von Frauenfeindlichkeit und -verachtung heraushörte. Mich machten solche Situationen befangen. Ich richtete meine Konzentration vorsichtig auf die Frau, die Ursache meiner Irritation gewesen war. Wenn eine etwas sagte, womit ich nicht einverstanden war, fing ich an zu überlegen: »Wie kam sie zu dieser Aussage? Es kann doch nicht wahr sein, daß sie es tatsächlich so meint.« Ich wollte es einfach nicht glauben, sicher war ich mir aber auch nicht. Mein erster Impuls zum Widerspruch löste sich blitzschnell auf. Ich drehte und wendete das Gesagte hin und her, begab mich auf die Suche nach der angemessenen Reaktion und richtigen Formulierung. Ich richtete die Aufmerksamkeit auf die anderen. Würden sie meine Kritik unterstützen, stand ich damit alleine, wollte vielleicht eine andere reagieren? Heimlich hoffte ich, eine andere würde die unangenehme Aufgabe übernehmen. Hatte die Frau überhaupt eine Ahnung, was sie gerade gesagt hatte, oder war ihr das nur so rausgerutscht? Vielleicht hatte sie es ja selbst schon gemerkt, konnte es aber nicht sagen, weil es ihr unangenehm war. Das kannte ich doch auch, am liebsten wieder etwas ungesagt machen wollen, unbeabsichtigt mehr gezeigt zu haben, als ich wollte und verkraften konnte: ein Fauxpas, das unangenehme Gefühl, ertappt worden zu sein und die Angst, auf die Aussage durch die anderen festgenagelt zu werden, sie in den Köpfen der anderen präsent zu wissen, dem nicht mehr entfliehen zu können.

Dieses Hin und Her, die Suche nach den richtigen Formulierungen, die nicht zu massiv und bedrohlich sein durften, führte meist zu nichts. Die Entscheidung, mich zu äußern, wurde mir oft von außen abgenommen, die Diskussion war weitergegangen, jetzt war es zu spät. Es würde eine andere Gelegenheit kommen. Doch mein Unbehagen blieb.

Offene Fragen in den Raum zu stellen, wagte ich kaum, zum einen aus Angst, schon eine Antwort wissen zu müssen; zum anderen erschien es mir unredlich, den anderen eine Auseinandersetzung mit einer Frage abzuverlangen, auf die ich selbst noch nicht die leiseste Ahnung einer Antwort hatte. Ich verbot mir, Fragen direkt an einzelne zu richten, stellte sie, wenn überhaupt, ganz allgemein an die Gruppe in der Hoffnung, daß sich diejenige angesprochen fühlen würde, von der ich gerne eine Stellungnahme gehört hätte. Außerdem blieben Fragen häufig aus Angst vor unerwünschten Antworten ungestellt. Ich befürchtete auch, andere Frauen zu überfordern und wagte kaum, Schweigerinnen um Stellungnahmen zu bitten. Angesichts ihrer Schwierigkeiten sich darzustellen, meinte ich, ihnen Äußerungen nicht abverlangen zu können. Doch neben sogenannter Rücksichtnahme blieb auch Wut. Warum konnten diese Frauen nicht einmal über ihren eigenen Schatten springen?

Es gab aber auch Orte, an denen ich meine Kritik artikulieren konnte: in privaten Gesprächen außerhalb der Gesamtgruppe. Voraussetzung dafür waren die Abwesenheit der kritisierten Frau und die Annahme, daß die Anwesenden meine Kritik teilen und mich unterstützen würden. Als Gleichgesinnte waren wir uns schnell einig, hier brauchten wir nicht mehr vorsichtig zu sein, hier konnten wir uns gegenseitig bestätigen. Die Kritik hatte ein Ventil gefunden, wenn auch nicht an der richtigen Stelle. Die Inhalte dieser informellen Gespräche blieben geheim. Es schien eine stillschweigende Übereinkunft zu geben, sie nicht weiterzutragen, auf jeden Fall nicht in die Gesamtgruppe. Wurde dennoch etwas weitergegeben, dann nur hinter vorgehaltener Hand. Über andere in deren Abwesenheit zu reden, war für mich mit sehr widersprüchlichen

Gefühlen verbunden. Zum einen wirkte es erleichternd: Ich konnte meine Unzufriedenheit loswerden, fühlte mich durch andere in meiner Wahrnehmung und Bewertung bestätigt. Aber es war mir auch unheimlich. Denn was würde passieren, wenn ich abwesend wäre? Oft hatte ich das Gefühl: »Da ist etwas im Busch.« Anstatt nachzufragen, fand ich mich mit der Verunsicherung ab, die leichter zu ertragen war als die Vorstellung, mich den Gefahren einer Konfrontation auszusetzen. Ich fürchtete, daß mir dadurch der Boden unter den Füßen weggezogen und meine ganze Person in Frage gestellt werden könnte. Diesen Befürchtungen stand mein Bedürfnis nach Rückkoppelung entgegen. Schweigen, ausbleibende Resonanz ertrug ich besonders schwer, wenn ich noch auf der Suche nach einer Position und damit auf die Einwände und Zustimmungen der anderen angewiesen war. Ich wünschte mir diese Unterstützung, forderte sie aber nur selten ein.

Diese Erfahrungen – in dieser unbeschönigenden Darstellung quälend und unerträglich – sind keine vereinzelten, sondern wiederkehrende Erfahrungen. Ich will versuchen, sie unter *einem Aspekt* zu analysieren, nämlich dem der weiblichen *Moral des Nicht-Verletzens*.[3] Ich gehe davon aus, daß das beschriebene Verhalten wesentlich von der Intention bestimmt ist, Verletzungen sowohl gegenüber anderen als auch anderer gegenüber einem selbst zu vermeiden. Die Moral des Nicht-Verletzens ist ein Bestandteil der Frauen-Moral, die sich in einer Gesellschaft, die vom Machtverhältnis zwischen den Geschlechtern geprägt ist, entwickelt hat. Mit der aufkommenden bürgerlichen Gesellschaft erreichte die Unterdrückung der Frau eine neue Qualität.[4] So mündete die bürgerliche Vorstellung von der natürlichen Gleichheit der Menschen nicht in die Vorstellung von der Gleichheit der Geschlechter, sondern in die Dissoziation von Geschlechtscharakteren.[5] Mit der Aufklärung und der Loslösung »des Menschen« aus der Abhängigkeit von der bis dahin gültigen obersten Moralinstanz und ihrer Institution – Gott und der Kirche – entstand das Ideal des autonomen Subjekts. Dieser Selbstentwurf schloß Frauen aus zugunsten einer Konstruktion des Wesens der Frau, das in seiner Gegensätzlichkeit zum Wesen des Mannes als seine ideale Ergänzung gedacht war.

      Die Suche nach der Definition moralischer Wertmaßstäbe für Frauen in der frühen bürgerlichen Gesellschaft führt zunächst zu dem erstaunlichen Ergebnis, daß die bürgerliche Frau entsprechend dem entworfenen Bild keine Moral benötigt, denn ihr Wesen *ist* ihre Moral: Sie ist von Natur aus gut und rein, sie ist die schöne Seele[6], die sich durch die Abwesenheit egozentrischer Triebe und verletzender Absichten auszeichnet, die sich vertrauensvoll dem eigenen Affekt hingeben kann und dabei keine Gefahr läuft, Unsittliches hervorzubringen. Die Schönheit ihrer Seele besteht in der Abwesenheit jeglicher Willensanstrengung und Willensleitung bei der Realisierung des erwünschten Handelns, denn sie braucht nur ihrer Natur zu folgen. Der Ort, an dem Frauen ihre natürliche Moral entfalten sollen, ist die Familie. Diese wird idealisiert als Insel der Friedlichkeit im Gegensatz zu der rauhen Welt, in der der Kampf aller gegen alle tobt. In der Familie muß der Mann seine Bedürfnisse und Freiheiten nicht einschränken, da die Frau kein Gegengewicht darstellt. Ihre naturbedingten Tugenden sollen das Heim zu einer Idylle für den Mann gestalten, seine Unantastbarkeit gewährleisten und ihn bei der Entfaltung seiner Persönlichkeit bestärken. Die Idealisierung der Frau als moralisches Wesen hat die Abwertung ihrer Leistungen zur Folge, die sie zugunsten des Mannes erbringt; sie darf für diese kein Lob erwarten, denn man kann »ihr auch keine einzige darunter zum Verdienst anrechnen, weil eine Befriedigung des Triebes nie verdienstlich heißen kann. Die schöne Seele hat kein anderes Verdienst, als daß sie ist«.[7]

Die Idealisierung der Frau ist gleichzeitig ihr Korsett. Sie darf sich die Anstrengung ihrer Anpassungsleistungen nicht anmerken lassen, da die bloßen Anzeichen dieser Anstrengung selbst schon eine Kompromittierung ihrer Weiblichkeit darstellen würden. Kommt die Frau dem Ideal getreulich nach, dann ist sie geeignet, dem Mann seinen Raum zur ungehinderten Bewegung und zum ungestörten Verfolgen seiner Bedürfnisse bereitzustellen. Falls sie aber in Widerspruch zu ihrer Aufgabe geriete, würde sie zur Belastung für den Mann, würde sie seine Freiheit und Integrität beeinträchtigen. Sie würde außerdem unter Beweis stellen, daß ihr »Wesen« doch nicht unschuldig und gut und daß sie zur Ergänzung des Mannes und zur Beziehung mit ihm nicht fähig sei. In seinem Interesse, aber auch im eigenen Interesse, sollte sie also Abweichungen vom moralischen Ideal nicht zum Ausdruck bringen, denn solange sie auf den Mann angewiesen ist, würde sie sich selbst durch das Vorzeigen eigener Ansprüche und durch Kollisionen mit denen des Mannes Schaden zufügen.

Die Moral des Nicht-Verletzens hat also zwei Seiten: Aus der Perspektive des Mannes dient sie seinem Schutz vor Forderungen, Unzufriedenheiten und Kritik seitens der Frau, die seine Überlegenheit und unbezweifelte Werthaftigkeit[8] in Frage stellen könnten, und davor, daß sie ihn für das Unrecht, das er Recht nennt, zur Verantwortung zieht. Aus der Perspektive der Frau dient das Einhalten ihrer Moral auch ihrem eigenen Schutz, nämlich dem Ziel, als Gegenleistung für ihre Vorsicht, Zurücknahme und Selbstverleugnung auch beim Mann die Bereitschaft zum Nicht-Verletzen ihrer Person zu wecken. Wenn sie alle Verletzungen seiner Person und Position vermeidet, hofft sie, von direkten Demütigungen und Gewalthandlungen seinerseits verschont zu bleiben. Während also der Mann seine Bewegungs- und Entfaltungsfreiheit, seine *Autonomie* und *Unabhängigkeit* geschützt sehen will, kann es der Frau in diesem Verhältnis lediglich um ihre *Existenzsicherung* gehen. Denn die Moral des Nicht-Verletzens ist keine *gegenseitige*, sondern eine *einseitige* Verpflichtung. Hält die Frau sie ein, kann sie ihr – von seiner Akzeptanz abhängiges – »Selbstwertgefühl« an den Wert des Mannes heften und so auch ein eigenes Interesse daran haben, daß sein Wert unangetastet bleibt. Dafür muß sie sich seinen Maßstab zu eigen machen, denn was ihn verletzen könnte, gilt es zu spüren, zu kennen und zu vermeiden.

Ich gehe davon aus, daß diese aus einem heterosozialen Machtverhältnis stammende Verpflichtung der Frau zu Prägungen führt, die nicht nur in der Beziehung zu Männern wirksam sind. Diese allgemeine Disposition besteht erstens darin, daß die Frau vermeidet, andere sichtbar zu verletzen, was voraussetzt, deren Verletzbarkeiten zu kennen, aufzuspüren oder zu erahnen; zweitens darin, daß sie vermeidet, von anderen verletzt zu werden, was am ehesten gewährleistet scheint, wenn sie die Prämissen der weiblichen Moral einhält, wenn sie sich hinter Bildern der Unschuld und Friedfertigkeit versteckt, die möglichst keine verletzenden Absichten erkennen lassen und somit zum »Angriff« der anderen keinen Anlaß geben.

Es stellt sich die Frage, inwieweit diese allgemeinen Bedingungen geeignet sind, Probleme in der Kommunikation und Kooperation unter Frauen zu untersuchen, Arbeitsbeziehungen, in denen Frauen ihre Interessen, Arbeitsinhalte und Umgangsweisen selbst bestimmen wollen, ohne männlichen Kontrollen und Sanktionen unmittelbar ausgesetzt zu sein. Hier ist kein Mann anwesend, dessen Überlegenheit und Unangreifbarkeit geschützt werden müßte und vor dessen potentiellen Übergriffen die Frau sich zu schützen hätte.

In heterosozialen Beziehungen sind die Verletzungsdefinitionen und Verletzbarkeiten ungleich. Außerdem sind die Verpflichtungen, wer und was wie zu schützen sei, in ihrer Struktur festgelegt und verhältnismäßig eindeutig. In einer feministischen Arbeit dagegen kommen Frauen zusammen, die tendenziell die gleichen oder ähnliche Verletzungserfahrungen und Verletzbarkeiten mitbringen. Sie wollen sich die Verletzungen, die ihnen anderswo angetan wurden, nicht auch noch gegenseitig zufügen. Sie wollen sich solidarisch verhalten und sich unterstützen. Sie wollen sich – wie in unserem Fall – nicht fordern oder gar überfordern, sich nichts abverlangen, dem sie sich nicht gewachsen fühlen. Denn jede Überforderung könnte an schmerzhafte Stellen rühren, an eigene Unfähigkeiten und Mängel. Wir suchen einen verletzungsfreien Raum, an dem es anders zugehen soll, als wir es sonst gewohnt sind. Wir bringen dabei gelernte Vorsichts- und Unschuldshaltungen mit, und wir stellen alle die gleichen spezifischen Schutzforderungen aneinander. So scheinen sich heterosozial geprägte Haltungen, die wir undurchschaut mit uns tragen, zu mischen mit einem aus der eigenen Verletzungsgeschichte stammenden Schutz-Bemühen gegenüber anderen Frauen als gleichermaßen Verletzten. So sind unsere Verletzungsängste nicht mit der Abwesenheit des Mannes verschwunden. Die Auseinandersetzung mit feministischen Inhalten bedeutet auch die Konfrontation mit der eigenen Verletzbarkeit, rührt an unsere Beschädigungen und macht Narben alter Wunden sichtbar und fühlbar. Es sind diese Verletzbarkeiten, die die Berührung mit Frauen bedrohlich und schmerzvoll werden lassen.

Die Angst, sich zu zeigen, zu äußern, als einzelne hervorzutreten, sich zu erkennen zu geben, scheint sich zu vergrößern, wenn die Orientierung an vom Mann gesetzten Vorgaben und Maßstäben wegfällt. Das Infragestellen von Werten führt zu einem Orientierungsverlust, es entstehen Verunsicherungen, die zunächst ganz ungreifbar bleiben. Eine verschwommene Gemeinsamkeit soll Halt geben, aber die gegenseitigen Blockierungen verhindern das Sichtbarwerden realer Gemeinsamkeiten und realer Unterschiede und damit die Differenzierung der Gruppe, die Voraussetzung jeder Orientierung wäre. An einer unklaren Gemeinsamkeit wird festgehalten, weil sie die Verunsicherung erträglich machen und die Angst beschwichtigen soll, anders zu sein, anders zu denken oder anderes zu wollen als alle anderen. So läßt sich der Schein von Gemeinsamkeit notdürftig mit Hilfe eines umfassenden und sorgfältig eingehaltenen Kritikverbots aufrechterhalten. (Kritik hätte zur Folge, sich selbst als vom Gegenüber getrennt zu erleben und darzustellen und mit einer eigenen Identität in Erscheinung zu treten.) Auch offene Zustimmung zu einzelnen wird vermieden, da sie die Abgrenzung zu denen beinhalten könnte, die sich in dieser Zustimmung nicht wiederfinden. Frauen gehen mit diesem Vermeidungsverhalten der Konfrontation mit anderen und mit sich selbst aus dem Wege. Nur wenn eine Person sich zeigt, kann sie und können andere sich als anders oder gleich wahrnehmen. Die Kritikvermeidung ist so kein selbstloser Akt, sondern ein indirekter Weg, das Sichtbarmachen der eigenen Person zu umgehen. Die Intention, andere nicht zu verletzen, wird zu einem Mittel, sich selbst zu verstecken. Konsequenzen, die aus eigenen sichtbar werdenden Handlungen resultieren, müssen nicht gezogen werden, weder aus Handlungen, die sich als nützlich und ermutigend, noch aus solchen, die sich als fehler- oder mangelhaft erweisen. Die Moral des Nicht-Verletzens läßt möglichst das Gegenüber Entscheidungen treffen und delegiert an dieses die Verantwortung vor allem für unliebsame Konsequenzen. Moralische Siegerin bleibt diejenige, die sich zurückgehalten hat.

Diese Zurückhaltung eigener Einwände, Zweifel, Einfälle gibt den Weg frei für Phantasien, was wohl passiert wäre, wenn diese nur geäußert worden wären. Im Schutz einer Moral des Nicht-Verletzens können Omnipotenzphantasien hinsichtlich der eigenen Fähigkeiten ihre Blüten treiben, ohne sich unter Beweis stellen zu müssen. Je farbenprächtiger die phantasierten Möglichkeiten, desto größer wird auch die Angst, gemessen an diesem Größenbild zu versagen. Vermeidung von Verletzung bedeutet hier Vermeidung der notwendigen Erfahrung, die eigenen Fähigkeiten in der Realität zu überprüfen. Die Verletzungskraft von Frauen besteht außerdem weiter, sie geht lediglich indirekte Wege.

Hinter den ständigen Beteuerungen, nichts Schmerzbringendes im Schilde zu führen, verbirgt sich nicht nur die liebevolle Vorsicht im Wissen um die Unsicherheiten und Orientierungsverluste der anderen. Das »Ich will dich ja nicht verletzen« kann zwar bedeuten: »Ich habe Angst, daß du dich zurückziehst«, aber auch »Du darfst nicht verletzt sein, da *ich* sonst ein schlechtes Gewissen bekomme« oder »Meine Kritik *soll* dich treffen, aber solange ich das Gegenteil beteuere, kann mir ja nichts passieren«. Daß das Schutz-Bemühen vor allem der eigenen Person gilt, entlarvt sich in dem Moment, wo deutlich wird, daß Abneigung oder Kritik lediglich in der »Öffentlichkeit« der Gesamtgruppe tabuisiert ist, wo die Reaktionen der anderen nicht eingeschätzt werden können. An vertraulichen Orten, an denen Übereinstimmung und Zuwendung garantiert sind, entfällt die Rücksichtnahme. Die Auslagerung von Kritik und Unwille macht es möglich, nach außen moralische Integrität aufrechtzuerhalten. Unter dem Siegel der Verschwiegenheit greifen Frauen Abwesende in aller Heimlichkeit und sich gegenseitig bestärkend an, um hinterher den anderen wieder als Unschuldslämmer gegenüberzutreten. Diese heimlichen Attacken sind in ihren Auswirkungen höchst destruktiv, sie führen zu wachsendem Mißtrauen, und das Geheimhaltungsgebot verhindert zusätzlich die Offenlegung, selbst dann oder gerade dann, wenn alle bereits auf Umwegen von den Hintenrum-Aktionen wissen, da sie ja selbst daran beteiligt sind.

Während die Moral des Nicht-Verletzens in ihrem heterosozialen Kontext einer Demutshaltung gleichkommt – »Ich bin klein, und du bist groß, ich lasse dich groß sein, bitte tu mir nichts!« –, wird sie im Bezug auf Frauen zu einer Schutzhaltung vor sich selbst und voreinander: »Rühr mich nicht an, ich rühre euch auch nicht an!« Der Anspruch, Verletzungen zu vermeiden, wird reduziert auf den Versuch, selbst nicht wirklich gesehen, nicht durchschaut zu werden. Dies versucht die Frau zu erreichen durch ein vordergründiges Einhalten von Prämissen der weiblichen Moral, das aber allenfalls sie selbst davor schützt, den moralischen Maßstäben gemäß schuldig zu werden. So hat die Präsentation von Unschuld auch im Zusammensein von Frauen offenbar einen gewissen subjektiven Wert. Das Bild weiblicher Unschuld, das signalisiert: »Ich tu dir nichts, tu du mir auch nichts!«, schützt die anderen und die Frau selbst nur oberflächlich – es wird lediglich so getan, als ob Frauen sich gegenseitig so akzeptierten, wie sie sind.

Im heterosozialen Abkommen ist das Motiv dieser Moral, den eigenständigen autonomen Wert des Mannes zu schützen, ihn in dem Glauben an seine Werthaftigkeit zu bestärken. Dort ist es die Hierarchie zwischen den Geschlechtern, die zur Grundlage der weiblichen Demutshaltung wird. In der Konstellation von Gleichrangigen, in diesem Fall studierenden Frauen, besteht *keine* solche Hierarchie, jedenfalls nicht als *gesellschaftlich vorgegebenes Verhältnis*. Hier besteht die Gefahr, daß Frauen einander in ihrer Verunsicherung, Unzulänglichkeit und »Kleinheit« ertappen könnten. Eine Entlarvung, die um so bedrohlicher erscheint, wenn die geliehenen Identitäten, die an das hierarchische Verhältnis zum Mann gebunden sind, zu bröckeln beginnen, wenn bisher Gedachtes und Gelebtes in Frage gestellt wird, wenn Ansprüche an die eigene Person sich verändern, ohne schon konkret faßbar und umsetzbar zu sein. Die weiblichen Qualitäten, die im Geschlechterverhältnis geschätzt und erfolgreich sind, werden hier zum fragwürdigen Wert. Das Selbstwertgefühl kann sich nicht mehr auf sie stützen und verlassen. Die Orientierung am Gegenüber führt hier auch nicht zu klaren und eindeutigen

Verhaltensregeln, wie es gegenüber dem Mann, der gemäß der moralischen Grundregel zu ergänzen ist, der Fall ist. Werden bei den anderen Frauen Unsicherheiten und Darstellungsängste wahrgenommen oder erahnt, dann scheinen sich die eigenen Unsicherheiten nur zu verdoppeln. Was hier wahrgenommen und erfühlt wird, ist zur Orientierung ungeeignet und soll außerdem gerade nicht zum Vorschein kommen oder angerührt werden. Es soll hinter den Fassaden bleiben und kann so auch nicht formuliert und gezeigt werden. Eine umfassende Blockierung und Verhaltenslähmung ist die Folge.

  Das undurchschaute Weitertragen moralischer Maßstäbe, deren Funktionalität ursprünglich an das bestimmende und wertsetzende Gegenüber Mann gebunden ist, führt in einem feministischen Arbeitszusammenhang zu Problemen, die weit über die Schwierigkeiten hinausgehen, die diese Moral sowieso schon mit sich bringt. Deutlich wird ihre *Dysfunktionalität*. Sie verhindert, was erreicht werden soll: Interesse aneinander, Unterstützung, Austausch, Anregung, Kritik an Werten und Verhaltensweisen, die Frauen behindern und Veränderungen unmöglich machen. Hinter den Fassaden bleiben die Interessen, Bedürfnisse, Ideen und Fertigkeiten jeder einzelnen Frau verborgen, sie treten nicht als individuelle in Erscheinung, können nicht an Substanz gewinnen, sich nicht entwickeln. Es werden anstrengende, lustlose und bedrückende Erfahrungen mit Frauen produziert, Erfahrungen, die eher dazu angetan sind, sich erschrocken und enttäuscht abzuwenden, als sich füreinander zu begeistern. Mit dem Schein der Harmonie verliert alle Solidarität an Boden, gewinnt keine inhaltliche Füllung. Nutznießer des Mißlingens sind letztendlich wieder die Männer. Wenn Frauen ihnen aufgrund solcher unguten Erfahrungen eingestehen, wie entnervend, kräftezehrend und betrüblich die Kooperation mit Frauen sein kann, werden Männer sie nur zu gern einladen, wieder mit ihnen vorlieb zu nehmen. Sie können den Frauen kleine feministische Seitensprünge großzügig erlauben. Schließlich waren Männer immer schon davon überzeugt, daß Frauen ohne männlichen Beistand nicht viel zustande bringen.

Wie Frauen sich unter dem Motto des Nicht-Verletzens begegnen, entlarvt sich als eine Form von Mittäterschaft: als Mittäterschaft am Mythos weiblicher Unproduktivität, als Mittäterschaft im Interesse einer Gesellschaft, die der Initiative und Inspiration von Frauen untereinander nicht bedarf, erst recht nicht ihres Widerspruchspotentials. Das Erkennen der Destruktivität der in eine Moral des Nicht-Verletzens gehüllten Bewegungslosigkeit und

Berührungsvermeidung ist eine Herausforderung – es gilt, für gut befundene Werte und für gut befundenes Handeln zu hinterfragen; das von uns geliebte und/oder gehaßte, jedenfalls gewohnte Verhalten des Klatschens und Tratschens über andere Frauen aufzugeben. Es fordert Offenheit und vor allem die Überprüfung unseres Verletzungsbegriffs. Denn was wir oberflächlich als Verletzung definieren, könnten wir auch als Interesse und Unterstützung verstehen. Diese Auseinandersetzung bedeutet eine Anstrengung, die andere Kräfte braucht als das Ausharren in lähmender Unproduktivität.

Anmerkungen

[1] Birgit Cramon-Daiber/Monika Jaeckel/Barbara Köster/Hildegard Menge/Anke Wolf-Graaf: *Schwesternstreit.* Reinbek bei Hamburg 1983
[2] Hierbei handelt es sich um ein 2jähriges Theorie-Praxis-Seminar (TPS) am Studienschwerpunkt Frauenforschung. Das TPS ist verbindlicher Bestandteil des Hauptstudiums. Thema unseres Projektes war »Frauen und Psychiatrie«. Im Verlauf unserer Arbeit gründeten wir eine Beratungsstelle für Frauen im Umfeld der Psychiatrie.
[3] Christina Thürmer-Rohr: *Feminisierung der Gesellschaft. Weiblichkeit als Putz- und Entseuchungsmittel.* In: Vagabundinnen. Berlin 1987, S. 119
[4] Barbara Duden: *Das schöne Eigentum. Zur Herausbildung des bürgerlichen Frauenbildes an der Wende vom 18. zum 19. Jahrhundert.* In: Kursbuch 47, Berlin 1977
[5] Liselotte Steinbrügge: *Das Moralische Geschlecht. Theorien und literarische Entwürfe über die Natur der Frau in der französischen Aufklärung.* Weinheim, Basel 1987
[6] Friedrich Schiller: *Über Anmut und Würde.* Insel-Ausgabe, Band IV, Frankfurt a.M. 1966, S. 173 f.
[7] ebd.
[8] vgl. Jutta Brauckmann: *Die vergessene Wirklichkeit. Männer und Frauen im weiblichen Leben.* Münster 1984

Martina Emme

Die Ich-kann-nicht-Haltung von Frauen
Weiblichkeit als Kulturbarriere

Ausgangspunkt meiner Überlegungen war eine Erfahrung während einer Frauenmusikwoche – auf die Frage der Kursleiterin nach unserem jeweiligen Können am Klavier lautete die stereotype Antwort: »Ich hatte fünf (sechs oder sieben) Jahre Klavierunterricht, *aber ich kann nicht improvisieren.*« Dieses »Ich kann nicht improvisieren« wirkte dabei wie ein Wiedererkennungssignal. Ich stutzte angesichts der Einhelligkeit und Selbstverständlichkeit, mit der es geäußert und aufgenommen wurde. Warum ketten Frauen ungefragt eine Un-Fähigkeit an eine Fähigkeit, wenn sie ihr Können selbst einschätzen sollen? Warum bekommt das Nicht-Gekonnte dabei so einen schillernden Namen – *Improvisieren* –, während das in einer mehrjährigen Klavierspielpraxis erworbene Können noch nicht einmal wert ist, als Tätigkeit und Fähigkeit benannt zu werden?

Das *Ich-kann-nicht* wirkte auf mich wie der Bestandteil eines Interaktionsrituals unter Frauen, das besagen will: »Du weißt ja selbst, wie schwer das ist, also fordere nicht zuviel von mir, ich fordere dafür auch nichts von dir« und als Rückverständigung das Signal verlangt: »Du, ich kann es *auch* nicht.« Die Verdoppelung des *Ich-kann-nicht* kam mir im Nachhinein wie der Versuch vor, durch das Teilen einer Un-Fähigkeit ein Gemeinsamkeitsgefühl als Gruppe herzustellen.

Da wir zu diesem Kurs gekommen waren, um zu lernen, was wir noch nicht konnten, hielten wir uns mit solchen Gedanken und Fragen nicht auf. Ich stellte fest, daß das Interaktionsritual »Ich kann es nicht – ich auch nicht« zunächst motivierend wirkte: durch die Aneinanderreihung unserer jeweiligen *Ich-kann-nicht* war der Raum von einem *kollektiven Ich-kann-nicht* erfüllt, und das ermöglichte – absurd genug – eine Atmosphäre von wohltuender Offenheit. Die Erleichterung darüber, mit einer Un-Fähigkeit nicht allein zu sein, gab Mut, den Schritt ins unbekannte Terrain der Improvisation zu tun. Als uns die Kursleiterin in Kunst und Technik des Improvisierens einführte, waren alle erstaunt:

Das Improvisieren war zu lernen – warum hatte uns das niemand vorher gesagt?

Diese erfrischende Erfahrung beflügelte mich allerdings nur für die Dauer des Kurses. Zu Hause, allein am Klavier, verlor sie ihre Wirkung. Ich mußte erkennen, daß sich mein *Ich-kann-nicht* aus zwei unterschiedlichen Komponenten zusammensetzte: erstens aus einem tatsächlichen Unvermögen zu improvisieren, dem Eingestehen, daß zum Improvisieren mehr gehört, als ein bißchen herumzuklimpern, und zweitens einer Haltung, die sich in diesem Fall am Improvisieren realisierte. Dieser Haltung will ich im folgenden auf den Grund gehen. Verbirgt sich hinter der Ich-kann-nicht-Haltung ein Verhaltensmuster, das Frauen haben oder haben sollen, wenn sie sich eine kulturelle Fähigkeit aneignen wollen? Ist die Ich-kann-nicht-Haltung Ausdruck einer frauentypischen Herangehensweise an Kultur*?

Die Ich-kann-nicht-Haltung äußert sich in variationsreichen Verhaltensmustern von Frauen, wenn diese sich einem für sie außer-gewöhnlichen kulturellen Terrain nähern, das ihnen gleichermaßen unheimlich und reizvoll erscheint.

Da ist eine Tendenz, sich vorsichtig, scheu und eher zurückhaltend gegenüber dem Neuen, Unbekannten zu verhalten; sich lieber mit dem Bekannten zufriedenzugeben, als den Wunsch zu verfolgen, Neuland zu betreten; nicht mehr zu wollen als ein halbherziges *Ein-Bißchen* oder das lauwarme *Irgendwie*. Neugier, Abenteuerlust, Risikofreudigkeit, Entdeckungslust sind der Ich-kann-nicht-Haltung fremd. Wagnisse werden nicht eingegangen: Es einfach mal zu probieren, sich mit Haut und Haaren in ein Experiment zu stürzen, macht eher Angst als Lust. Das Bekannte und Gekonnte bietet eine Sicherheit, die ungern verlassen wird. Jede auftauchende Barriere feuert nicht dazu an, sie zu überwinden, sondern wirkt wie ein Puffer, der die Frau in die gewohnten Grenzen zurückstößt. Von da, aus sicherer Entfernung, wird auf das, was »eigentlich interessiert«, geschielt. Es lockt, aber die Verlockung ist nicht stark genug; sie ebbt ab und läßt die Frau, die eben noch zugreifen wollte, auf halbem Wege zurückschrecken: ein Schritt vor, zwei Schritte zurück. Allenfalls ein Antippen, eine Stippvisite in das Neuland, wenn die Schüchternheit für einen Moment nachläßt – unter Anleitung oder in

---

* *Kultur* verstanden im allgemeinsten Sinne als Gesamtheit aller geistigen und künstlerischen Lebensäußerungen; mein Blick ist der einer Frau mit mitteleuropäisch-bildungsbürgerlichem Kulturhintergrund.

einer Ausnahmesituation, in einem Workshop vielleicht. Kaum ist der Moment vorbei, läßt der Sog nach und das *Ich-kann-nicht* bzw. die Tendenz, sich mit *ein bißchen* zufriedenzugeben, gewinnt wieder die Oberhand.

Diesem *Ich-kann-nicht* liegt *nicht* die Entscheidung zugrunde, etwas nicht können zu wollen, also eine Möglichkeit des Könnens uninteressant zu finden und – vor die Wahl gestellt – bewußt auszusortieren; im Gegenteil, Basis der Ich-kann-nicht-Haltung ist eine Un-Entschiedenheit, die besagt: »Ich will ja eigentlich, aber ich traue mich nicht.« Unausgesprochen schwingt darin die Erwartung mit, daß jemand kommen möge, sie aus dieser Unentschiedenheit zu erlösen und ihr die Barrieren aus dem Weg zu räumen. Die Ich-kann-nicht-Haltung ist eine Wartehaltung. Sie zwingt die Frau in einen Prozeß, der sie hin- und herreißt zwischen dem Gegenstand ihres Interesses und der Angst, darauf zuzugehen. Das Angezogensein wird abgelöst von Rückzügen, die Anziehung selbst erweist sich als zerbrechlich und kurzlebig. Sie hält kaum den kleinsten Anfechtungen stand und ist dafür um so ablenkbarer durch tausend Verlockungen. Der Gegenstand wird nicht wirklich attraktiv, oder andersherum: Die Frau vermag kein ausgeprägtes Streben zu entwickeln, sich wirklich – ohne Wenn und Aber – anziehen zu lassen, auch über Berührungsängste hinweg. Ergebnis ist eine Kette von Abbrüchen und Anfängen, die über das Ich-kann-nicht-Stadium tatsächlich nicht hinauskommen.

Die Ich-kann-nicht-Haltung hält die Frau in einem provisorischen Noch-nicht-Zustand fest. Weil sie sich in dem Provisorium traut, ein paar Schritte zu versuchen, verlängert sie ihre Probezeit immer wieder, bis das Provisorium zum Ein-bißchen-Terrain geworden ist. Sie hat ihrer Empfindung nach immer noch nicht richtig angefangen, verschiebt diesen Schritt auf zukünftige Anläufe.

Das *richtige* Anfangen wäre von einer spürbar anderen Qualität als die kurzlebigen Vorstöße der Ich-kann-nicht-Haltung. Ihm würden die Überzeugung und Entscheidung vorausgehen, der Anziehung nachzugeben: »Ich will es können, und ich lasse mein Interesse nicht mehr zügeln, ich fange Feuer.« Würde dann ein *Ich-kann-nicht* auftauchen, wäre es aus einem anderen Stoff: ein Erkennen, daß die Mittel zur Beherrschung der angestrebten Fähigkeit fehlen, daß sie erlernt, verbessert, ausgebaut oder schlicht geübt werden müssen. Dieses *Ich-kann-nicht* ist realistisch; es verhilft zu einer klaren Einschätzung des eigenen Könnens mitsamt seinen Grenzen. Diese Klarheit ist eine Grundlage, um sich Fertigkeiten anzueignen. Die Ich-kann-nicht-Haltung bringt nur eine deformierte Aneignung zuwege. Sie vernebelt den Blick für das eigene Können, läßt die Frau im Unklaren darüber, was sie tatsächlich kann und was nicht. Das Gekonnte wird nicht ernst genommen, wird nicht für wert erachtet, mit ihm zu arbeiten, dranzubleiben, bis sich Lust auf mehr entwickelt.

Das Nicht-Gekonnte hingegen wird mystifiziert: es bleibt in unerreichbarer Ferne wie ein rätselhaftes Gut, ein Phantom. Als Phantom wird das schillernde Objekt der bloßen Hoffnung nicht handhabbar. Es hat keine Konturen, keinen Kern, keine Begrenzungen; es besteht nicht aus Haupt- und Nebensächlichkeiten, sondern aus einem Alles oder Nichts. Es verführt zum Schwelgen in Phantasien, wobei sich die Frau das Phantom mit Hilfe eines Zeitsprungs einverleibt: »Was wird sein, wenn ich es können werde?« Indem der bedrohliche oder mühselige Moment der Konfrontation mit der Gegenwart, die das reale Unvermögen enthält, übersprungen wird, ist der Weg frei zur Träumerei in ein Übermorgen; die Unbegrenztheit, wie es *nach* der Überwindung aller Hürden, Hindernisse und Schwierigkeiten aussehen könnte, kann genossen werden. Die Träumerei verschafft eine gewisse Befriedigung und macht die graue Ich-kann-nicht-Realität aushaltbarer, aber der Schock beim Aufwachen zementiert das gegenwärtige *Ich-kann-nicht* noch mehr: Die Kluft zwischen Illusion und Realität wird jedesmal tiefer und die Angst, sie zu überwinden, größer. Im Tagtraum war die Frau schon auf dem Berggipfel, aber die Lust, den Berg wirklich zu besteigen, ist ihr vergangen. Der Aufstieg über die bedrohliche Kluft hinweg käme ihr vor wie eine unnötige Quälerei. Der unbestiegene Berg türmt sich auf wie ein Massiv, das ihr ihre Kleinheit vor Augen führt, und so flieht sie lieber in die Phantasie. Dabei verflüchtigt sich das Wissen, daß ein Berg erstiegen werden muß, bevor der Blick vom Gipfel aus genossen werden kann.

Die Träumerei, die die Ich-kann-nicht-Haltung so verführerisch macht, ist tückisch, weil sie jedes fort-schreitende Tun abbricht. Sie bringt die Frau um die Möglichkeit, einen zweiten Schritt mit dem ersten zu vergleichen, um das motivierende Moment eigener Fortschritte erkennen zu können. Sie läßt kein Sensorium für Bewegung entstehen, weil alle Anfangsschritte im Vergleich zur erträumten Fluggeschwindigkeit wie Schneckentempo erscheinen. Der Sinn für Zeit- und Arbeitsabläufe wird nicht realitätsgerecht, sowenig wie die Einschätzung des notwendigen Maßes an Ausdauer und die Bereitschaft, diese zu investieren. Zurück bleibt eine Frau, die ihr Scheitern registriert, wenn sie versucht, dem Ergebnis ihrer vorausgedachten, un-wirklichen Aneignung hinterherzulaufen. Denn die mühselig zustande gebrachten Produkte des Anfangs können dem Vergleich mit den schillernden Phantasien nicht standhalten und fallen der Entwertung anheim. Das Phantom bleibt ein Phantom, ohne als solches erkannt zu werden. Ein diffuses Sehnsuchtsziel, das irgendwo im Niemandsland liegt, die Mühe scheint vergebens, nach Wegen zu suchen, wo es zu finden, wie es zu greifen sei.

  Der Ich-kann-nicht-Haltung liegt also mehr zugrunde als die einmalige, mehr oder weniger schmerzhafte Erfahrung, etwas nicht zu können. In ihr ist ein Prinzip konserviert, das der Frau ein systematisches Scheitern garantiert. Wenn die Neugierde zerbrechlich, wenn der Wunsch, das Begehrte kennenzulernen, ablenkbar bleibt, wenn das Begehrte nicht wirklich begehrt wird, sondern der Tendenz Platz macht, sich mit dem Ein-Bißchen und dem Irgendwie zufriedenzugeben, und die Aneignung des Begehrten in die Phantasie verbannt wird, wenn der ziellose Umgang mit Tätigkeiten und Fähigkeiten zur vertrauten Gewohnheit wird und der Verlust von Zielstrebigkeit nichts Außergewöhnliches ist, dann hat die Ich-kann-nicht-Haltung ihre Abschreckungsfunktion perfekt erfüllt. Für ihre Inhaberin bleibt der Gegenstand tabu. Sie steht unentschlossen-ausgeschlossen vor einer Kulturbarriere.

  Die Ich-kann-nicht-Haltung konstituiert damit einen Mangel an kulturellem Reichtum. Da der Mangel jedoch von der Frau mit einer Ich-kann-nicht-Haltung nicht als solcher empfunden wird, löst er keinen Impuls zur Bedürfnisstillung aus. Die Frau arrangiert sich mit ihrem Ausschluß.

Unschwer läßt sich erkennen, daß es ganz im Interesse der Männergesellschaft ist, wenn Frauen die für sie bestimmten Hürden nicht überwinden. Die Vielzahl der traditionsreichen ökonomisch-politischen Machtbarrieren mit ihrer ausschließenden Wirkung für Frauen ist bekannt. Die Ich-kann-nicht-Haltung ist eine dieser Hürden, ein der Männergesellschaft nützliches Instrument, das das Scheitern von Frauen garantiert. Es reserviert kulturelle Bereiche für den Mann, weil und indem sich Frauen den Eintritt und Zugriff nicht zutrauen. Die Ich-kann-nicht-Haltung von Frauen bezeugt einmal mehr, daß »die Trennung der Frau von ihren Möglichkeiten«[1] gelungen ist. Ihr liegt ein altes, von Männern in ihrem Interesse aufgestelltes *Zugriffsverbot* zugrunde; genauer: in der Ich-kann-nicht-Haltung von Frauen manifestiert sich ein Verbot. Zwar gibt es heute, in einer Zeit, in der der Anspruch hochgehalten wird, die Gleichberechtigung der Frau zu realisieren, kaum noch ausgesprochene Verbote. Die direkten Verbote im Namen der Natur gehören ins letzte Jahrhundert.[2] Dennoch zeigt sich in der Ich-kann-nicht-Haltung eine historisch modifizierte Form und Fortsetzung dieser Zuschreibungen, die die Männer des 18. und 19. Jahrhunderts durchgesetzt haben.

In seiner Struktur gleicht das heutige *Ich-kann-nicht* von Frauen dem *Du-darfst-nicht*, das früheren Frauengenerationen entgegengehalten wurde: Die gewandelte Erscheinungsform des *Ich-kann-nicht* hat sich in der Psyche von Frauen angesiedelt und wirkt von da *wie* ein Verbot.

Ein ausgeklügeltes patriarchales Täuschungsmanöver: Die Männer, Nutznießer eines solchen Verbotes, sind als Verbietende von der Bildfläche verschwunden. Die Frauen schließen sich augenscheinlich selbst aus. Ein verbietender Gegner ist ja nicht mehr auszumachen. Männer können ihre Hände in Unschuld waschen, seitdem ihr Verbot sich in den Frauen selbst verankert hat. Übrig bleibt allein die sich unfähig fühlende Frau, die meint, daß sie dieses oder jenes »nicht so gut kann«, daß sie »Hemmungen hat«, daß sie »sich das nicht zutraut«, daß sie »nicht so viel Lust dazu hat«, daß es ihr »nicht so wichtig ist«, daß sie »etwas anderes besser könnte« –, und wahrscheinlich entpuppt sich dieses andere als etwas, das ihr kein Mann streitig machen wollte.

Ich meine, daß die Ich-kann-nicht-Haltung von Frauen Reaktion auf ein erfühltes Verbot der Männergesellschaft ist, und gleichzeitig demonstriert diese Haltung den guten Willen der Frauen, dieses Verbot zu achten und zu akzeptieren.

Wenn mit auffälliger Häufigkeit klavierspielende Frauen ihr musikalisches Defizit am Improvisieren festmachen, was in der Tat zu den schwierigsten musikalischen Aufgaben zählt, stellt sich die Frage, wo hier ein verstecktes Verbot vorliegt. Es ließe sich nämlich schnell einwenden, daß das Klavierspielen zu den kulturellen Tätigkeiten gehört, die Frauen historisch *nicht* verboten waren. Im Gegenteil: Für die Frauen der bürgerlichen Gesellschaft des 19. Jahrhunderts gehörte es zum weiblichen Soll, Klavier zu spielen. Gerade deshalb halte ich das Klavierspiel für exemplarisch, um dem Wesen des kulturellen Zugriffsverbots auf die Spur zu kommen.

Etwa seit 1840 hatte das Klavier als Schmuckstück des bürgerlichen Salons und Wohnzimmers seinen Siegeszug angetreten. Seitdem die bürgerlichen Männer im Zuge der Industrialisierung die Gesellschaft neu organisierten und eine heimelige Geborgenheit drinnen, im

Reich der Frau, zur gesellschaftsstabilisierenden Notwendigkeit geworden war, erfuhr dieser Innenraum eine ideologische Aufwertung – und mit ihm die Frau, die sich um das Innen-Leben kümmerte. Die »Fräuleins übernahmen die Herrschaft am Klavier«[3], denn – wie ein Zeitgenosse es formulierte – »ihre zum Gewähren stets bereite Freude an Gesang und Klavierspiel belebt unsere Häuslichkeit, übernimmt gern in dem geistigen Aufwande unserer Salons den größten Teil der Kosten.«[4]

Das Klavierspielen gehörte zum guten Ton jeder höheren Bürgerstochter, und die Klavierübungen gehörten zum weiblichen Alltag wie die Handarbeit; sie waren auch nicht viel anderes. Das »Pianoforte stellte für das 'Schöne Geschlecht' das einzig schicklich Brauchbare dar«[5], denn »ein Frauenzimmer kleidet es sehr wohl, wenn es Klavier spielt, und es besitzt dadurch ein angenehmes Talent, eine Zierde mehr, aber Violine oder Orgel zu spielen verträgt sich nicht mit den Grazien des weiblichen Geschlechts«.[6] Das Klavierspiel war als ideelle Mitgift und als Lockmittel für einen Heiratskandidaten gedacht: »Bis in die untersten Stände hinab wird ein gewisses Repertoire an Liedern und Klavierstücken zur unentbehrlichen Aussteuer für die Töchter gezählt«.[7]

Vom Ausschluß der Frauen aus einem Kulturbereich zu sprechen, ist richtig, wenn damit das patriarchale Verfahren gemeint ist: die *Methode,* Frauen auf ein begrenztes Terrain zu beschränken. Beim Klavierspiel ist es deutlich benannt worden: Frauen sollten »kleine Sächelchen spielen, denn die zierthen die Mädchen mehr, als wenn sie ihre Kräfte im hohen Fluge versuchten. Es blickt dort mehr die beschränkte, aber liebliche Weiblichkeit hervor.«[8] Das Klavierspiel war kein Kulturgut, mit dessen Hilfe die Frau über sich selbst hinauswachsen konnte, um sich in die kulturelle Tradition der Meister einzureihen. Für Frauen war das Klavierspiel Mittel zum Zweck: Es sollte dazu dienen, die »beschränkte, aber liebliche Weiblichkeit« herauszubilden. Fingerspitzengefühl und Taktempfinden – die Grundbausteine weiblicher Moral – konnten sozusagen spielend eingeübt werden und mit ihnen die erwünschten bürgerlich-weiblichen und puritanischen Tugenden: Fingerfertigkeit, manuelles Durchhaltevermögen, vor allem: »sittlicher Fleiß«, der alle überschüssigen oder gar erotischen Energien an eine »nützliche Thätigkeit« bindet und die Wartezeit bis zur Ehe sinnvoll verkürzt. Klavierspielende Frauen konnten und mußten in dieser Weise vorbildhaft sein.

Interessanterweise war aber gleichzeitig das Klavier auch zum Machtinstrument des Mannes geworden – schließlich ließ sich mit Hilfe der Klavierpartitur ein ganzes Orchester ins eigene Heim holen. Es war donnerndes Sprachrohr der männlichen Musikgenies, die mit ihren Gefühlsstürmen und Leidenschaften die bürgerliche Konzertöffentlichkeit erschütterten.[9] Dasselbe Instrument: für die Männer grandioser Beweis ihrer Gottgleichheit in fortissimo – für die Frauen ein enterotisierter Klimperkasten. Das Verbot, so ließe sich sagen, ging mitten durch ein und dasselbe Instrument. Wenn Männer darauf bauen wollten, daß Frauen die imaginäre Grenze zwischen weiblicher und männlicher Art, Klavier zu spielen achteten, mußten sie gewährleisten, daß ihre Deformierungsanstrengungen bei dem schönen Geschlecht erfolgreich blieben.

Das eigentliche Verbot, die Kulturbarriere, lag im *Ideal von Weiblichkeit,* das im Zuge der entstehenden bürgerlichen Gesellschaft mit Hilfe geschlechtsideologischer Entwürfe über die Natur der Frau konzipiert wurde. Einer der vergleichsweise frauenfreundlichen Vertreter führt das folgendermaßen aus: »Frauen pflegen einem äußeren Eindrucke, selbst einem flüchtigen, leicht nachzugehen, springen bisweilen mit einer für Männer unbegreiflichen Schnelligkeit von einer Empfindung zur anderen, von einem Gegenstande ihrer Beschäftigung zum anderen über, während die Thätigkeit des Mannes in der Regel in der einmal angenommenen Richtung verharrt. Diese größere Beweglichkeit des Geistes macht die Frauen geschickter für die Erfassung und Behandlung der alltäglichen und persönlichen Begegnisse, wogegen es den Männern eigenthümlich ist, einen weiteren Kreis von Lebensverhältnissen zu beherrschen und nach ihrer Idee zu gestalten (...) Auf dem Gebiete der Kunst findet weibliches Talent eine erfolgreiche Anwendung überall da, wo es um das Auffassen und Wiedergeben einzelner, vorzugsweise sinnlich lebendiger Empfindungen, äußerer Eindrücke und wechselnder Situationen geht. Selbst in der Musik, diesem eigentlichsten Reiche der lebendigen und wechselnden Empfindungen, haben sich die Frauen zwar wohl als ausübende Künstlerinnen vielfach ausgezeichnet, als selbständig gestaltende, als Componisten, wenigstens im großen Style, noch niemals.«[10]

In der für solche Schriften typischen zuschreibenden Absicht findet sich das Grundkonzept weiblichen Arbeitsvermögens: »...mit unbegreiflicher Schnelligkeit von einem Gegenstande der Beschäftigung zum nächsten überzugehen.« Vor ungefähr 200 Jahren ergriffen die Männer des Bürgertums bei ihrer umwälzenden Neuordnung der Gesellschaft und Neuverteilung der Rollen und Zuständigkeiten zwischen den Geschlechtern die Chance, sich den Alltag und die Eigenschaften für seine Bewältigung vom Halse zu halten und sie ihren Ehe-Frauen und dem weiblichen Dienstpersonal zu übergeben, damit sie selbst sich in vollster Konzentration den Aufgaben ihrer neuen, industriellen Welt widmen konnten. Was sie den Frauen überließen, war ein *Gefühlssystem*, das den störungsfreien Ablauf der Alltagsorganisation gewährleisten konnte. Frauen sollten sich für den Umgang mit den Lebensnotwendigkeiten des Alltags und für das Zwischenmenschliche qualifizieren. Dafür war ein System von *gestreuten Gefühlen* notwendig, damit die Frau ihre Aufmerksamkeit und Anteilnahme überall dorthin lenken konnte, wo sie gebraucht und erwartet wurden.

»Frauen pflegen einem äußeren Eindrucke, selbst einem flüchtigen, leicht nachzugehen« – stellen wir uns den Eindruck eines anbrennenden Gerichts, einer Staubfluse auf dem Teppichboden, des erkalteten Ofens vor oder das wimmernde Kind, die Frage des heimkehrenden Gatten, die Geldforderung des Postboten, die Gastgeberinnenpflicht bei einer Gesellschaft, wenn »sie von einem Gegenstande ihrer Beschäftigung zum nächsten springen«: Es ist einsichtig, daß dieses System der gestreuten Gefühle zweckdienlich war, wenn die Frau den Anforderungen des weiblichen Rundherumblicks gerecht werden wollte. Ihre Konzentration sollte und durfte sich nur kurzfristig an Tätigkeiten und Situationen heften und mußte ebensoschnell davon ablassen, um sich einem anderen Gegenstande zu widmen. Das weibliche Arbeitsvermögen bedingte die Internalisierung des Prinzips der Gefühlsstreuung: Voraussetzung und Folge war die Einübung von Verhaltensmustern, die die Ablenkungs- und Unterbrechungsbereitschaft miteinschließen. Die künstlerische und geistige Betätigung war davon nicht ausgenommen, zumal es zur ausgesprochenen Kulturaufgabe der bürgerlichen Frau gehörte, alle möglichen Talente zu kleinen, den Mann und sein Heim schmückenden »Talentchen«[11] schrumpfen zu lassen.

Eine Materialisierung dieser deformierten Kulturaneignung steht im Musikinstrumentenmuseum des Preußischen Kulturbesitzes, Berlin-West: das *Nähtischklavier*. Es kombiniert einen Nähtisch mit einem Kleinstklavier von zwei Oktaven. Dieses erweist sich als Gerät zur Einübung des gewünschten weiblichen Kulturverhaltens: Ohne sich erheben zu müssen – im wörtlichen und übertragenen Sinn –, kann die Frau von einer Beschäftigung zur nächsten überwechseln, erst ein bißchen handarbeiten, dann ein bißchen herumtasten.

In den Dienst des Alltags gestellt, zogen diese Sorte Talentchen als bezauberndes Weiblichkeitsattribut keine Sanktionen nach sich.

Aber wehe, wenn es ihm ernst wurde und es Anstalten machte, zu einem eigen-nützlichen Talent werden zu wollen, dann schlugen die Wächter der Weiblichkeitsideologie zu: Asozialer Egoismus, Skrupellosigkeit und verdächtig anormale Leidenschaftlichkeit wurden der Frau vorgeworfen, die sich anmaßte, mehr zu wollen als das, was ihr zustand. Wenn eine Frau »Kultur im großen Style« wollte, mußte sie damit rechnen, bei Männern Phantasien und Dispute darüber auszulösen, welches Geschlecht sich wohl unter ihrem Rock verbergen mochte.

Hier wurde ein anderes Gefühlssystem gegen die Inbesitznahme durch Frauen scharf verteidigt, das Männer als ihr ureigenstes Privileg verstanden wissen wollten, der Kern dessen, was Frauen verboten war: *Leidenschaft* – und zwar in dem Sinne, wie es sich in MEYERS Konversationslexikon von 1908 nachlesen läßt:

»*Leidenschaft*. Während die eigentlichen Affekte vorübergehend Störungen des seelischen Gleichgewichts darstellen, besteht die Leidenschaft im engeren Sinne in der übermäßigen Entwicklung einer einzigen Neigung, die alle anderen zurückdrängt; der Leidenschaftliche hat nur Sinn für den Gegenstand seiner Leidenschaft; er kennt keinen höheren Zweck als seine Befriedigung und richtet hiernach sein ganzes Verhalten ein.
Die Leidenschaft macht also zwar, indem sie die Aufmerksamkeit beständig auf einen Punkt gerichtet hält, blind für alles nicht in ihrer Richtung Liegende, aber sie hebt doch deswegen nicht immer das klare Denken gänzlich auf, sondern spornt es vielmehr oft zu ungewöhnlichen Leistungen in der Aufsuchung der ihrem Zwecke dienlichen Mittel an und kann so zur Triebfeder glänzender Erfolge werden.«

Für Frauen galt diese Leidenschaft nicht. Eine Frau, die ihren Ruf nicht verlieren wollte, durfte auf gar keinen Fall auf die Idee kommen, eine solche einzigartige, leidenschaftliche Neigung zu entwickeln, die die »Aufmerksamkeit beständig auf einen Punkt gerichtet hält und blind macht für alles nicht in seiner Richtung Liegende«. Wenn Frauen nicht als widernatürlich gelten wollten, mußten sie das Prinzip der Gefühlsstreuung als Verhaltensmuster im Zugang auf Kultur akzeptieren. Die Koppelung dieser gestreuten, alltäglich-zerbrechlichen Gefühle an kulturelle Tätigkeiten, die sich so schnell absorbieren lassen und zum Verschwinden gebracht werden können, mußte Frauen jedoch immer wieder an die Ich-kann-nicht-Barriere prallen lassen. Genau das gehörte zur erwünschten Frauenerfahrung.

Vor diesem Hintergrund erscheint die Ich-kann-nicht-Haltung von Frauen wie eine historisch gewachsene Unentschlossenheit, den erlaubten Rahmen von Weiblichkeit zu verlassen: wie eine Schutzreaktion vor der gesellschaftlichen Ächtung.

Das Nähtischklavier könnte ein Symbol für die Kulturnischen sein, die die Männergesellschaft für ihre Frauen vorsah; es veranschaulicht verräterisch die Wunschvorstellung von Männern: Wenn Frauen sich doch mit solcher Miniatur-Kultur bescheiden würden! Die Frau, die an so einem Bonsai-Klavier herumdilettiert, wird wahrlich nicht zu einer ernstzunehmenden Konkurrentin.

Es könnte aber gleichzeitig auch ein Symbol für ein kulturpsychisches Erbe sein, das wir Frauen heute mit uns herumtragen, ohne von vergleichbaren Sanktionen bedroht zu sein, wie sie das 19. Jahrhundert für Frauen bereithielt: wenn wir so Musik machen, als *säßen wir an einem Nähtischklavier*, auch wenn es ein Flügel ist, auf dem wir spielen. Wenn wir uns weiterhin mit Dilettieren bescheiden und uns einüben im Ein-bißchen-Verhalten. Die Musik ist da nur ein Beispiel. Wenn wir uns so schwer tun, unsere Interessen zu bündeln und in sachliche, zur Sache gehörende Interessen zu verwandeln, dann tun wir das, obwohl wir keine gesellschaftliche Ächtung zu befürchten haben. Unsere Unentschlossenheit, ein leidenschaftliches Interesse für eine Sache zu entwickeln und diese in den Mittelpunkt der Aufmerksamkeit zu stellen, das Interesse »beständig auf einen Punkt gerichtet zu halten und blind zu sein für alles nicht in ihrer Richtung Liegende«, wenn auch nur vorübergehend, und den Verlockungen dieser einen Sache ohne Wenn und Aber zu folgen, ist das gehorsame Verhalten gegenüber einem *imaginären* Verbot.

Wir würden uns lächerlich machen, wenn wir alle unsere Unfähigkeiten mit Verboten der Männergesellschaft erklären wollten. Auch wenn die Männer die gut bezahlten und prestigeträchtigen Positionen der Macht mit der Mentalität von Wachhunden verteidigen, müssen wir doch zugeben, daß es heute, im Zeitalter der Quotenregelung, kaum mehr verboten ist, sich leidenschaftlich und konzentriert einem Interesse zu widmen. Wenn wir trotzdem von Verboten sprechen, und ich will das tun, müssen wir genauer sein. Es geht mir darum, der Selbstverständlichkeit, die in dem geäußerten *Ich-kann-nicht* von Frauen mitschwingt, den Sinn zu entlocken.

Ich meine mit Verbot die Systematik, die der Ich-kann-nicht-Haltung zugrunde liegt: die verborgene Urheberschaft der nutznießenden Männer. Sie allein können ein Interesse daran haben, daß sich Frauen in der Ich-kann-nicht-Haltung spezialisieren. Sie sind die Regisseure hinter den Kulissen, die – wohlwissend um das Kribbeln einer *Ich-kann-ich-will-ich-werde-Haltung* – das Prinzip der Gefühlszentrierung auskosten.

Ich spreche auch deswegen von Verbot, weil ich meine, daß das im 19. Jahrhundert für Frauen durchgesetzte Weiblichkeitsbild, das kein leidenschaftliches Interesse an einer Sache außerhalb der Lebensnotwendigkeiten des Alltags und dem Bereich des Zwischenmenschlichen zuließ, seine historische Haltbarkeit unter Beweis stellt: Starrsinnig meinen wir immer noch, keine leidenschaftlichen Gefühle für eine Sache entwickeln zu können und uns mit dem Defizit arrangieren zu müssen.

Ein *Ich-kann-nicht* läßt in der Tat keine Leidenschaft entstehen. Bei einem *Du-darfst-nicht* kann wenigstens noch Wut entstehen auf denjenigen, der verbietet, oder Hoffnung auf eine Epoche, in der das Verbot aufgehoben sein wird. Oder es läßt die Frau, sofern sie im Bewußtsein lebt, daß es außergewöhnlich ist, wenn sie darf, begierig jede Chance wahrnehmen, die sich ihr bietet, um sich an dem begehrten Können zu versuchen.

Ein *Ich-kann-nicht* hingegen ist leidenschaftslos und zahm. Gezähmt. Die Ich-kann-nicht-Haltung ist die Haltung der Gezähmten, die sich sanft an die Verhältnisse der Mächtigen angepaßt haben und gehorchen, ohne daß sie noch ein Verbot empfinden. In der Ich-kann-nicht-Haltung zu verharren, sie mit einem unumstößlichen Verbot gleichzusetzen und sich halbherzig mit einem bißchen zu bescheiden, ist ein Symptom der Mittäterschaft von Frauen, insofern die Funktion dieser Selbstbeschränkung in der Aufrechterhaltung gerade derjenigen Machtstrukturen liegt, die die Durchsetzung der Weiblichkeit als Kulturbarriere möglich gemacht haben: Mittäterschaft am Verbot.

Die Ich-kann-nicht-Haltung bleibt gefangen in dem furchtsam vergleichenden Blick, nichts Auffälliges zu tun, was Sanktionen von seiten der Männer hervorrufen könnte. Das geäußerte *Ich-kann-nicht* einer Frau ist entstanden für eine hierarchische Interaktion mit Männern. Da hat es seinen Sinn: nämlich die Ehrfurcht vor der männlichen Domäne zu signalisieren. Es ist ein Unterwerfungsritual, das als gehorsam-brave Beherzigung des Gebotes, dem Mann alle Kompetenz zuzusprechen und sich selbst abzusprechen, das Ziel hat, männliches Wohlwollen hervorzurufen: »Ich kann es nicht so gut wie ihr, nie werde ich es so gut wie ihr können.« Oft ist darin eine kleine Botschaft enthalten, die durchaus Aussicht hat, belohnt zu werden: »Ich kann es wirklich nicht, zeigst/erklärst/machst du es mir?«

Die Ich-kann-nicht-Haltung greift das patriarchale Wertesystem nicht an. Das Männliche, d.h. das, was Männer darstellen, denken, was sie tun, behält seine uneingeschränkte Gültigkeit. Die Ich-kann-nicht-Haltung vermeidet jeden Konflikt mit Männern; indirekt sagt sie: »Ich kann es nicht so gut wie du, sei beruhigt, du bist und bleibst mein unerreichbares Vorbild.« Für die Männergesellschaft ist die Ich-kann-nicht-Haltung funktional, der notwendige Untergrund und Hintergrund für die raumgreifenden Zerstörungstaten der Männer, die sie auf diesem Planeten begangen haben und weiterhin begehen. Die Ich-kann-nicht-Haltung sichert Männern die Nicht-Einmischung von Frauen.

In unserem Kulturraum, in dem die Ablenkung von den Krisen der Risikogesellschaft zum Alltagsgeschäft gehört, hat ein Manöver Hochkonjunktur, zu dem Frauen eine besondere Affinität besitzen: die Workshop-Kultur, Kleinkultur zum Kaufen. Für Frauen besitzt die Workshop-Kultur Attraktivität, weil sie durch diese endlich auch teilhaben können an den Kulturgütern, die bislang männliche Domäne gewesen sind. Aber nur scheinbar.

Meiner Auffassung nach verstärkt die Workshop-Kultur für Frauen in erster Linie die Möglichkeit, ihre Ich-kann-nicht-Haltung zu pflegen: das Angebot, dieses ein bißchen zu können und jenes ein bißchen zu können, ist nicht mehr als die Vortäuschung gleichberechtigter Teilhabe. Um wirklich teilzuhaben, ist eine Einstellung vonnöten, die bereit ist, sich – meist mühevoll – das handwerklich-technische Können anzueignen, systematisch und ausdauernd zu lernen, nicht zuletzt: diszipliniert und lustvoll die eigenen Lücken anzugehen. Genau diese Einstellung wollen und sollen die Workshops nicht vermitteln. Mit der Workshop-Mentalität fördern und stabilisieren Frauen ihren eigenen Verzicht auf Größeres. Sie nehmen sich selbst nicht ernst, wenn sie sich mit den kleinen Kulturportionen begnügen, und betrügen sich um die Lust eines nicht-deformierten Zugriffs auf Kultur. Durch das schillernde Massenangebot der Workshops geraten sie schnell in den Ich-kann-nicht-Kreislauf.

Anzuklagen ist nicht die »Unangemessenheit der Wünsche«, im Gegenteil. Anzuklagen ist die »Beschränktheit der Strategien«[12], sich die Wünsche nach kultureller Teilhabe und Kompetenz zu erfüllen. Die Mittäterschaft von Frauen liegt nicht in ihrem Scheitern, in den wirklich gräßlichen psychischen Bruchlandungen, sondern sie liegt in ihrer zweifelhaften Fähigkeit, etwas, das sie können und der Männergesellschaft streitig machen wollen, nicht real werden zu lassen, nicht handhabbar zu machen, sondern es zu mystifizieren und sich um die Möglichkeit zu bringen, es sich anzueignen.

Spätestens da erweist sich die Ich-kann-nicht-Haltung von Frauen nicht mehr als mitleidheischende, sondern als ernüchternde Entdeckung: Sie wird zum Persilschein für das Selbstmitleid über die selbst mitproduzierte Unfähigkeit, die erlaubt aufzuhören, ohne richtig angefangen zu haben, die der beschäftigten Psyche gestattet sich auszuruhen, ohne überhaupt in die Nähe tatsächlicher, auf die Sache bezogener Anstrengung geraten zu sein.

Eine Phantomfähigkeit kann keine Frau können; wenn sie es dennoch versucht, wird sie immer wieder in Abgründe stürzen, die schmerzhaft real sind. Aber sie kann aufhören, in Watte zu greifen und sich zu wundern darüber, daß sie nichts als Watte in der Hand hat. Und sie kann aufhören, die lähmende Kommunikation weiterzutreiben, wenn sie auf eine andere Frau trifft, die in der Ich-kann-nicht-Haltung verharrt. Sie kann versuchen darzulegen, was sie *konkret* nicht kann und was sie *genau* können will.

Wenn wir die viele Zeit und Energie, die für Ablenkungsmanöver aller Art verlorengehen dafür einsetzen, uns das, was wir können wollen, zu eigen zu machen und wir uns *darin* unterstützen würden – wir könnten eher dem Sog der Mittelmäßigkeit entkommen. Genügend Steine hat die Männergesellschaft Frauen in den Weg gelegt, die nicht die vorgezeichneten Wege gehen. Wir könnten anfangen, die Steine aus dem Weg zu räumen, die wir uns selbst zwischen die Beine werfen.

Anmerkungen

[1] Karin Schrader-Klebert: *Die kulturelle Revolution der Frau.* In: Kursbuch Nr. 17, Frankfurt a. M. 1969, S. 16
[2] z.B. Karl Biedermann: *Frauen-Brevier. Kulturgeschichtliche Vorlesungen.* Leipzig 1856
[3] zit. in: Grete Wehmeyer: *Carl Czerny und die Einzelhaft am Klavier.* Kassel 1983, S. 83
[4] zit. in: Wehmeyer; a.a.O., S. 95
[5] zit. in: Wehmeyer; a.a.O., S. 96
[6] zit. in: Annemarie Krille: *Beiträge zur Geschichte der Musikerziehung und Musikübung der deutschen Frau von 1750–1830.* Berlin 1938
[7] zit. in: Wehmeyer; a.a.O., S. 95
[8] Friedrich Guthmann: *Winke über den musikalischen Unterricht der Frauenzimmer.* In: Allgemeine musikalische Zeitung Nr. 30, Leipzig 1806, S. 515

[9] z.B. Peter Schleuning (Hg.): *Warum wir von Beethoven erschüttert werden und andere Aufsätze über Musik.* Frankfurt a. M. 1978. Dieter Hildebrandt: *Pianoforte oder der Roman des Klaviers im 19. Jahrhundert.* München, Wien 1988

[10] Biedermann; a.a.O., S. 74/75 und S. 84/85

[11] Marlis Gerhardt: *Stimmen und Rhythmen. Weibliche Ästhetik und Avantgarde.* Darmstadt, Neuwied 1986, S. 28

[12] Ulrike Prokop: *Weiblicher Lebenszusammenhang. Von der Beschränktheit der Strategien und der Unangemessenheit der Wünsche.* Frankfurt a. M. 1976

Karen Meyer, Sigrid Voigt[1]

Hoffnung – eine Vermeidung von Möglichkeiten
Die Funktion von Hoffnung in Mißhandlungsbeziehungen

Hoffnung gilt im allgemeinen als eine unentbehrliche und hilfreiche, oft auch widerständige und trotzige Haltung zum Leben, als Mittel, Krisen und Bedrohungen zu bewältigen und zu überstehen. Selbstverständlich und ohne Einschränkung wird der Hoffnung ein lebenserhaltender oder lebensspendender Impuls zugesprochen. Luise Rinser spricht von »angeborener Hoffnung«[2]; Manfred Metzger sieht in der Hoffnung den »Pulsschlag... in jeder menschlichen Seele«[3]; für Erich Fromm ist sie »ein dem Leben selbst innewohnendes Element, eine psychische Begleiterscheinung von Leben und Wachstum«[4]. Zweifel am generellen Wert »der Hoffnung« ergeben sich, wenn wir fragen, welche Art von Leben mit Hilfe welcher Hoffnungen aufrechterhalten werden kann und *wem* die Hoffnungsenergien von Frauen dienen. Die Frage richtet sich hier auf die Bedeutung von Hoffnung im Leben mißhandelter Frauen. Ihre Biographien zeigen, daß viele ihrer Handlungen und Vorstellungen von der Hoffnung auf die Beendigung ihrer demütigenden und unerträglichen Lebenssituation getragen sind.

Grundlage der folgenden Ausführungen ist ein qualitatives Interview mit einer Frau, die über Jahre hinweg von ihrem Ehemann mißhandelt wurde. Es ist davon auszugehen, daß ihre Aussagen in der Essenz exemplarisch sind und nicht nur Geltung für diese »Ausnahmesituation« haben. Vielmehr spitzt sich in der Gewalterfahrung etwas zu, was auch in weniger dramatischen und schmerzlichen Lebenssituationen von Frauen vorzufinden ist.

Zum Zeitpunkt des Interviews hatte Sonja sich bereits von ihrem Mißhandler getrennt. Das Bedürfnis, ihre Erfahrungen mitzuteilen, war stark. Sie hatte großes Interesse zu verstehen, wie sie in eine solche Situation geraten war.

Den Anfang ihrer Beziehung zu diesem Mann beschreibt Sonja wie die Erfüllung einer Vorsehung. Sie hatte die Vorstellung, daß sie zusammengehörten, daß sie füreinander geschaffen seien. Schon nach kurzer Zeit fing er an, sie zu schlagen. Obwohl sie erschüttert und entsetzt war, dachte sie lange, daß es wieder besser werden und er sich ändern würde, z.B. wenn er Arbeit hätte, sie eine eigene Wohnung oder ein Kind bekämen, sie heiraten würden etc. All diese Veränderungen würden dazu beitragen, daß er mehr auf sie einginge, mit sich reden ließe, nicht mehr egoistisch, dominant, verständnislos, unbeherrscht, gereizt und eifersüchtig wäre. Obwohl sich im Laufe der Zeit immer wieder herausstellte, daß sich nichts änderte, hoffte sie weiterhin, ihn zum Guten beeinflussen, ihm etwas beibringen, ihm helfen zu können. Sie glaubte, ihm mehr Liebe geben zu müssen, ihm zeigen zu müssen, daß sie für ihn da sei, damit auch er Liebe lernen und ihr zurückgeben könnte. Das kostete sie zwar die letzte Kraft, aber Sonja sah einen Sinn in ihrer Aufopferung, sie hatte das Gefühl, sich für etwas Gutes auszulaugen. Ihre Anstrengungen bedeuteten die einzige Befriedigung, die sie sich verschaffen konnte. In ihrer Vorstellung war sie der rettende Engel, zuständig für sein Wohlergehen, und wenn sie nur genug für ihn täte und es ihm dadurch gutginge, so hoffte sie, würde es auch ihr gutgehen, würde sie keine Schläge und Erniedrigungen mehr ertragen müssen. Sie redete viel mit ihm, gab seinen Forderungen nach und war mit Kleinigkeiten zufrieden. In der Hoffnung, daß er ihre Nachgiebigkeit sehen, sich dadurch sicher fühlen, an sich arbeiten würde, verlangte sie unendlich viel von sich. Seine Brutalität entschuldigte sie mit seiner schlechten Kindheit, seiner Unfähigkeit, zärtlich zu sein; ständig war sie auf der Suche nach Erklärungen und möglichen Gründen für sein Verhalten; eine Tatsache, die der Mißhandler weitgehend für sich genutzt hat, so meint Sonja heute. Er fing an, nach Erlebnissen zu graben, die seine Gewalttätigkeit begründen könnten, und appellierte so nachdrücklich an Sonjas Hilfsbereitschaft und Mitgefühl. Seine Erklärungsversuche gaben ihr aber auch Kraft, weil sie sich bei der Bearbeitung dieser Probleme als die Stärkere fühlte. Sie konnte sich sagen: »Das sind ja arme Hunde, die blicken hier nicht richtig durch, du weißt eher, was gut ist, und kannst nachgeben.«

    Mehr als einmal versuchte sie sich nach seinen Schlägen von ihm zu trennen, ließ sich aber immer wieder von seinen Tränen und Selbstmorddrohungen erweichen. Sie hatte Angst, zu hart zu sein und traute ihren Entscheidungen nicht, fühlte sich schuldig an seinem schlechten Zustand. Und so gab sie ihm immer wieder eine Chance, obwohl die Zweifel an seiner Veränderungsbereitschaft oder -fähigkeit schon beständig in ihr bohrten. Sie zweifelte aber auch an sich selbst, sie hielt sich für nicht gut genug, meinte zu versagen. Sie fühlte sich immer kleiner, wußte nicht mehr, was sie noch von ihm erwarten konnte und was nicht. Sie suchte die Schuld bei sich, meinte, nicht nachgiebig genug zu sein, zuviel Druck auszuüben und zuwenig Geduld und Einfühlungsvermögen zu haben. Sie wollte sich selbst ändern, um der Ruhe und des Friedens willen. Sie stellte sich immer mehr auf ihn ein und war unablässig damit beschäftigt, jede mögliche Provokation, die zum Streit führen könnte, zu vermeiden. Beispielsweise hörte sie auf, in seiner Gegenwart zu lesen. Er hatte es ihr verboten, denn beim Lesen war sie selbstvergessen und unansprechbar. So fing sie an, heimlich zu lesen – fetzenweise, auf Abruf, immer mit einem Ohr zur Tür horchend, damit sie das Buch sofort weglegen konnte, sobald er den Raum betrat. Unter diesen Bedingungen war es ihr nicht mehr möglich, sich auf einen zusammenhängenden Text zu konzentrieren. Ihr ruheloses Dasein reichte gerade noch für leichte Lektüre. In der Hoffnung, keine Auseinandersetzungen heraufzubeschwören, wurde sie immer anspruchsloser und vernachlässigte eigene Interessen. Ihr schien es einfacher nachzugeben, als sich von ihm zu trennen.

Sie hoffte, wenn auch gebrochen, auf die Ernsthaftigkeit seiner Versprechungen. Sie hielt an diesem Glauben fest, obwohl sich die Mißhandlungen schon am nächsten Tag wiederholen konnten. Wenn sie ihn auf seine Wortbrüchigkeit ansprach, beschimpfte er sie als hysterisch. Endlich wußte sie gar nicht mehr, was sie eigentlich wollte, wem sie trauen konnte: ihrer Wahrnehmung oder seinen Versprechungen. Zweifel, daß er vielleicht doch nicht die Person sei, die sie sich wünschte oder die er zu sein versprach, schob sie immer wieder beiseite.

Als ein Schlüsselerlebnis bezeichnet Sonja die folgende Begebenheit: Er hatte sie geschlagen und hielt sie nun fest. In ihrer Verzweiflung spuckte sie ihm all ihre Verachtung ins Gesicht. Danach schämte sie sich. Sie empfand ihre Handlung wie eine Selbsterniedrigung und dachte gleichzeitig, ihm müßte es doch auch so gehen, wenn er sie geschlagen hatte, er müßte die gleichen Konsequenzen ziehen, die sie in dieser Lage zu ziehen beabsichtigte, nämlich es nie wieder zu tun.

Oft stellte sie sich glückliche Situationen vor, in denen sie wunderbare Dinge erlebte, malte sich aus, wie schön es mit ihm sein könnte. Streckenweise versank Sonja den ganzen Tag über in Tagträumen von einer romantischen Liebe mit diesem Mann oder auch von ihrer Rettung vor ihrem Mißhandler durch andere Männer. So lebte sie häufiger in einer erträumten Zukunft als in der unerträglichen Gegenwart. Ihre Hoffnung knüpfte sich an verklärte Erinnerungen oder an neu erdachte Situationen. Geschlagen hat er sie bis zum Schluß.

Die Geschichte von Sonja zeigt, daß Hoffnung kein passiver Zustand ist. Die Mittel und Aktivitäten, die eine Frau einsetzt, um ihre Hoffnungen aufrechtzuerhalten, sind vielfältig. Sie sind mit physischer und psychischer Arbeit, mit alltäglichen Entscheidungen, Gedanken- und Gefühlsanstrengungen verbunden. – Mit dem Ziel, weitere demütigende Erfahrungen zu verhindern und damit einer Verurteilung der Person des Mißhandlers auszuweichen oder diese hinauszuschieben.

Die Hoffnung richtet sich auf die *Veränderung äußerer Bedingungen*. Damit verlagert die Frau die Verantwortung für das Verhalten des Mannes auf Umstände außerhalb seiner Person. In dieser Sicht wird es wahrscheinlicher, daß der Mann sich ändert, denn es kommt »nur« noch darauf an, eine bestimmte »Phase«, eine Zeit ungünstiger Umstände durchzustehen. Die Veränderungen äußerer Bedingungen führen jedoch nicht zur Beendigung der Demütigungen, sondern sie laufen letztendlich darauf hinaus, daß sich die Abhängigkeit der Frau vom Mann vergrößert, so wäre z.B. die neue Wohnsituation ohne die ökonomische Beteiligung des Mannes nicht aufrechtzuerhalten.

Hoffnung beruht weiterhin auf dem *Vertrauen in die Worte des Mannes*: Die Frau hofft, daß der Mann sich ändert, weil er es gesagt hat, auch wenn er seine Worte Lügen straft, klammert die Frau sich an seine Zusagen. Sie bewertet diese höher als die eigenen gegenteiligen Erfahrungen: Die Diskrepanz zwischen den Taten und Worten des Mannes führt nicht zur Infragestellung seiner Worte, sondern zur Infragestellung ihrer Erfahrungen.

Die Hoffnung, daß der Mann seine Versprechungen einlöst, spiegelt den *Glauben an seine Person* wider. Ohne diesen Glauben ließe sich die Hoffnung auf seine Veränderung nicht weiter aufrechterhalten, denn mit dem Anzweifeln dessen, was der Mann verspricht, müßte seine Person in Frage gestellt werden und entfiele somit die Basis für das Verbleiben in dieser Beziehung. Die Hoffnung wird zum Mittel, diese Konsequenz nicht ziehen zu müssen. Stattdessen hinterfragt die Frau sich selbst, zweifelt an den eigenen Fähigkeiten und baut gleichzeitig darauf, diese steigern zu können, um dem »guten« Kern des Mannes ans Licht und seinem »wahren Selbst« zur Entfaltung zu verhelfen. Der Mann verstärkt die Sicht der Frau, indem er ihr vermittelt, er sei auf ihre Hilfe angewiesen. Entschuldigungen, Reueanfälle, Tränen wecken Mitleid. So passiert es, daß die Mißhandlungssituation scheinbar ihren erniedrigenden und demütigenden Charakter verliert. In den Vordergrund gerät der hilfsbedürftige Mann, der *nach* vollbrachten Taten seinen guten Willen unter Beweis stellt. Für die Frau eine Herausforderung ihrer weiblichen Qualitäten, eine Möglichkeit, ihren Wert zu beweisen.[5] So fordert sie von sich alles. Indem sie all ihre Hoffnung auf seine Veränderung setzt, verschiebt sich ihre Wahrnehmung, schwächt sich der Realitätsgehalt des tatsächlich Erlebten ab. Beschäftigt ist sie mit der eigenen Verantwortung für das Verhalten des Mannes, die sie sich zuschreibt; sie macht sich zum *Subjekt* der Abwendung von Mißhandlungen. Das Erleben von Tatsachen führt so nicht zur Korrektur der eigenen Sichtweise, sondern zu deren weiterer Verfeinerung[6], die sie wiederum befähigt, seine Brutalität zu verdrängen oder zu beschönigen.

Mit dem Glauben, daß es erstrangig auf die Fähigkeiten der Frau ankomme, geht die Selbstbezichtigung einher, daß es an ihr selbst liege, wenn die Veränderung nicht erfolgt. Die Hoffnung, durch ein *Sich-selbst-ändern* die Gewalt des Mannes abwenden zu können, hat einen zunehmenden Schwund des Selbstwertgefühls zur Folge, da diese Anstrengungen erfolglos sind. Je geringer ihr Selbstwertgefühl wird, desto mehr neigt die Frau zur Selbstbeschuldigung. Dabei wird die Hoffnung zum Mittel, um an frauenmoralischen Werten wie Verständnis, Selbstlosigkeit und Aufopferung festhalten zu können. Dafür zahlt die Frau einen hohen Preis. Die Mißhandlung ist eine Demütigung, die ihr ihren Minderwert zeigt, dieser wird durch noch mehr Aufopferung und noch mehr Anstrengung zu kompensieren versucht. Hoffnung hat so die Funktion, die Gewalt des Mannes abwendbar erscheinen zu lassen und nicht als endlosen Kreislauf sehen zu müssen.

Wenn der Mann zum Maßstab ihrer Selbstbewertung wird, ist die Frau auf Anzeichen seines Wertes angewiesen bzw. wird sie versuchen, diesen zu finden, zu retten oder zu schaffen. Wenn letzteres ihr Werk ist, ihre Anforderung an sich selbst, und somit seine Veränderung oder Nicht-Veränderung als direktes Resultat ihres Wirkens betrachtet wird, begibt sie sich in eine immense Abhängigkeit: denn ohne ihn wäre ihre Hilfs- und Aufopferungsbereitschaft sinnlos. Wenn eine Frau, die den Sinn ihres Lebens darin sieht, sich für einen Mann aufzuopfern, die Möglichkeit einer Trennung von diesem Ideal in Betracht zieht, ist sie unweigerlich mit der Angst vor der Sinnlosigkeit des eigenen Lebens konfrontiert. Dieses Gefühl der Sinnlosigkeit trifft sie somit mehr als das

Eingeständnis des Gescheitertseins einer Beziehung. Hoffnung hat hier die Aufgabe, den »Lebenssinn« zu erhalten. Mit ihrer Hilfe wird die extreme Situation einer Trennung vermieden und der *Sinn gerettet;* das *Selbst* der Frau jedoch wird *geopfert.*[7]

Hoffnung lenkt von der gegenwärtigen Misere ab. Die »schöne« Beziehung mit dem »Traummann« ist in schönen Erinnerungen und neu erdachten Phantasien angesiedelt, dort finden Wünsche und Sehnsüchte ihre Erfüllung. Die Welt der Phantasie wird immer mehr verfeinert und ausgemalt; sie existiert als kleine heile Welt jenseits der alltäglichen Quälereien. Diese Tagträume nehmen zu, je unerträglicher die Realität und je stärker die Herausforderung zur real werdenden Entscheidung wird: nämlich zur tatsächlichen Trennung. Die Träume ermöglichen die Fortführung der Beziehung und lindern zugleich ihren Schmerz. Hoffnung hat die Aufgabe, die Kluft zwischen Realität und Bildern zu überbrücken und damit die Auflösung der Beziehung zu vermeiden und die Empörung über den Täter zu vermindern. Je größer die Kluft, desto mehr *Trost* müssen die Phantasien liefern, desto mehr muß sich die Frau an die *Hoffnungsgebilde* klammern.

Wenn die Frau an solchen Hoffnungen festhält, bezieht sie sich in unterschiedlicher und widersprüchlicher Weise auf den Mann. Sie hofft, ihn zu erhöhen oder jedenfalls zu »normalisieren«, um am gesellschaftlichen Wert, den er als Angehöriger des männlichen Geschlechts repräsentieren soll, teilhaben zu können. Sie hofft, als »Ersatz für tatsächliche Macht«[8], durch ihren eigenen Einsatz diesen Wert in ihm stützen oder hervorholen zu können. Damit begibt sie sich aber in eine Position nur scheinbarer Stärke. Carol Gilligan[9] und Jean Baker Miller[10] gehören zu denjenigen, die diese »Stärke«, die Fähigkeit von Frauen, Bindungen einzugehen und aufrechtzuerhalten, positiv bewerten. Sie übersehen dabei allerdings die Kehrseite: Die Unfähigkeit der Frau, Grenzen zu setzen, wenn notwendig, Trennungen zu vollziehen und Abschied von zerstörerischen und unwürdigen Beziehungen zu nehmen, um selbst leben zu können. Die »schönen Züge«[11] der Frau werden hier allenfalls zu schönen Zügen für den Mißhandler. Für sie werden sie zu Mitteln der eigenen Auslöschung.

Ob eine Frau ihre Hoffnung aus der Position der – vermeintlich – Stärkeren oder Schwächeren zieht, immer schöpft sie alle Möglichkeiten *innerhalb* der und *für* die Beziehung aus. Hoffnung bleibt an den Mann geknüpft, auf ihn gerichtet. Hoffnung schafft einen Schonraum für den

Mann, sie ist *Mit-dem-Täter, Für-den-Täter,* auf seiner Seite. Seine Gewalttätigkeiten bleiben verborgen, werden nicht öffentlich, treten nicht in Erscheinung. Hinter verschlossenen Türen kann er sie fortsetzen. Nach außen jedoch bleibt er braver Ehemann oder guter Freund. Seine Position wird nicht angetastet, der Täter tritt zurück, zugunsten einer idealisierten Phantasiegestalt, bzw. wird von seiner Tat gesäubert.

Diese Hoffnung dient letztendlich dem Selbstbetrug und der eigenen Schädigung. Sie führt zur zunehmenden Ausbeutbarkeit der Frau und zunehmenden Reduzierung ihrer Person. Der Lebensimpuls der Hoffnung wird zum Lebensimpuls für den Mann. Für die Frau wird Hoffnung ein Mittel, grundsätzlich die Realität nicht mehr genau anzusehen und in einer von Gewalt durchtränkten Situation auszuharren. Den Schaden hat sie so im doppelten Sinne: ihre physische und psychische Integrität wird permanent und systematisch zerschlagen und das »eigentliche« Leben auf den Nebenschauplatz unbestimmter Zukunft verschoben.

Anmerkungen

[1] Der vorliegende Beitrag basiert auf der im September 1984 am Studienschwerpunkt »Frauenforschung« fertiggestellten Diplomarbeit von Karen Meyer; er wurde von Sigrid Voigt erstellt.
[2] Luise Rinser: *Wer liebt, hofft.* In: Ingeborg Drewitz (Hg.): *Hoffnungsgeschichten.* Gütersloh 1979
[3] Manfred Metzger: *Hoffnung ist stärker.* In: Ingeborg Drewitz (Hg.): a.a.O.
[4] Erich Fromm: *Die Revolution der Hoffnung.* Frankfurt a.M., Berlin, Wien 1981
[5] Margrit Brückner: *Die Liebe der Frauen.* Frankfurt a.M. 1983
[6] Paul Watzlawick: *Wie wirklich ist die Wirklichkeit?* München 1976
[7] Paul Tillich: *Der Mut zum Sein.* Stuttgart 1953
[8] Margrit Brückner: a.a.O.
[9] Carol Gilligan: *Die andere Stimme. Lebenskonflikte und Moral der Frau.* München 1984
[10] Jean Baker Miller: *Die Stärke weiblicher Schwäche.* Frankfurt a.M. 1979
[11] Phyllis Chesler: *Frauen – das verrückte Geschlecht?* Reinbek bei Hamburg 1974

Christina Thürmer-Rohr

Mittäterschaft und Entdeckungslust
Zur Dynamik feministischer Erkenntnis

Die »weibliche« Frau ist die frustrierte Frau.[1] Die erwünschte Frau ist eine verarmte Person, die die eigene Präsenz in der Welt zurückzustellen bereit ist zugunsten einer Ausbreitung der eigenen Antagonisten. Über den historischen Diebstahl an Raum, Zeit, Kraft und geistigen wie materiellen Gütern geht ihr auch die *Lust* am Bruch mit konventionalisierten Tabus abhanden. Deren Geltungsrecht aber kann nur widerlegt werden, wenn wir sie verletzen.

Die Mittäterschaft der Frau an den Interessen der patriarchalen Kultur und ihrer kleinen und großen Akteure ist auch eine Mittäterschaft an der Ausmagerung der eigenen Person. Die verstopften Kanäle zur Welt, die blaß gewordene Sehnsucht, der Schwund an Leidenschaft fürs Ungewohnte und Unwägbare: das sind nicht mehr allein erzwungene Antworten auf Verbote, nicht mehr allein Re-Aktionen auf sanktionierte Abweichungen vom patriarchalen Weiblichkeitssoll. Es sind auch Eigenleistungen der Frau, antiquierte Gehorsamshandlungen, selbstquälerisch und funktional zugleich. Das emotionale und geistige Gedrosseltsein der Frau, ihre Devitalisierung, geben der Unkritisiertheit und Unkritisierbarkeit des Mannes freien Raum, sie lassen ihn unberührt in seinen Taten des Wahnsinns und des Unsinns, der Fahrlässigkeit und Ignoranz, und sie zementieren die kulturelle Unscheinbarkeit der Frau ständig neu.

Es geht um unser Recht auf *Lust* im Sinne der Intensität zum Leben in seinen vielfältigen und unerkundeten Möglichkeiten: um die Suche nach einem *Verhältnis von Frauen zur Welt*, das weder den Beschränkungen des weiblichen Lebensorts und der Funktion des Weiblichen für die Männergesellschaft entspringt noch den Besitz- und Beherrschungsmotiven der patriarchalen Kultur. Es ist die Frage nach dem Verhältnis von Frauen zur Welt als einem *erotischen Verhältnis*. Die Verbindung zur Welt, das Angezogensein wie das Angetriebensein, Neugierde, Zugriff, Grenzüberschreitungen des kleinen Ichs, das Zugangverschaffen zu Menschen, Gedanken, Werken, das sind *erotische Akte*.

Entdeckenwollen, Erfahrenwollen, etwas über die Welt wissen wollen, mehr als der Frauenalltag zur Verfügung stellt, der »Wille zur Totalität«[2], die Anstrengung des Begreifens von Zusammenhängen, das alles sind erotische Akte. Sie setzen eine Bindung an die Welt voraus oder sie schaffen sie, eine Kraft zur Welt hin, ein Interesse an etwas, das außerhalb von mir existiert und mich dennoch berührt; eine Beziehung zum Menschen und zum von ihm Gemachten; Ergriffenheit, Herzklopfen angesichts dessen, was hier alles existiert und geschieht in seinem ganzen Spektrum von Schönheit und Verworfenheit, Tiefe und Banalität, Geistesreichtum und Perfidität. Ein erotisches Verhältnis zur Welt ist ein Verhältnis der Wachheit, der Konzentration und Aufmerksamkeit. Es zeigt sich in der Reichhaltigkeit, der Fülle und Intensität des Interesses am Gegenstand des Interesses, in Momenten des Einblicks und des leidenschaftlichen Versuchs, Unverstandenes durchdringen und begreifen zu wollen: eine Aktivität, von der das weibliche Leben nicht gerade überquillt. Ein rares Phänomen, dessen *Fehlen*, dessen *Seltenheit* oder *Abgerissenheit* die Normalexistenz der Frau charakterisiert.

Es ist viel schwerer, diesen »Lust« genannten Vollwert des Lebens in Worte zu fassen als dessen Gegenteil. Das Material zu dem letzteren können wir jederzeit dem wirklichen Leben entnehmen. Die der Lust verlustigen Tage und Lebensstrecken sind uns bekannt: Zustände des Defizits, zerstreut, zerrissen, zerfasert, voller abgerissener Anläufe, beliebig, die Tätigkeiten auswechselbar; Dinge und Menschen behalten einen blassen Aufforderungscharakter, sie ziehen nicht an, sie locken nicht, sie stehen einfach herum, sie sprechen nicht, sie sind unbeleuchtet; nur lose Kontakte zu einer Sache, einem Gedanken, brüchige Brücken; die Person ist nicht richtig da, nicht voll anwesend, leicht eingetrübt, leicht ermüdbar, abgelenkt zu nichts hin, ohne Ausstrahlung, also stumpf, sie ist da zu Ende, wo der Körper endet, sie ist nicht richtig dabei, nicht dazwischen, nicht aufmerksam, so als sei der Körper überanstrengt oder habe Schmerzen; oder als sei die Seele belastet und beunruhigt; oder als sei die Umgebung voller Störungen und Aversionen, oder als sei die eigene Geschichte lustleer, enthalte keine Lustbilder, keine Vorstellung, womit ein erotisches Verhältnis zu dieser Welt eigentlich gefüllt sein könnte: Zustände, Dauerzustände der Dekonzentration, der Nicht-Besetzung oder Mattbesetzung dessen, was außerhalb von uns und ohne uns existiert.

Mit gelähmter Seele, mit niedergedrücktem Körper, mit ermüdetem Geist ist nichts zu entdecken. Mit verlorener oder unbekannter

Lust ist nichts aufzufinden. Während die Frau eine Spezialerotik zu entwickeln hatte, die sich auf möglichst ein männliches Individuum, dessen Tun und Werke einschließlich seiner Kinder, und auf sozialen Kitt als Pflichtfach werfen sollte, ist ihr das erotische Verhältnis zur Welt abhanden gekommen, ist es ihr ausgetrieben worden oder hat sie es gar nicht erst entwickelt. Die Lust der Frau auf die Welt erscheint eingeschränkt, kurz angebunden, verdünnt und kanalisiert, geordnet aufgefädelt am Band der Beziehungsaussichten und -sicherheiten, der zustimmenden Bestätigung, gar nicht nur durch den alltäglichen Nächsten, sondern durch das geschriebene und ungeschriebene Gesetz der weiblichen Verhaltensnorm. Dieser gemäß zeigen Frauen selten so etwas wie Besessenheit von einem Gedanken oder einer – personenunabhängigen und personenunbedürftigen – Tätigkeit. Solche Begeisterungen reißen schnell ab. Die Verbindung zum »Objekt« gleicht einem Faden, der spröde ist oder ungleichmäßig gesponnen. Das Interesse erscheint wie ein Seidenpapier, das keiner Zerreißprobe standhält, der Atem kurz. Er trägt nicht über Hürden hinweg und läßt an Ideen und Tätigkeiten nicht festhalten, allenfalls dann, wenn sie eine unmittelbare kommunikative Resonanz zur Folge haben, wenn sie eingebettet sind in ein bestätigendes Beziehungsnest. Das Zurückziehen vor Hindernissen, das schnelle Aufgeben, das eilige Auswechseln des Interessengegenstandes wie ein Kleidungsstück: das sieht so aus, als könnten Frauen nichts finden, weil sie nichts zu suchen haben, oder nichts suchen, weil sie nichts zu finden haben, als wüßten sie nicht, wo die Entzündungspunkte liegen könnten.

    Das standardisierte, das genormte Verhältnis von Frauen zur Welt, dieses Kollektivverhältnis mit den gemeinsamen Merkmalen des funktionalisierten Geschlechts, bedarf der Lust der Frau nur unter Bedingungen und bezogen auf für den Mann brauchbare Sujets. Es verlangt eine beschnittene Neugier, eine gekappte konkurrierende Lust, und in dieser Konkurrenz hat eine einzige zu siegen. Das Liebespotential der Frau wurde im Dienste des Mannes, für seinen Gebrauch ausgegeben. Das Potential, das in diesen Diensten nicht stand, die Räume, die nicht geöffnet waren, sie blieben unbesetzt, unbegriffen, unberührt. So wurde das Leben selbst unerotisch, so wie diese Gesellschaft eine vollkommen anti-erotische ist.

    Frauen sind gewohnt, ihre erotischen Kräfte in ihrer sog. Beziehung zu verpacken. Erotik ist für Frauen die Hindressierung eines Potentials, die spezialisierte Sexualisierung bis zur Pornografie oder zur normalen Ermüdung in Ehe- und anderen Betten. Diese historisch gewollten

Schrumpf- und Erkältungsformen – Ausdruck panischer Angst der Patriarchate vor jeder unkontrollierten Ausbreitung von Frauen – haben mit einem erotischen Verhältnis zur Welt wenig zu tun. So gelingt es Frauen schwer, andere Räume, ein anderes Tun, andere Menschen mit Liebe, mit Qualität zu füllen. Männer haben sich und uns einzureden versucht, das seien bloße »Sublimierungen«, und alle Begeisterungen außerhalb des Bettes, außerhalb der Bettvorbereitung und Bettnachbereitung seien ein vom Eigentlichen abgeleiteter Ersatz.

Nun ist es aber nicht damit getan, unseren Zugang zu mehr und anderen Lebensorten zu fordern. Es ist nicht einfach der seelische und geistige Tourismus, der ausgedehnt werden sollte. Es sind auch nicht einfach Appetitmangel, eingeschränkter Lebensgeschmack und fehlende Animation, die das Problem schaffen, um das es geht, vielmehr die folgenden Fakten, vor deren Hintergrund seine ganze Tragweite erst deutlich wird.

Unsere Ausbreitung in »die Welt« wäre ja nicht einfach ein Griff ins vorenthaltene Glück und ins Reichhaltige – was bei den vorgesehenen erotischen Terminen allerdings auch nicht unbedingt der Fall ist. Wäre »die Welt« einfach die schöne Fremde, die aufzusuchen Frauen bisher gehindert waren, so gäbe es wenig Grund, von den Behinderern wie von Frauen selbst, nichts als den sofortigen freien Zutritt zu fordern. Diese »Welt« aber ist ja die gleiche, deren Zerstörtheit, deren Katastrophen- und Elendsbefall uns hinlänglich vor Augen geführt ist. Sie ist schwer beschädigt, sie ist selbst verarmt, sie ist bedrohlich und birgt unwägbare Gefahren und unwägbaren Ärger. Wieso könnten und sollten wir zu diesem Präapokalyptikum ein Verhältnis der »Lust«, einen Zuwendungswillen, die Hartnäckigkeit eines Interesses entwickeln?

Aber auch wenn wir annehmen, diese Welt berge dennoch ihre Geheimnisse, einen noch unerkannten Aufschluß in all ihrer gegenwärtigen Unwirtlichkeit, auch dann bliebe die Frage, wie sie für uns zu fassen und wie die Wahrnehmungs- und Zusammenhangsblindheit zu überwinden sei, ein manifestes Symptom all dieser herumlaufenden Menschen – Männer wie Frauen – in gesellschaftlichen Machtverhältnissen mit ihren ideologischen Ausblendungen.

Es ist also die Frage nach dem *Zustand der Welt* ebenso wie nach unserem *Zugang zur Welt:* die Frage nach ihrem Reiz und ihrem Ertrag für diejenigen, die sie sich nur ausschnitthaft und unter fremder Regie zugänglich machen konnten, und die Frage nach dem Erwerb einer existentiellen Wahrnehmungsschärfe, die nicht gerade ins Repertoire des Weiblichen gehört.

Die erste Frage ist mit dem Hinweis auf die desolate Lage der Männerkultur nur scheinbar schnell zu erledigen. So unwiderlegbar die Behauptung ist, diese Welt sei im großen und ganzen verbaut, so wenig erschöpfend ist sie. Denn wir wissen noch viel zu wenig darüber, wo was für wen verbaut ist, was unser Stoßen an die Verbauungen bedeuten und bewirken würde und wo und wie wir selbst verbaut oder weniger verbaut sind. Außerdem haben wir gar keine andere Wahl. Es gibt nur diese so gebaute und verbaute Welt. Und ein Liebesverhältnis zur Welt erweist sich gerade nicht darin, sich ein paar sauber gebliebene Partikelchen aus dem Ganzen herauszufischen und sich an ihnen zu delektieren, – und dann noch immer mit der Angst im Nacken, Ungutes von nebenan anzutreffen. Das Liebesverhältnis erwiese sich vielmehr gerade darin, nichts Artifizielles erfinden zu müssen, Hilfskonstruktionen und Phantasiekompositionen nicht zu brauchen, mit denen das Gegebene in Besseres veredelt und verkehrt werden soll, keine Ent-Realisierungen vorzunehmen, sondern zu ent-decken, was da ist. Es geht darum, uns die Welt sichtbarer zu machen, als sie es in ihrer offensichtlichen scheinbaren Sichtbarkeit ist: uns die Welt wirklicher zu machen.

Es geht um unser Verhältnis zur *Wirklichkeit*. Wirklichkeit meint mehr als erfahrbares Leben, mehr als sichtbare Dinge, mehr als Alltag und seine Fakten. Wirklichkeit meint die im Erfahrenen ebenso wie hinter dem Erfahrenen steckenden *Zusammenhänge* des gesellschaftlichen Ganzen, die »Totalität«, – etwas unverfänglicher gesagt, die Totale, die Ganzaufnahme, in der die zerstreuten, zerhackten, zerspaltenen Einzelstücke der Erfahrung erst ihre Substanz, ihre Essenz, ihr Wesentliches zeigen. Der Akt, sich dieser Wirklichkeit zu nähern, das Zerstreute zusammenzusehen, d.h. die einzelnen Phänomene zu sehen, wie sie sind, und gleichzeitig über sie hinwegzusehen und sie in einem gesellschaftlichen Ensemble zu begreifen, sie in ihrer Unterschiedlichkeit zu belassen und in ihrer Unterschiedlichkeit zu verbinden: dieser Akt ist ein *initiierender Akt*, ein Akt, der etwas herstellt, das vorher nicht da war, eine Leistung des Erkennens, eine Möglichkeit des Lebens. Sie verlangt eine intensive und zugreifende Hinwendung, die ich als »erotische« begreifen möchte, eine Spannung der ganzen Person. Diese Spannung hat gar nichts mit einem verkniffen-asketischen intellektuellen Salto zu tun – wie von Frauen gerne unterstellt wird –, auch nichts mit der tragischen Verbissenheit und verächtlichen Neutralität des Kopfexperten, der sich längst abgeseilt hat vom Griff des Alltäglichen und nur noch im Abstrakten hantiert.

Das Verhältnis von Frauen zur Wirklichkeit als einer »Ganzaufnahme« der Gesellschaft ist nicht einfach gegeben, nicht etwas, was wir einfach haben. Frauen haben es nicht. Frauen können diese Wirklichkeit nicht einfach fassen. Sie wurden in Ferne gehalten. Die Machtverhältnisse dieser Männergesellschaft in ihrer kapitalistischen und zivilisatorischen Form haben die Frau in spezifischer Weise aussortiert und ihr den Überblick verweigert. Sie haben Frauen an Orte getrieben, von denen aus eine Gesamtschau nicht nur schwer zu erbringen ist, sondern darüber hinaus auch wenig Motiv hat. Denn wer außerhalb des kleinen privatmannbezogenen Lebensraums wenig zu suchen hat und wenig genehm ist, wird auch wenig geistigen und psychischen Aufwand betreiben, um das »Ganze« im Kopf erkunden zu wollen. Das Ergebnis wäre wenig anwendbar, fände wenig Resonanz. Hedwig Dohm griff den tief eingewurzelten Widerwillen der Männer, Frauen auf geistigem Gebiet anzuerkennen[3], zu einer Zeit an, als es noch viele Gründe gab zu der Hoffnung, diese Situation werde sich im nächsten Jahrhundert, also in unserem, ändern. Es geht aber heute eben nicht nur um die Anerkennung von vorhandenen geistigen Leistungen, die keine Abnehmer und keine Öffentlichkeit fänden, vielmehr um die Frage nach diesen Leistungen selbst. Und so liegt das Problem, heute gesehen, tiefer.

Geht es um das *entfremdete Verhältnis* von Frauen zur Welt? Die Entfremdung des Mannes – namentlich die entfremdenden gesellschaftlichen Prozesse, weniger genau der entfremdete Zustand selbst – ist im Rahmen der marxistischen Theorie ausführlich analysiert worden in einer Begrifflichkeit, mit der sich der Mann die Beschränktheiten »des Menschen« als Folge kapitalistischer Arbeits- und Machtteilung zu erklären versucht hat. Das Leben zerfällt ihm in Teilaspekte, in widersprüchliche und getrennte Zonen: Arbeit und Freizeit, öffentliches und persönliches Leben, äußere Umstände und Intimsphäre, Regeln und Zufälle, Zwänge und Chancen, Realität und Ideal. Das Bewußtsein kann solche unterschiedlichen Erfahrungen schwer auf einen gemeinsamen Nenner bringen. Die Beziehung des einzelnen zum Ganzen ist unterbrochen, abgerissen. Es entsteht ein begrenztes Bewußtsein von sich selbst, vom eigenen Ort im Ganzen, eine beschnittene Wahrnehmung von Möglichkeiten. Von den Bedingungen seiner Entfaltung und Existenz getrennt, glaubt das Individuum, daß es sich selbst genügt, oder versucht, sich selbst zu genügen. Es degeneriert. »Das Bewußtsein zieht sich, statt sich zu erweitern, zurück, verengt sich. Und je mehr es sich verengt, desto mehr scheint es 'bei sich' zu sein. Es richtet sich in trivialer Selbstgefälligkeit ein ... Das Beschränkteste, Leerste und Unsozialste gilt – in plumper Offenheit – als das Allermenschlichste.«[4]

Der Zerfall des Lebens in unverbundene Teilaspekte gilt für die Lebensbedingungen der Frau nicht in gleicher Weise. Frauen ersticken an anderen Einschnürungen, und ihre Weltarmut hat andere Ausmaße. Im traditionsreichen Begriff Entfremdung wurden sie allerdings nicht für wert erachtet, gesondert analysiert zu werden. Der Frau war sogar immer wieder die Rolle der nicht oder weniger Entfremdeten angedichtet worden, insofern sie jenseits von Produktion und Öffentlichkeit angeblich an den Quellen des wirklichen Lebens verweilte. Die folgenden Überlegungen sind ein Versuch, im Groben den Begriff Entfremdung auf die gesellschaftliche Lage der Frau zu beziehen. Zunächst erscheinen Sachverhalt und Erklärung ähnlich: Die Lust-Armut, die Mattherzigkeit und Zerbrechlichkeit der Bindung an die Welt, Symptome einer Beziehungs- und Bewußtseinsstörung gegenüber den eigenen Möglichkeiten, Ausdruck der tiefen Entfernung von ihnen; der Zustand, mich selbst nicht zu kennen, diese Zeit nicht zu kennen, ebensowenig das Kleine und Große um mich herum, neben mir und außer mir und über mir. Ein Ausdruck von Fremdheit und Täuschung, von Beschränktheit und Täuschbarkeit. Die nahen Dinge können noch eingesehen, die Lebensmittel für den unmittelbaren Gebrauch beschafft und Alltägliches schnell und praktisch bewältigt werden. Aber im weiteren und weiten greift nichts mehr, so als seien die Greifinstrumente stumpf. Der Gegenstand entgleitet dem eigenen untauglichen Werkzeug: ein *beraubtes Leben*, ein verknapptes Wissen über sich selbst, eine zusammengezurrte Bindung an die Welt.

Das Bewußtsein, die Abbildung der realen Welt im Denken über die Welt, faßt nicht wirkliche Zusammenhänge, begreift nicht Ursachen. Bewußtsein als Erkenntnisinstrument ist als entfremdetes Bewußtsein erst recht nicht fähig, die eigene Lage und die Lage des eigenen Geschlechts als Zusammenhängendes so zu erfassen, daß sie veränderbar wären. Die gesellschaftliche Macht wird nicht als eine fremde angesehen, als Fremdsteuerung, Außensteuerung, Außenlenkung. Im entfremdeten Verhältnis zur herrschenden Macht kann nicht mehr realisiert werden, daß sie von Menschen selbst getragen wird, auch nicht, daß die entfremdeten Menschen faktisch mittels ihrer Fremdheit an ihrer verglasten Existenz mitwirken.[5]

Das Problem verschärft sich dadurch, daß die entfremdenden gesellschaftlichen Bedingungen, da sie ein entfremdetes Bewußtsein zur

Folge haben, nicht unbedingt mit der individuellen Erfahrung übereinstimmen, entfremdet zu sein. Entfremdende gesellschaftliche Prozesse können also dahin führen, daß die Individuen diesen Zustand für selbstverständlich und normal halten und allenfalls empfinden, daß irgend etwas nicht in Ordnung ist. Das Individuum nimmt die eigene Situation nicht als ihm fremde, seinen Möglichkeiten nicht entsprechende, seine Möglichkeiten unterbietende oder als unfaßliche und unerfaßte wahr. Das Individuum ist so entfremdet, daß es die Erfahrung seiner eigenen Entfremdung nicht mehr machen kann.[6] Die Situation könnte mit der einer geistig Kranken verglichen werden, der Einsicht und Einblick in die eigene Krankheit fehlen, der die Analyse der eigenen Probleme, ihres Verhältnisses zur Realität und dessen Ursachen unmöglich geworden ist und deren Bewußtseinsinhalte sich weit entfernt haben von ihren eigenen Bedingungen. Die schlimmste Entfremdung besteht in dem fehlenden Bewußtsein von der Entfremdung.[7] Sie macht Probleme unlösbar, führt zu Pseudolösungen, die alle aus der Verkennung des Möglichen resultieren.

Diese Ohnmacht des Erkennens und Durchdringens, dieses Verworrenbleiben der Zusammenhänge sind nicht einfach Symptome individueller Dummheit und Kurzsichtigkeit der Frau, vielmehr selbst hergestellte Produkte der Männergesellschaft, Machwerke an der Frau, welche den Nutzen des einen Geschlechts für die Machtinteressen des anderen Geschlechts vorführen, Symptome, denen eine gesellschaftliche Absicht zur weiblichen Trägheit des Erkennens zugrunde liegt. Die »Verdummung« der Frau ist notwendig, um sie festzuhalten, wo und wie sie ist, damit sie sich weiterhin zu ihrer Welt wie zu einem unabänderlich Gegebenen verhält[8] und ebenso ihre Lust an der Welt auf Kleinräumiges schrumpfen läßt, das ihrem Horizont als Eingefangene entspricht.

In der marxistischen Gesellschaftslehre und ihren ökonomischen Ableitungen wird die Entfremdung »des Menschen« damit begründet, daß er die gesellschaftlichen Prozesse nicht mehr regulieren kann, daß er nicht »Herr seines Produkts« ist und die Bedingungen und Folgen der eigenen Tätigkeit nicht überblicken kann. Zentraler Gedanke ist, daß »dem Menschen« seine Produkte entrissen werden: Das in vorkapitalistischen Gesellschaften in Teilen Selbstproduzierte, die hergestellten Dinge, werden fremd, werden weggenommen für antagonistische Interessen, sind nicht oder nicht direkt für den eigenen Gebrauch nutzbar zu machen. Sie kommen der Verwertung und Bereicherung derjenigen zu, die die Instrumente zur Produktion besitzen.

Das Wort »entreißen« setzt voraus, daß das entrissene Ding, jedenfalls Teile oder Teilchen desselben, zuerst in Händen derjenigen war, die es produziert haben, daß es durch ihre Hände gegangen ist. »Entreißen« setzt voraus, daß der Mann, egal in welchem Macht- oder Ohnmachtverhältnis er zur Gesamtproduktion steht, sich als dazugehörig sieht. Das, was ihm »entrissen« wurde, ist jedenfalls etwas von »ihm«. Er hat recht damit, insofern der Produktionsprozeß in einer Funktions- und Gewaltenteilung unter Männern besteht. Ein Teil derselben besitzt die Voraussetzungen zum Produzieren, ein anderer Teil hat sie entwickelt und erfunden, ein anderer Teil besitzt und erfindet nicht, führt aber aus, stellt her, setzt um, vertreibt etc., was seine höher- und bessergestellten Geschlechtsgenossen vorbereitet, erdacht und in Auftrag gegeben haben.

Wie sind nun Frauen in diesem Prozeß zu denken? Wird ihnen etwas entrissen und weggenommen, das sie zuerst hatten und dann als Fremdes vorfinden? Wie ist ihr Verhältnis zu den Dingen, den »Lebensmitteln«, zu dem, was wie produziert wird und was sie selbst produzieren und benutzen?

Erstens: Die Frau ist zunehmend Konsumentin, Nutznießerin oder »Betroffene« von dem, was Männer erfunden, produziert, organisiert haben. Die Frau hat alltäglich mit den Kultur- und Zivilisationsprodukten, den Waren im weitesten Sinne, zu tun, kauft sie, braucht sie, verarbeitet sie. Da diese Produkte nicht ihrer Erfindung und Konstruktion entstammen, sind sie ihr auch nicht »entrissen«. Sie hat, auch wenn sie, wie der Lohnarbeiter, an irgendeinem partikularen Herstellungsvorgang mitgewirkt hat, bis hin zum Mitglied der Putzkolonne, *kein Herstellungsverhältnis* zu den Dingen, so als seien es »eigentlich« auch ihre, kein Bewußtsein der Zugehörigkeit zu deren Entstehung. Das Auto, die Schreibmaschine, die Glühbirne und die Beethoven-Sinfonie auf der Schallplatte, das sind alles Dinge, die Frauen mitbenutzen und brauchen, ohne daß sie sie mit dem Bewußtsein verbinden, sie hätten sie potentiell auch erfinden und herstellen können. Auch die ganzen überflüssigen und unsinnigen Dinge, vom Schlangenledertäschchen bis zum Gummibärchen, die ganzen ärgerlichen und entwürdigenden Dinge, vom Videoclip bis zur Pornozeitschrift, die katastrophalen Dinge, von der Atomrakete bis zum Retortenkind, schließlich auch die geistigen Dinge, von der großen Idee bis zum Kunstwerk: für Frauen sind sie fast alle Geschenk oder Verhängnis, Stimulanz oder Nichtigkeit, käufliches, angenehmes oder bedrohliches Sein, immer jedenfalls Vorgefundenes, das Frauen antreffen wie anderes Vorgefundene und Vorgesetzte auch, immer schon »fremde«

Dinge, insofern sie nicht *ihren* Hirnen, Wünschen und Lebenslagen entsprungen, dennoch zum Teil nützlich, schön, bewundernswürdig, unentbehrlich sind, und da, wo sie es nicht sind, nützlich und unentbehrlich *werden* sollen, Hirne verführen, umzingeln und in Beschlag nehmen, Bilder und Maßstäbe setzen sollen. Es sind eben nicht einfach Dinge von Männern für Männer. Es sind immer auch Dinge *für Frauen* und deren Heranbildung, deren Einbezug, deren Integration und Ausschluß aus dem Ganzen zugleich. So ist auch das Verhältnis zu diesem allen nicht einfach als »fremd« zu denken, so als stünden Frauen davor wie Analphabetinnen, Staunende und immer Uneingeweihte, oder als »entfremdet«, so als seien sie enteignet worden von etwas, das ihnen mal selber gehört hat.

Die Kompliziertheit dieses Verhältnisses sei exemplarisch gezeigt am Beispiel Musik als einem Kulturbereich, in dem auch Schönheit und Reichtum, Weltinterpretation und -einsicht – neben allem Schund – anzutreffen sind: eine Männerdomäne, eine Männerwelt für Männer *und* für Frauen, in der die ersteren sich ausleben, ausdrücken, zeigen. Musik bewohnt die Räume, sie beherrscht die Ohren, sie begleitet die Gefühle, sie lenkt die Sehnsüchte, sie bebildert die Phantasie, sie belebt den Körper. Das alles tut sie nicht nur für Männer. Musik ist nicht eine Welt, aus der Frauen sich ausgeschlossen erleben wie oft aus den großen Technologien, deren Ergebnisse sie eher als ihnen ganz fremde benutzen, argwöhnisch beobachten oder einfach ignorieren. Vielmehr vermittelt sich Musik – mit einigen markanten Ausnahmen wie der Militärmusik, der Marschmusik und einigen Formen des Free Jazz – den Frauen auch als »ihre« Welt, als Welt, in der sie vorgesehen sind: als Liebhaberinnen, als Adressatinnen, als Besungene, auch als Interpretinnen, gern und oft als Finanziererinnen, zahlendes Publikum, als Aufnehmende, als Inspirierende, als Mitzureißende. Frauen sind einbezogen als Unentbehrliche, aber nicht in den Gesamtprozeß des Produzierens und Darstellens, sondern vorrangig in den Kreislauf der Rezeption und Reproduktion des Produzierten.

Auch am Beispiel eines von uns begierig und zustimmend aufgenommenen Kulturprodukts wie der Musik (bzw. bestimmter Musiken) liegt das Charakteristische des Verhältnisses im Ausschluß aus dem Produzieren, im Raub an der Möglichkeit des Tuns, des Herstellens. Frauen tauchen im allgemeinen erst am letzten Glied der Gesamtkette des produzierenden Prozesses auf. Entfremdung heißt nicht einfach: Das Produkt ist nicht von mir. Oder: Es ist eigentlich meins, es könnte meins sein, aber es wird für andere Zwecke als für meine benutzt und weggetragen.

Entfremdung heißt auch: Ich komme als Produzierende nicht in Frage; das hier ist kein Weltausschnitt, der meine Aktivität und Weltfindung erfordert oder ermöglicht, keiner, mit dem *ich* mich in Korrespondenz begebe, keiner, den *ich* in der Lage bin zu analysieren, zu durchdringen, zu kritisieren, zu beurteilen, zu bewerten, d.h. wirklich anzufassen, zu *verfolgen*. Die Verbindung zum Gegenstand bleibt eine an seinen Rändern. Das Aussehen der Musiker, die Atmosphäre auf der Bühne, der Glanz der Garderobe, das Fluidum der Aufführung, das Prestige des Dabeiseins attrahieren oft stärker als das Objekt, die Musik selbst. Sie wird zum delegierten Genußmittel oder zum Auslöser von Stimmungen und Assoziationen, die weniger mit der Musik selbst als mit eigenen Wünschen zu tun haben. Musik wird als Spiegel benutzt, wird zur Sehnsuchts- und Projektionsfläche, zum Anlaß für das Ich, sich mit sich selbst zu beschäftigen. Die Entfremdung zum Produkt, zum anderen außer mir, erweist sich in der Sparsamkeit des Durchdringens, in der Ich-Bezogenheit der Wahrnehmung, der Armut des Zutritts, in einer autistischen Enge, in der die Frau sich nicht überschreitet. Sie bleibt vorm Gegenstand.

Zweitens: Nun benutzt die Frau nicht nur von anderen Hergestelltes und Erfundenes, sondern sie stellt ja auch selbst etwas her. Im Regelfall, bei den bezahlten und unbezahlten Reproduktionsarbeiten, sind es Lebensgrundlagen, psychisches Repertoire, Lebens- und Arbeitsvoraussetzungen derjenigen Menschen, für die die Frau verantwortlich ist. Hier schafft sie selbst etwas, Materielles und Immaterielles. Was sie tut und herstellt, wird meist an Ort und Stelle gebraucht, sie kommt auch selbst, jedenfalls zeitweilig, in dessen Genuß und erfährt tagtäglich, oft lebenslang, die Auswirkungen. Das Ressort der Frau ist in der geschlechtsständischen Organisation gesellschaftlicher Funktionen weiterhin die Garantie von Arbeits- und Lebenskraft der ihr Anvertrauten. Ihre Nächsten sollen nicht nur arbeiten, sie sollen auch leben können in einer Zeit, die das Lebenkönnen nicht leicht macht. Sie sollen auch in der arbeitsfreien und arbeitslosen Zeit lebenstüchtig bleiben und sich nicht zerstören lassen, weder durch innerfamiliäre Irritationen noch durch außerfamiliäre Gefährdungen. Frauen sind die »natürliche« Existenzbedingung anderer, sie sind Mittel der Reproduktion der zwei oder drei Nächsten und für eine erfolgreiche Erfüllung gesellschaftlicher Exekutivaufgaben im Privaten in Dienst genommen. Hier produziert die Frau selbst, vom wohlschmeckenden Auflauf über die saubere Wohnung bis zu den wohlgeratenen Kindern und zur täglichen Arbeitsbereitschaft,

Vorzeigbarkeit und Potenz des Mannes; ebenso natürlich auch das Gegenteil, Nicht-Getanes und Mißratenes: ungewaschene Handtücher, angeschimmelter Käse im Kühlschrank, schlechte Zeugnisse des Kindes, Erfolglosigkeit und Unmut des Mannes. Was die Frau da alles herstellt, wird ihr kurzfristig nicht entrissen; wenn sie Glück und Geschick oder wenn sie Pech hat, »gehören« ihr die gelungenen ebenso wie die weniger gelungenen Produkte ihrer Arbeit, um so mehr, je hilfsbedürftiger und abhängiger sie von ihr sind, das kleine Kind, das Hündchen, die Pflanzen oder der unselbständige Mann; um so weniger, wenn die lebendigen Produkte sich von ihr wegbewegen – der überbeschäftigte oder fremdgehende Mann, der große Sohn, der sich nur noch zu Weihnachten mit einer Postkarte meldet, oder die Tochter, die zuallererst ein Ziel hat, nämlich anders zu werden als ihre Mutter. Die Frau verliert also im Laufe ihrer Biografie, was sie hergestellt hat, oder sie ist ununterbrochen in der Gefahr des Verlustes ohne Gegenwert. Die Zwecke, denen ihre Arbeit dienlich sein soll, liegen immer wieder außerhalb ihrer eigenen Lebensinteressen. Während sie fest- und zusammenhalten möchte, sozusagen ihre Produkte zu sehen und um sich zu versammeln hofft, müssen die anderen irgendwann an ganz anderen Orten des Lebens zu Rande kommen, brauchen sie die Frau allenfalls als Starthilfe, als Fürsprech in besonderen Angelegenheiten, als Objekt des schlechten Gewissens. Die Frau produziert hier auf Ziele hin, die, wenn sie erreicht sind, gerade nicht mehr ihr selbst zugute kommen. Der selbständige Sohn verschwindet in eine andere Stadt, sie kann also ihr Werk, ihn, nur noch als Erinnerungsgut oder Hoffnungsinhalt oder als Kommunikationsgegenstand mit Dritten »haben«. Die Frau ist nicht »Herr« ihrer Produkte, insofern sie deren Entwicklung und Weiterverwendung nicht bestimmen kann und keinen Zugang hat zu den Bedingungen, die sie ihr lassen oder ihr wegnehmen. Im Gegenteil, wenn sie ihre Aufgabe gut erfüllt, dann muß sie ihre Finger aus der Entwicklung der ehemals Nächsten möglichst heraushalten, muß sie mit Gelassenheit und Vertrauen gehen lassen. Was die Frau also selbst, jedenfalls zu Teilen selbst produziert, bleibt nicht in ihrer Verfügung, ist zwar intimstens mit ihrer Person und ihrem Leben verbunden, gleichzeitig aber determiniert von Bedingungen, auf die sie nur äußerst beschränkten Einfluß hat, auch wenn es so erscheint, als seien die erzielten »menschlichen« Resultate erstrangig auf ihre Kompetenz oder ihr Versagen zurückzuführen.

Das stoffliche Material, mit dem die Frau Lebensvoraussetzungen bereitet und mit dem sie tagtäglich hantiert, ist nun fast gar nicht mehr von ihr selbst produziert. Nahrungsmittel, Kleidung, Einrichtungsgegenstände, Geschenke etc. werden im allgemeinen nicht selber hergestellt, sondern sie werden gekauft. Es sind Waren, und auch Nahrungsmittel wie Tomaten oder Milch sind Dinge geworden, die kaum noch vermitteln, daß sie mal Produkte der Natur waren bzw. daß sie einer degenerierten Natur entstammen. Nahrungsmittel, präpariert, sterilisiert, aromatisiert, pasteurisiert, werden gekauft wie Zahnpasta oder Schreibstifte, verpackt, verschnürt, mit Etiketten und Gebrauchsanweisungen versehen. So kann die Frau ein eigenes, ein volles Herstellungsverhältnis zu dem, was sie zubereitet, auch nur noch bedingt entwickeln. Sie stellt es weniger her, als daß sie es zusammenkauft, zusammenstellt, auswählt und aufbereitet. Und auch wenn sie auf Fertiggerichte und die Erleichterungen der Tiefkühltruhe verzichtet, sich stattdessen um Selbsthergestelltes, soweit wie möglich, bemüht, um den selbstgebackenen Kuchen, den selbstgestrickten Pullover und das selbstgeknipste Foto an der Wand, so kommt dieses doch schnell in den Geruch bloßer Beschäftigungstherapie und verliert den Charakter der Notwendigkeit. Denn all dies könnte sie auch, nicht mal unbedingt teurer, mehr oder weniger fertig und schön im Laden erwerben. Selbsthergestelltes wird oft zum kleinen privaten Luxus. Jedenfalls: für alles, was sie herstellt, braucht sie etwas, was schon da ist und das sie kaufen muß. Fast alles ist für sie da, aber kaum etwas ist wirklich von ihr. Sie tut ununterbrochen etwas, das andere brauchen, dessen Effekte in ihrem Verfügungsbereich nur begrenzte Zeit verbleiben oder den Charakter der Überflüssigkeit und Ersetzbarkeit annehmen.

Drittens: Der Höhepunkt des Entfremdungsdramas ist am Undurchschaubarsten. Das kollektive Soll der Frau, das, was sie gemeinschaftlich in die Verfügungsgewalt der Männergesellschaft stellt, ihr eigener Sozialcharakter, ist eine Ware: Sie soll selbst, ihre eigene Person, Ware sein. Waren sind umsatzfähige Sachen. Mit dem, was die Frau selbst *ist*, setzen andere für ihren Gebrauch ihre Interessen um. Die Frau bekommt dafür Gegenleistungen in Form materieller oder immaterieller Zuwendung, jedenfalls häufig oder immer wieder mal. Diese sind dazu angetan, der Frau ihren Warencharakter akzeptabel zu machen, zumindest ihn schwer durchschaubar sein zu lassen. Denn mit den Zuwendungen wird sie auch zur Nutznießerin der Entfremdung von sich selbst. Als undurchschautes Verhältnis läßt sich in ihm leben: Leistung und Gegenleistung, was ist dabei? Nichts wäre dabei, wenn nicht die Warenleistung selbst zur Person würde bzw. die Person zur Warenleistung.

Einigermaßen klar ist das Verhältnis der Frau als Ware für den Mann noch im Fall der Prostitution. Die Frau verkauft für ein paar Minuten oder Stunden einige Körperteile oder einige Handreichungen und Worte an einen Mann und fordert dafür Geld. In diesem Fall sind der Körper und die sexuelle Dienstleistung ganz eindeutig als Ware definiert, für beide Seiten, außerdem nicht unbedingt identisch mit der gesamten Person der Frau, mit dem, was sie sonst noch alles ist, was sie denkt und fühlt, was sie außerhalb dieses Verkaufsaktes tut und während des Verkaufsaktes auch noch alles anderes tun und sein könnte.

Undurchsichtiger liegt der Fall in den »normalen« sozialisierten Beziehungen der Frau zur Männergesellschaft überhaupt, einem Verhältnis, das die Eindeutigkeit des Prostitutionsverhältnisses nicht hat. Nicht nur ihr Körper als Gebrauchsgut für den Mann, nicht nur ihr Phänotypus als Lustobjekt, sondern ihre »Eigenschaften« selbst, der Bewußtseinsraub an ihr, die eigene dumpfe Gleichgültigkeit gegenüber dem eigenen Werkzeugcharakter machen sie zur gebrauchsfähigen Ware. Nicht nur einzelne Handlungen der Frau gewinnen Warencharakter, sondern ihre Person selbst, dieses vermeintlich individuelle Eigentum. Frauen sollen ja nicht zu irgendwelchen beliebigen, freien, unabhängigen, unwägbaren, sondern zu ganz bestimmten Geschöpfen werden. Diese sollen bei aller individuellen Variation bestimmte Grundelemente und Erkennungsmerkmale aufweisen: Sie sollen dem Mann gefallen, sie sollen ihn erfreuen, sie sollen ihn reizen; sie sollen ihm guttun, ihn unterstützen und ihm das Leben erleichtern; sie sollen ihn sein lassen, wie er ist und sein möchte und ihn dabei fördern, statt ihn dabei zu stören. Sie sollen darüber hinaus nicht nur dem einzelnen Privatmann diesen Gefallen tun, vielmehr ein Bild »der« Frau für »den« Mann in die Welt setzen, das die diversen Varianten des Gesamtbildes noch erhöht, typisiert, akzentuiert, hellzeichnet, weit über das Spektrum Mutter – Hure hinaus. Überraschungen dürfen sein, aber die Grundbedingung steht. Mit ihr ist verbunden, daß die Erfüllung der Bedingungen nicht als bloßes Spiel, als Rolle nur in Erscheinung treten soll, eben nicht als passagerer Gefallen, als Äußerlichkeit, als eingesetzte Geste, sondern als Ausdruck der *ganzen* Person.

Dies alles ist nicht gerade neu. Aber die Zuspitzung des Bekannten auf die Ausgangsfrage gibt ihm einen neuen Akzent: Die Frau benutzt, verarbeitet, verwertet, bewundert, beklagt oder ignoriert die Dinge, die Inhalte dieser Welt, sie kann sie kaufen, betrachten, anhören, lesen. Fast immer sind diese Dinge nicht *von* ihr (bzw. von Angehörigen ihres Geschlechts), sondern (auch) *für* sie da. Frauen begegnen ihnen somit weniger mit der Frage: Wie wird das *gemacht*? Wie *macht* man das? (das Ding, das Produkt, das Werk, den Gedanken etc.) als mit der Frage: Wie *ist* das? Kann ich damit etwas *anfangen*? Die Frau begegnet den Dingen, den Weltinhalten damit nicht in dem Bewußtsein des potentiell herstellenden, des produktionsfähigen *Subjekts*. Das *Ergebnis* dessen, was sie vorfindet, das fertig Vorliegende, gerät in ihren Wahrnehmungs- und Beurteilungshorizont und viel weniger der Prozeß des Machens, Suchens, Findens, Erfindens, Experimentierens, das, was zu den Dingen erst geführt hat. Und auch zu sich selbst entsteht so kein Herstellungsverhältnis. Auch sie selber, ihre Person, wird in dieser Sicht etwas, was sie nicht selbst *gemacht* hat, das vielmehr da ist, wie es ist, eine Person mit einer *ihr gemachten* Ausstattung, nicht mit einer, die sie selbst gemacht hat, die sie selbst verantwortet, über die sie selbst Regie führt und führen kann.

Das bedeutet, daß der gesellschaftliche Standardcharakter der Frau wie ein Ding ist zum Gebrauch und Umsatz der Männergesellschaft, für deren Nutzung und Abnutzung, und daß die Frau nicht nur deren Auflagen *kennt* und – falls sie das will – befolgen *kann*, daß sie vielmehr das ihnen entsprechende Repertoire *hat*, welches sie zum Gebrauch tauglich macht. Sie *ist* es, sie besitzt es. Und trotz aller manifesten Veränderungen und Erleichterungen mancher Zugänge zur gesellschaftlichen Praxis, zu den gesellschaftlichen Herstellungsprozessen, scheint dieses historische Repertoire ihre Person auch weiterhin zum Diebstahl an sich selbst tauglich zu machen, auch wenn der Verbraucher Mann als individueller Repräsentant seiner Gesellschaft gar nicht in unmittelbarer Reichweite ist. Der Abnehmer scheint nur abstrakter geworden zu sein. Die Funktionalisierung der Frau *und* ihre Disposition zur Funktionalisierbarkeit sind weiterhin eine Realität. Das spezifische Interesse (bzw. Desinteresse) des Mannes wird der Frau nicht nur entgegengebracht, es haftet auch an ihr, in ihr: Das Interesse des Mannes an ihrer gesellschaftlichen Nicht-Anwesenheit, ihrer Nicht-Präsenz, ihrer Geringfügigkeit, ihrem Kurzblick und Kleinblick. Die Funktionalisierbarkeit der Frau steckt in ihrer Sicht auf die Welt als einer vorgegebenen, im Ausschluß und Selbstausschluß aus der Welt-Herstellung, in der Beraubung und Selbstberaubung an der Möglichkeit des Selber-Tuns, im heruntergekommenen Herstellungsinteresse, in der Neigung zur Ich-Bezogenheit, im Bewußtseinsraub an der Lust zur Welt: im *Lust-Verlust* an der Welt. Dies alles wird zur Ausschaltung der Frau gebraucht, und es macht sie zur gebrauchsfähigen Person, die ihre eigene Ausschaltung selbst betreiben kann.

Eine handliche Schlußfolgerung kann es hier nicht geben, außer der, diese existentielle Misere in ihren historischen Wurzeln zu verorten, statt ihre gegenwärtige Zwangsläufigkeit zu postulieren. Angesichts der Tatsache, daß einerseits wesentliche Züge des weiblichen Sozialcharakters in der bürgerlichen Gesellschaft ihre Langlebigkeit bis in unsere Zeit hinein unter Beweis stellen, andererseits aber die Gesellschaft der Gegenwart nicht die des 19. Jahrhunderts ist, stellt sich die Frage, in welchem Verhältnis die gegenwärtige Funktionalisierung und Selbstfunktionalisierung der Frau zu den realen gesellschaftlichen Bedingungen unserer Zeit stehen. Diese sind längst von der Dramatik der Auflösung und Ablösung alter Strukturmerkmale und Lebensrealitäten bestimmt, die uns die Entstehung der alten Sozialcharaktere erklärlich gemacht haben. Ist also weiterhin von deren *Zwangsläufigkeit* auszugehen? Die These der Mittäterschaft, die sich auf die Gegenwartsgeschichte bezieht, weist diese Zwangsläufigkeit zurück, stellt sie zumindest in Frage. Die funktionalisierenden Merkmale des alten Sozialcharakters erscheinen gegenwärtig wie ein psychosoziales Fossil. Denn sie korrespondieren mit gesellschaftlichen Voraussetzungen, die allenfalls noch als eine Seite der Widersprüche Geltung haben, in denen sich der »Postindustrialismus« befindet. Sie korrespondieren also mit Resten einer noch anwesenden Vergangenheit, die nicht mehr zu vereinbaren sind mit tiefgreifenden Veränderungen der Lebensbedingungen und Einsichtsmöglichkeiten der Frau und mit den katastrophalen Selbstgefährdungen, in die sich die Industriegesellschaften hineinmanövrieren. Die Mittäterschaft der Frau zu benennen setzt also voraus, daß die gesellschaftliche Gegenwart bereits Bedingungen enthält, die die Nicht-Funktionalität der Frau *wirklich* machen können. In dieser Gegenwart wird für Frauen das Erkennen ihrer Mit-Taten nicht nur möglich, sondern im eigenen Interesse unverzichtbar.

    Unsere Chance liegt in unseren eigenen Entdeckungen. Das entfremdete Verhältnis von Frauen zur Welt und zu sich selbst ist ein *liebeloses* Verhältnis. Ein Liebesverhältnis drängt auf Mehr-Wissen und Mehr-Sehen, auf Über-Sichhinaussehen, hält einen nicht bei sich, reißt einen aus der Ich-Enge und Verdrossenheit heraus. Einem Liebesverhältnis geht es nicht um die Selbstverwendung eines Gebrauchs-Ichs und nicht um den Gebrauch des Vorgefundenen für sich selbst. Einem Liebesverhältnis geht es um Erkennen. Es müßte sich im Erkennen zeigen, in der Scharfeinstellung des Blicks und des Gehörs. In ihm wird nicht Zeit getötet, sondern zum Leben erweckt. In ihm wird einer der größten Triumphe der Männergesellschaft, nämlich der Diebstahl an der Entdeckungslust ihrer Frauen, zunichte. Und dabei ist es nicht der *Inhalt* der Entdeckungen, welcher heiter macht, sondern das Erkennen selbst erheitert und erfrischt. Eine Erkenntnis, aus der zwischen den Zeilen nicht die Tränen über sie zu spüren sind, kann heute keine Erkenntnis sein.

Anmerkungen

[1] Meret Oppenheim in: *Imago – Meret Oppenheim.* Film von Pamela Robertson-Pearce und Anselm Spoerri, 1988
[2] Henri Lefebvre: *Kritik des Alltagslebens.* Frankfurt a.M. 1987, S. 443
[3] Hedwig Dohm: *Die wissenschaftliche Emanzipation der Frau.* Berlin 1874
[4] Henri Lefebvre, a.a.O., S. 154
[5] s. z.B. Klaus Holzkamp: *Grundlegung der Psychologie.* Frankfurt a.M., New York 1983, S. 364
[6] Joachim Israel: *Der Begriff Entfremdung – Makro-soziologische Untersuchung von Marx bis zur Soziologie der Gegenwart.* Reinbek bei Hamburg 1972, S. 107
[7] Henri Lefebvre, a.a.O., S. 464
[8] Karin Schrader-Klebert: *Die kulturelle Revolution der Frau:* In: Kursbuch Nr. 17, Berlin 1969, S. 28

Autorinnenkollektiv

Lust und Lustverlust von Frauen an der Musik

Wir, die Autorinnen dieses Beitrags, sind keine professionellen Musikerinnen, sondern 12 Studentinnen des Studienschwerpunkts »Frauenforschung«, die von 1985–87 in einem Theorie-Praxis-Projekt unter Anleitung von Christina Thürmer-Rohr und der Musikpädagogin Melanie Beyer zusammengearbeitet haben. Der folgende Bericht stellt Ergebnisse unserer Arbeit vor.

Lust und Lustverlust an der Musik ist eine Frage, deren Relevanz für uns und für die feministische Forschung vielleicht nicht sofort auf der Hand liegt und im ersten Moment reichlich speziell oder exotisch klingen mag. Haben wir nicht wichtigere Dinge zu verstehen? Unserer Fragestellung vorausgegangen war die Auseinandersetzung mit den Zerstörungen und Bedrohungen durch die Zivilisationsprozesse dieser Zeit. Die Konfrontation mit den lebenszerstörerischen Realitäten – die Katastrophe in Tschernobyl »passierte« in der Zeit unserer Arbeit – warf das Problem der Überlebens- und Lebensmöglichkeiten von Frauen erneut auf. Was könnte für uns Lebensmotor sein? Wie kann unser Zugriff auf inspirierende und nicht zerstörerische Momente dieser Kultur aussehen, wie können wir ihn erreichen? Die Möglichkeiten und Beschränkungen dieses Zugriffs, die Frage nach der Lustentwicklung und -behinderung wollten wir exemplarisch an unserem Verhältnis zur Musik untersuchen, weil Musik für uns ebenso mit der Erfahrung von Lust wie mit der Erfahrung des Lustabbruchs verbunden ist. Musik gilt uns als Ausdruck von Lebensfreude und Lebensinteresse. Sie hat lebensbegleitende und -intensivierende Bedeutung. Musik ist für uns Lebensmittel, ob wir sie machen oder ob wir sie hören. Das Wissen um die Wichtigkeit und Unentbehrlichkeit von Musik im Alltag von Frauen[1] steht allerdings im Widerspruch zu der brüchigen Beziehung, die wir zur Musik haben. Uns ging es darum, die hinter dieser Diskrepanz liegenden Strukturen zu verstehen.

Um unserer Frage näherzukommen, konnten wir uns nicht auf fertige feministische Theorien stützen, und auch die historischen Aufarbeitungen halfen uns nur wenig weiter, denn erstens beziehen sie sich auf professionelle Musikerinnen, zweitens unterscheiden sich die gegenwärtigen Bedingungen des Zugriffs von Frauen auf Musik von denen unserer Mütter, Großmütter und Urgroßmütter wesentlich. Der Zugang zu Bildung und Ausbildung ist erleichtert, und es gibt zwar nicht massenhafte, aber doch deutlich sicht- bzw. hörbare weibliche Vorbilder im Bereich Musik. Wir machten unsere eigenen Erfahrungen zum Stoff der Untersuchung. Zum Ausgangsmaterial wurden unsere Biografien, weiterhin unsere musikalische Praxis als Gruppe, die als begleitende Erfahrung Auskunft über unseren gegenwärtigen Umgang mit dem Musikmachen geben sollte. Wir befragten uns gegenseitig nach unserer persönlichen Geschichte, unseren kurzen oder ausführlichen, aktiven oder passiven Erfahrungen mit Musik. Diese Interviews wurden auf Tonband aufgezeichnet und anschließend abgetippt.

Nun standen uns 15 Biografien von 15 sehr unterschiedlichen Frauen zur Verfügung, die unter ganz verschiedenen Bedingungen aufgewachsen sind. Es waren Frauen, die aus proletarischen oder aus bürgerlichen Verhältnissen kommen, Frauen des ersten und zweiten Bildungswegs, Frauen, deren Mütter erwerbstätig waren, Frauen, die ohne Vater aufwuchsen, Frauen mit sog. Hausmännern als Vätern, Frauen zwischen 20 und 50 Jahren, lesbische Frauen, heterosexuelle Frauen, Frauen mit Kindern und Frauen ohne Kinder.... Diese Biografien offenbarten zunächst ein Sammelsurium unterschiedlicher musikalischer Erfahrungen.

Jede Frau konnte von Zeiten intensiver Begegnung mit Musik berichten, sowohl als Musikmachende als auch als Musikhörende. Sieben Frauen hatten zumindest irgendwann einmal Klavier gespielt, fünf Gitarre, drei Geige, zwei Querflöte, eine Oboe, eine Saxophon, fast alle Blockflöte; wir haben gesungen, alleine, mit den Eltern oder Freundinnen, im Schul- oder Kirchenchor, in einer Band, zur Musik aus dem Radio oder der Schallplatte. Und wir hören und hörten alle mehr oder weniger intensiv und oft, gerne, aber auch gezwungenermaßen Musik. In jeder einzelnen Lebensgeschichte steckte eine Fülle von Informationen über unser Thema. Aber trotz aller lustvollen Erfahrungen hatten wir noch mehr von deren Gegenteil zu berichten, vom Abbrechen des Interesses und der Aktivitäten, von Abneigungen, Lustlosigkeiten und Angstgefühlen. Wie kam es dazu, daß die Lust immer wieder so leicht zerstörbar war und begeisterte Anfänge so oft wieder aufgegeben wurden? Was nimmt uns die Lust, was behindert sie, wohin geht sie, was sucht sie?

Wir ordneten das Material mit Hilfe eines inhaltlichen Auswertungsschemas. Dieses fragte nach dem Einfluß von Bezugspersonen wie Vater, Mutter, Geschwister, Lehrer, Lehrerinnen etc.; nach den Orten der Anregung oder Behinderung wie Familie, Kirche, Schule, den sozialen und den Wohnverhältnissen etc.; nach den gehörten und ausgeübten Stilrichtungen, nach den Reaktionen der Umwelt; nach den ausgeübten Aktivitäten, nach Konkurrenzen mit anderen Interessen, nach Abbrüchen und Unterbrechungen und vor allem: nach der Art und den Bedingungen der körperlichen und emotionalen Bewegungen und Berührungen durch Musik bzw. nach deren Gegenteil.

Grenzen der Auswertung ergaben sich einmal durch die auffallende Sprachlosigkeit bzw. Reduziertheit unserer Sprache: Begeisterung, Faszination und emotionale Berührung von und durch Musik fanden ihren Ausdruck oft nur in Aussagen wie: »Das war unheimlich toll« oder »Das hat total Spaß gemacht«. Genaueres wurde selten formuliert.

Wir vermuten, daß diese Unverhältnismäßigkeit zwischen dem offensichtlich intensiven Erleben und unserer oberflächlichen Sprache zum einen damit zusammenhängt, daß Musik etwas ausdrückt, was sich durch Sprache nicht fassen läßt. Zum anderen könnten unsere verarmte Sprache und die nicht näheren Ausführungen unserer Empfindungen auch ein Zeichen dafür sein, daß unsere Lust bereits einem Tabu zum Opfer gefallen ist, welches körperliche und emotionale Berührungen und Bewegungen in den Bereich der Intimsphäre verdammt; es ist peinlich, über »diese Dinge« zu sprechen, aber wir können es auch kaum besser, wir sind es nicht gewohnt. Sprache will geübt sein. Eine weitere Einschränkung des Materials ergab sich dadurch, daß uns viele biografische Einzelheiten erst später einfielen, ausgelöst durch die Erzählungen der anderen und durch die kontinuierliche Beschäftigung mit dem Thema. In der Auswertung haben wir nur unsere relativ unvoreingenommenen Ersterzählungen berücksichtigt, nicht aber spätere Ergänzungen.

Lust definieren wir als einen Zustand der Intensitätssteigerung des Lebensgefühls, der sich aus dessen »Normallage« heraushebt. Lust ist damit ein spezifischer Zustand, ein Zustand besonderer Wachheit, besonderer Konzentration, besonderer Intensität, besonderen Interesses. Sie ist damit kein Dauerzustand, aber ein potentiell wiederkehrender und aktiv wiederholbarer Zustand. Das Gegenstück von Lust ist umschrieben mit Müdigkeit, Desinteresse, Unkonzentriertheit, Zerstreutheit, Zerrissenheit, Gelangweiltsein, innerer Lähmung. Ein Zustand der Un-Lust oder Lustlosigkeit macht sich als Defizit bemerkbar: Ich finde kein Interesse an einer Sache, ich bin nicht dazwischen (lat.: inter-esse), nicht dabei, nehme nicht teil, bin nicht aufmerksam. Lust als

Erfahrung des Lebendigseins, wie es sich in der vollständigen Konzentration, einem restfreien Dabeisein zeigt, ist damit nicht ein Zustand, der einen mal irgendwann überkommt und wie ein plötzliches Glück vom Himmel fällt; vielmehr ist Lust auch ein Ergebnis eigener Aktivität und der eigenen Anstrengung, Fähigkeiten zu sammeln und zu bündeln, anstatt zu zerstreuen.[2]

Diese Lust genannte Intensität und Konzentration steht in brisantem Widerspruch zum weiblichen Sozialcharakter. Er bildet sich im wesentlichen im historischen Lebenszusammenhang der Frau heraus: im Reproduktionsbereich der industriellen Männergesellschaft. Der Ort der Reproduktionsarbeit der Frau ist die Familie, in der sie – von anderen gesellschaftlichen Orten getrennt – in all ihrem Tun, Fühlen und Denken die Bedürfnisse anderer, vor allem die des Mannes, berücksichtigen und in den Vordergrund stellen soll. Ihr Blick soll auf die Interessen des kleinen sozialen Umfeldes konzentriert bleiben, und das in jeder denkbaren Situation. Hier fühlt sich die Frau relativ kompetent, hier ist der Bereich, wo sie Lob und Bestätigung erhält oder zu erhalten hofft, wo sie aktiv sein kann und soll. Diesen Bereich zu verlassen, die Aufmerksamkeit weg von den ständig wechselnden Ansprüchen der Menschen, für die sie zuständig ist, hin auf ein familien*un*abhängiges und gleichzeitig ungeteilte Konzentration verlangendes Interesse zu lenken, heißt für die Frau, ein zentrales, weibliches Gebot zu mißachten und gegebenenfalls den Unwillen und die Ablehnung der anderen auf sich zu ziehen, über die sie ihre Daseinsberechtigung erfährt. Die auf einen Gegenstand wie Musik konzentrierte Lust und die für Frauen charakteristische Haltung des Daseins für andere sind kaum zu vereinbaren.

Wenn wir nach der spezifischen Lustentwicklung von Frauen im Bereich der Musik fragen und danach, warum die Lust so kurzlebig, so verhalten, so uneindeutig ist, müssen wir zunächst den Blick auf die Orte richten, an denen unsere Lust geprägt wurde: die *Familie* und die *außerfamilialen Lebensbereiche* unserer Kindheit. Die Familie hat für das Mädchen eine doppelte lebensgeschichtliche Funktion: sie ist ein Ort, an dem es sozialisiert wird, und einer, an dem es selbst reproduktive Funktionen für andere hat. Das Mädchen als Teil des familialen Reproduktionszusammenhangs ist einbezogen in die reproduktiven Aufgaben, die sich im allgemeinen an deren dominantem Ziel orientieren, nämlich dem Mann eine Privatwelt zu schaffen, in der er sich regenerieren kann: einen Ort, der ihn *belebt*. Zur Verwirklichung dieses Ziels kommt der auf den Mann bezogenen Lust der Frau/des Mädchens eine immense

Bedeutung als reproduktives, d.h. hier den Mann belebendes Moment zu. Der Mann braucht eine bestimmte Lust der anderen, damit seine Belebung gelingt. Desinteressierte, depressive, abgewandte Familienmitglieder sind dafür ungeeignet. Für die Lustentwicklung des Mädchens ist diese Voraussetzung folgenschwer. Es entwickelt zunehmend nicht irgendeine Lust »für sich« an Tätigkeiten und Dingen, sondern eine, die verwertbar und verwendbar ist im Rahmen der allgemeinen Reproduktionsfunktionen des jeweiligen kleinen hierarchischen Systems Familie. Das Interesse des Mannes an seinem Wohlergehen schließt also auch den Versuch ein, sich die Lebendigkeit der Tochter zu eigen zu machen, er kann sich an ihrer Lust entzünden. All das, was das kleine Mädchen an Freude, Fröhlichkeit, Unbefangenheit, Entdeckungsfreude und Naivität äußert, ist ihm nützlich. Unsere Väter wollten an unserer Lust teilhaben und uns in ihre einbeziehen. Sie wollten mit uns singen, vierhändig klavierspielen, und dies bedeutete immer gleichzeitig unsere Förderung wie unsere Funktionalisierung. Denn die Lust des Mädchens bleibt nicht die eigene Lust, nach eigener Entscheidung und Vorliebe, sondern der Mann versucht, sie für seine Interessen nutzbar zu machen.

Wir gehen davon aus, daß in der *Funktionalisierung* der Lust des Mädchens (und der Frau) durch den Mann (Vater, Lehrer, Freund etc.) ein wesentlicher Grund für den lebensgeschichtlichen Lustverlust der Frau – exemplarisch gezeigt am Bereich Musik – zu suchen ist.

Zunächst wurde in unseren Biografien deutlich, daß die *Mütter* Voraussetzungen dafür schufen, daß ihre Töchter sich musikalische Fähigkeiten aneignen konnten. Die Mütter unterstützten ihre Töchter, allerdings indirekt. Sie leisteten Motivationsarbeit, sie erduldeten das Üben, auch wenn es nervtötend war, sie stellten die Töchter fürs Instrumentüben von Haushaltspflichten frei, brachten sie zum Unterricht, holten sie wieder ab etc. Gleichzeitig aber achteten sie darauf, daß sich das Musikmachen im Rahmen hielt bzw. sich in einer bestimmten Richtung entwickelte: besonderer Wert wurde auf die soziale Wirkung gelegt. Mütter versuchten, die Aufmerksamkeit der Töchter darauf zu richten, die musikalischen Aktivitäten mit bestimmten sozialen Verhaltensweisen zu kombinieren: eine Betonung der Reaktionen anderer anstatt des Musikmachens selbst. So wurde von ihnen z.B. das Vorspielen besonders gefördert und – wenn es von Zuhörern anerkannt wurde – gelobt; so wurde das Musikmachen deshalb wichtig gefunden, weil dadurch die Familie nach außen etwas darstellte; so wurde zum Spielen motiviert, um damit anderen eine Freude zu machen, bzw. darauf aufmerksam gemacht, daß es zu laut sei und Nachbarn stört; so wurde auch die Tochter immer wieder zum Vater geschickt, um mit ihm zusammenzuspielen: »Er freut sich doch so!« Immer ging es den Müttern um das Spielen oder auch Nichtspielen für andere, nicht für sich selbst. Eigenständige Lustgefühle mit Musik wurden in eine Richtung gedrängt mit dem Ziel, sie für andere nutzbar zu machen und sie ihrer »Autonomie« zu berauben. Innerhalb der Familie war der wichtigste andere der Vater, der durch die Aktivität und die Gefühle der Tochter entweder nicht gestört oder erfreut werden sollte.

Die Tochter wurde durch die indirekte Unterstützung der Mutter präpariert, selbst das Ziel ihrer Lust darin zu sehen, dem Vater zu gefallen, ihre Lust dem Vater zur Verfügung zu stellen. Die Lust des Mädchens wurde zu einer sozial adressierten, an der Person des Vaters orientierten Lust. Sie wurde zu einer, die keine eigene mehr war, die nicht mehr dem eigenen Experimentieren und Erkunden und so nicht mehr dem eigenen Aufschluß der Welt diente.

Die Mütter vermittelten, daß sie sich weniger über ihre Töchter freuten, wenn diese einfach etwas konnten oder gerne machten, für sich und ohne direkten Bezug zum Familienverband, als darüber, die Töchter nach außen und vor den Vätern als »gelungen« präsentieren zu können. Die Eigen-Lust des Mädchens wurde von den Müttern übersehen, ignoriert oder abgewertet – jedenfalls haben wir es so wahrgenommen; oft wurde die Lust zum bloßen Fleiß degradiert und als Fleiß belohnt, nicht aber als das, was sie war. Bei uns hinterließ eine solche Reaktion auf unsere Begeisterungen immer ein Gefühl der Erniedrigung, des Nicht-Ernstgenommenwerdens und der Ohnmacht.

Wir haben also kaum die Erfahrung gemacht, daß unsere Mütter uns Lustbereiche eröffnet oder gelassen hätten. Vielmehr sorgten sie dafür, daß wir auch über das Medium Musik weibliche Rollen einübten und einhielten. So waren Mütter für uns auch fast nie Lust-Vorbilder. Die meisten von uns beschrieben ihre Mütter als Frauen, die wenig bis gar keine Interessen außerhalb des Haushalts und der Versorgung hatten, die sich für Mann und Kinder kaputtmachten, die kaum mehr Lebensfreude zeigten. Die meisten hatten mit Heirat und Geburt der Kinder etwas aufgegeben, was sie früher einmal gern gemacht hatten: Berufs--ausbildung, Beruf, Klavierspielen etc. Auch wenn die Mütter weiterhin berufstätig waren, nahmen die Töchter sie innerhalb der Familie ähnlich wahr wie die reinen Familienfrauen. Wir stießen immer wieder auf unsere Gefühle der Enttäuschung oder der Verachtung angesichts der mangelnden bzw. nicht sichtbar werdenden Eigenständigkeit und des passiven In-der-Rolle-Verharrens.

Wir konnten es nicht ertragen. Es hat uns die Mütter weitgehend uninteressant gemacht. Andererseits konnten einige sich an Situationen erinnern, in denen sie sich zu ihren Müttern hingezogen fühlten und sie lieben konnten. Das geschah immer dann, wenn die Mutter eigene Interessen zeigte – was oft nur während der Abwesenheit des Vaters der Fall war –, wenn sie von etwas begeistert war, wenn sie mal ausgelassen war, wenn sie eine unabhängige Meinung äußerte, wenn sie mal etwas von sich aus wollte und tat und davon erzählen konnte. Es schien für uns von großer Bedeutung zu sein, unsere Mütter als eigenständige Personen wahrnehmen und achten zu können. In unseren biografischen Berichten reagierten wir zuerst verständnislos auf diese lust- und interessenlose Wirkung unserer Mütter. In der Folge waren wir über unsere Reaktionen zunehmend erschrocken: über unseren Wunsch, um nichts in der Welt so zu werden bzw. so zu leben wie sie, die Ahnung, letztlich doch vieles genauso zu machen und uns gar nicht so grundsätzlich von ihnen zu unterscheiden, die Widersprüchlichkeit von Identifizierung mit ihnen als meist einziger weiblicher Bezugsperson in der Familie, und gleichzeitig die Unfähigkeit, sie wirklich zu akzeptieren. Dennoch orientierten sich die Töchter an dem, was die Mütter vorlebten. Die »Lustlosigkeit« der Mutter wurde zum indirekten Verbot, eigene Lust zu äußern, ihr ungestört nachzugehen und sich von ihr nicht abbringen zu lassen.

Ganz anders die *Väter*. Sie boten sich als Orientierungsfiguren und Lustvorbilder geradezu an. In den meisten Fällen waren die Väter tagsüber nicht zu Hause, und wenn sie kamen, war alle Aufmerksamkeit auf sie gerichtet; nicht nur zwangsweise, sondern weil sie Interesse auf sich lenken konnten. Im Gegensatz zu den Müttern spielten einige leidenschaftlich auf einem oder mehreren Instrumenten die Werke ihrer großen Geschlechtsgenossen. Es war hör- und sichtbar: Der Vater war Repräsentant der großen weiten Welt, und er war in der Lage, die große Kultur von draußen ins Wohnzimmer zu holen. Und – an dieser Welt, die die engen Grenzen der Familie überschritt, hatten wir Töchter Interesse. Besonders dann, wenn die Väter sich mit den Töchtern beschäftigten, konnten diese sie als Lustvorbilder nutzen oder zumindest erahnen, und die Väter genossen es, von den Töchtern als Orientierungsfigur und Lustvorbild gesehen zu werden. Allerdings vermittelten sie ihren Töchtern schon sehr früh, daß deren Lust sich vor allem an ihnen als Männern zu entzünden hat und nicht an den Gegenständen ihrer Lust, der Musik, der Welt selbst. Was sich hier als großzügiges Angebot des Vaters gegenüber der Tochter darstellte, war geleitet von seinem eigenen Belebungs- und Wiederbelebungsinteresse. Dafür suchten die Väter ein Gegenüber, das ihnen ihre Bedeutung und ihr Gewicht spiegelte. Die Töchter, vorprogrammiert und oft geradezu von den Müttern angetrieben zur Lustförderung des Vaters, waren als Vergrößerungsspiegel für ihn geeignet. Das Vater-Tochter-Verhältnis bekam den Charakter eines Bündnisses, von dem beide profitierten. Die Tochter lernte, konnte ihren Horizont erweitern, indem sie ihm zuhörte; sie hatte zunächst eine unbefangene Lust an allem, was sie vermittelt durch ihn erfuhr. Der Vater wurde im Gefühl von Kompetenz und Größe bestätigt und konnte sich daran ebenso wie an dem unbefangenen Interesse des Mädchens erfrischen und erfreuen. Die Bündnispartner waren jedoch nicht gleichrangig. Als die machtlosere von beiden war die Tochter für das Funktionieren des Bündnisses zuständig, sie war im eigenen Interesse darum bemüht, den Vater in seinen Lustansprüchen bei Laune zu halten und für Harmonie zu sorgen. Das bedeutete, daß sie auch dann auf seine Wünsche und Forderungen einzugehen hatte, wenn sie selbst nichts von ihm wollte. Sie tat es dennoch, oft, um ihn zu pazifieren. Das wurde besonders im Verhalten gegenüber mißhandelnden Vätern deutlich.

»...Ich hatte keine Lust, ausgerechnet mit ihm zusammen zu singen. Aber aus Angst vor seiner Brutalität und in der Hoffnung, dadurch vielleicht eine ruhige Nacht zu ersingen, tat ich es dann doch.«

Aber auch bei einem Vater, der nicht Zwang und Gewalt ausübte, siegte die Befriedigung seiner Lustansprüche gegenüber denen der Tochter.

»Ich hab' mich total von meinem Vater bedrängt gefühlt, wenn er zusammen mit mir Musik machen wollte. Er hat mir auch unheimlich oft vorgeworfen, daß ich immer schlechte Laune hätte, wenn ich was mit ihm machen soll, oder daß ich so ablehnend bin und nicht will. Ich habe mich da auch irgendwie schuldig gefühlt. Ich habe gedacht – jetzt will er schon wieder was mit dir machen, und ich will nicht. Und meine Mutter hat das auch total unterstützt. Die hat immer gesagt: 'Ja, nun mach doch mal was mit ihm, er würde doch so gerne'.«

Bei dieser Funktionalisierung des Mädchens zum Zwecke der Lustgewinnung und Zufriedenstellung des Vaters, bei dieser ständigen, wenn auch oft unterschwelligen Demonstration, daß ihm das Recht zustände, willkürlich mit der Tochter tun zu können, was er wollte, ohne auch nur auf die Idee zu kommen, daß er ihre Bedürfnisse überrollt, liegt die Parallele zum sexuellen Mißbrauch auf der Hand. Auch wenn es »nur«

um das Musikmachen mit dem Vater ging und die meisten Situationen auf den ersten Blick völlig alltäglich und harmlos aussahen, sind die Strukturen doch vergleichbar: die selbstverständliche Verfügbarkeit der Tochter für das Lustinteresse des Vaters, ohne die eigenständigen Lustbedingungen der Tochter zu berücksichtigen.

Das Bündnis zwischen Vater und Tochter funktionierte, solange er für sie Maßstab der Dinge und Zentrum der Anregung war. In dem Moment aber, wo sich die Lust der Tochter unabhängig vom Vater weiter- und von ihm wegentwickelte, griff er ein. Dies geschah meist mit Beginn der Pubertät. Ein Vater wollte z.B., daß seine Tochter Klavierspielen lernt, um mit ihm vierhändig spielen zu können. Zuerst begeisterte auch sie sich für die Idee, fühlte sich durch dieses Bündnisangebot aufgewertet. Bald machte sie jedoch die Erfahrung, daß er permanent in ihr Klavierspiel eingriff und ihr demonstrierte, daß er es besser konnte.

»Ich habe etwas gespielt und quälte mich ab, und abends kam er an und spielte das gleiche doppelt so schnell und unheimlich perfekt. Er hat auf mich so wenig Rücksicht genommen. Ja, das würde ich so stehen lassen: er hat mir die Musik weggenommen.«

Der Vater zwang die Tochter zur Orientierung an ihm und seinem Können. Mit dem neuen Klavierunterricht bei einer beliebten Lehrerin begann jedoch die Tochter, sich an dieser zu orientieren und eine Lust an ihrem Klavierspiel zu entwickeln, über die der Vater keine Kontrolle mehr hatte. Seine erste Reaktion war, kurzfristig selbst Klavierunterricht bei der gleichen Lehrerin zu nehmen, seine zweite Reaktion, die Tochter kurzerhand vom Unterricht abzumelden. Damit verlor deren Lust ihre wichtigste Quelle.

Väter bemühten sich immer wieder, in die Interessengebiete ihrer Töchter einzudringen, an ihnen teilzuhaben: zunächst scheinbar ein ganz liebenswürdiges Interesse, im Effekt aber ein Diebstahl an der ihr gehörenden Lust.

»...und dann war ich mit meinen Eltern und einer Freundin in Irland. Da war diese ganze irische Folklore total in, und mir gefiel das auch, vor allem, daß man da was mit der Geige machen konnte. Und sobald wir wieder zu Hause waren, hat mein Vater mich gelöchert: 'Wann wollen wir endlich anfangen? Mit irischer Folklore.' Ich habe gedacht: 'NEIN'. Also gerne, gerne, aber nicht mit ihm. Das war für mich völlig klar, da hatte er überhaupt nichts drin zu suchen. Ich fand mich dann auch selber ungerecht. Mein Gott, wenn er doch gerne will, aber ich hätte es einfach nicht fertiggebracht. Ergebnis: Ich habe zu dem Zeitpunkt überhaupt keine irische Musik gespielt, schon gar nicht mit meinem Vater.«

Die ersten Abgrenzungsversuche der Töchter gegenüber dem Vater fanden ihren Ausdruck in Peinlichkeitsgefühlen. Bei uns allen tauchte dieses Gefühl auf, sobald der Vater in seiner Körperlichkeit und mit bestimmten Unzulänglichkeiten außerhalb des engsten Familienrahmens in Erscheinung trat. Offenbar wollten die Töchter, daß der Vater vor allem dort »vollkommen« sein und alles wissen und können sollte. Die Töchter fühlten sich dafür verantwortlich, daß der Vater sich nicht bloßstellte, daß er »einen guten Eindruck« vor den anderen machte. Es war, als wollten die Töchter ihren Vater vor negativen Urteilen anderer schützen. Dieser Schutz wurde notwendig, weil ihr eigenes Bild vom Vater brüchig wurde, sobald sie ihn in der Öffentlichkeit anders erlebten, als sie es zu Hause gewohnt waren. Wir kannten alle das Gefühl quälender Peinlichkeit, wenn unsere Väter – gemessen am Familienvater-Bild – aus der Rolle fielen, wenn sie ein Bier zuviel getrunken hatten, wenn sie lustig und laut waren oder sich zu Karneval eine Pappnase aufsetzten. Eine von uns konnte es als Mädchen schwer ertragen, wenn sie ihren Vater bei seinen Auftritten in einer Dixie-Band erlebte: zu Hause war er ein pflegebedürftiger Invalide, in der Dixiegruppe war er raumgreifend, körperlich präsent, ausladend, machtbeanspruchend, begeistert von seiner Musik, animiert, dominant. Für die kleine Tochter war das Familienbild des Vaters ein asexuelles gewesen. Spätestens aber mit der Pubertät nahm die Tochter auch ihren Vater als sexuelle Person, als Mann wahr, vor allem, wenn er sich außerhalb der familiären Rollen bewegte. Das Aha-Erlebnis, daß der Vater auch ein Mann war und sich ähnlich verhielt wie andere Männer, war mit starker Abwehr verbunden. Unterschwellig nahmen wir unseren Objektstatus wahr, vor dem uns die Väter im Rahmen der Familienregeln scheinbar geschützt hatten. In dem Moment, wo wir erkannten, daß auch der eigene Vater ein männliches sexuelles Wesen war, hörte unsere Unbefangenheit ihm gegenüber auf. Spätestens als jugendliche Frau fühlten wir uns auch von unseren Vätern mit Männerblicken angesehen. Aber: Was nicht sein darf, kann auch nicht sein. Wir werteten das Bild, das der Vater in der Öffentlichkeit abgab, um. Es erschien uns einfach unecht, eine Lüge – peinlich. Der »wahre« Vater sollte der frühere, der scheinbar asexuelle Vater des Kindes bleiben. Das alte Bild des Vaters sollte aufrechterhalten bleiben, was aber nicht durchzuhalten war. Ein Lustvorbild war er jetzt nicht mehr, im Gegenteil, uns stieß diese neugesehene Lust-Qualität des Vaters ab, sie war für uns bedrohlich, wir wollten mit ihr nichts zu tun haben.

Unsere Lusterfahrungen im Rahmen der Familie hatten keine stabile Grundlage. Sie blieben abhängig von den Reproduktionszielen, die immer mit der Entwertung unserer eigenständigen Lustfähigkeit einhergingen. Sie waren mehr oder weniger beschnitten, störbar, abhängig von Zielsetzungen, die außerhalb unserer eigenen Neigungen lagen, im Extremfall von uns selbst gar nicht mehr wahrnehmbar. Sie waren immer an einen reproduktionsbezogenen Nutzen gebunden. Die Chance, eigenständige Lustbereiche zu finden, die den Funktionalisierungen der heterosozialen Machtstruktur der Familie nicht unterworfen waren, lag so vor allem in Angeboten *außerhalb der Familie*. Diejenigen, die von ihren Müttern wenig bis gar keine nicht-reproduktionsorientierten Anregungen bekamen und von den Vätern meist den Mißbrauch ihrer Lust erfuhren, waren so besonders auf außerfamiliäre Unterstützung wie Musikunterricht in der Schule, Instrumentalunterricht, Chor etc. und Anregungen durch Freundinnen und Freunde angewiesen. An außerfamilialen Orten hatten wir eher die Möglichkeit, uns den Funktionalisierungen unserer Lust zu entziehen.

Die ersten lustvollen Musikerfahrungen, die nicht mit familienbezogenen Ansprüchen belastet waren, hinterließen bei jeder von uns einen erstaunlich starken Eindruck. Die positiven Erinnerungen führten zur Sehnsucht nach Wieder-Erleben. Das Wieder-Holen der Intensität, die Sehnsucht nach Empfindungen, die durch andere Erfahrungen nicht erreicht werden konnten, waren der Antrieb für vielfältige Aktivitäten und Anstrengungen, jahrelanges Suchen und unterschiedlichstes Aus- und Herumprobieren. Je vielfältiger die Anregungsfelder waren, desto eher bestand die Möglichkeit, negative Erfahrungen auszugleichen und an Erfahrungen von Freude und Begeisterung anknüpfen zu können.

Dabei waren musikalische Gruppenerfahrungen in Chören und Orchestern oft ein verläßlicherer Garant für musikbezogene Lusterlebnisse als der Einzelunterricht und die individuelle Beschäftigung mit einem Instrument. Als Ursache vermuten wir neben dem Freiwilligkeitscharakter des Mitmachens das Erlebnis der »Addition von lauter kleinem Können« zu einem musikalischen Ganzen, die Gruppenkonzentration – deutlich »hörbar« bei der vollkommenen Stille vorm Einsatz – oder die Entlastung durch die Funktion des Chorleiters bzw. der Orchesterleiterin. Funktionalisierungen für außermusikalische Zwecke fielen hier weniger ins Gewicht. Auch das Musikhören und -machen mit Freundinnen war frei von solchen Funktionalisierungen, war angstfrei und entdeckungslustig. An Lehrerinnen und Lehrer im Instrumentalunterricht wurden hohe Lusterwartungen gestellt. Unsere diffusen Vorstellungen darüber, wie das Erlernen eines Instruments vor sich gehen und was sich beim Spielen einstellen würde, führten dazu, die jeweiligen Ergebnisse mit der Person der Lehrerin bzw. des Lehrers zu verbinden. Sie sollten motivieren, uns begeistern und über Durststrecken hinweghelfen. Wurden diese Erwartungen enttäuscht, reagierten wir mit Unmut und Unlust oder mit dem Abbruch des Unterrichts. Die Brücke zur Musik waren immer wieder Personen. Die Beziehung zu den Lehrpersonen war fast immer ausschlaggebend dafür, ob auch eine Beziehung zur Musik gefunden werden konnte oder nicht. War die Lehrerin/der Lehrer unsympathisch, demotivierend etc., dann war meist auch der Zugang zur Musik verbaut oder dauerhaft erschwert. Die Chance bzw. die Gefahr, daß Lehrerinnen oder Lehrer Lust wecken oder Lust zerstören konnten, war vor allem für diejenigen Mädchen groß, die kaum andere Anregungsorte hatten und für die die Lehrpersonen die wesentlichen Bindeglieder zur Musik waren. Dabei waren Lehrerinnen weit eher in der Lage, dem Totalitätsanspruch der Mädchen nachzukommen. Sie wirkten viel eher motivierend und als Vorbild, nicht nur über musikalische Kompetenz, sondern immer auch über den Einsatz ihrer gesamten Person: Sie wirkten über den motivierenden und qualifizierenden Charakter ihres Unterrichts hinaus bestätigend und unterstützend auf die Lebensbewältigung ihrer Schülerinnen. Demgegenüber wurden Lehrer allenfalls in ihrer sachbezogenen Kompetenz akzeptiert. Die Funktionalisierung der Lustbereitschaft der Mädchen wurde auch hier wieder deutlich, die Verquickung der Interessen der Lehrer mit den Lernfortschritten der Mädchen äußerten sich in sexistischen Signalen:

»…dieser Mann war mir unangenehm, …ich ekelte mich vor seinem Mund mit dem Schnäuzer drüber, …und dann hatte er eine Art, Lob und Tadel zu verteilen, nämlich indem er meinen Po tätschelte.«

Der Lust-Verlust des Mädchens an der Musik war die sichere Folge.

Lust entwickelte sich bzw. wurde zerstört in dem Widerspruch, einerseits gefallen zu sollen und zu wollen, sich abhängig zu fühlen von der Resonanz und der Zustimmung anderer und andererseits selbst etwas zu wollen und durchzuhalten, das unabhängig von Personen und deren Ansprüchen an uns hätte Bestand haben können. Da wir das, was wir wollten, unsere eigene Lust, ja noch gar nicht genau kannten und sie deswegen auch nicht gezielt angehen konnten, waren wir hochgradig irritierbar durch soziale Rückmeldungen, die Mißfallen und Nicht-Akzeptanz vermuten ließen. So war es gar nicht immer direkte Kritik,

Tadel, Ignoranz oder Ablehnung, die unsere Lust lähmte, sondern die indirekte Botschaft, die oft hinter den »positiven«, wohlmeinenden und lobenden Reaktionen steckte. Nicht nur wie, sondern auf was reagiert wurde, war ausschlaggebend. Und in dem Konflikt siegte meist unsere Anpassung und Rücksicht und verlor der eigene Lustanspruch, der vernachlässigt und oft ganz aufgegeben wurde, jedenfalls vorübergehend. Von Anerkennung abhängig, richteten wir uns nach Reaktionen des sozialen Umfelds aus, die eben nicht unsere Lust, sondern ganz andere Seiten und Funktionen unserer Person betrafen, und verloren damit immer wieder die Lust an dem, was wir ursprünglich vorhatten. Schließlich wurden Ablehnung und Kritik von anderen gar nicht mehr abgewartet, sondern von vornherein und vorwegnehmend angenommen, so daß nicht mehr nur die tatsächlichen Reaktionen der anderen das Lustverhalten dirigierten, sondern bereits die eigenen Vorstellungen und Befürchtungen. Diese führten dahin, vieles zu unterlassen, mündeten in permanente Selbstbehinderungen, in Zurückhaltung, Zurücknahme, Tarnung, Peinlichkeitsgefühle und Angst, beobachtet und abgewertet zu werden. Mit diesem Mechanismus wurde nicht nur die Äußerung von Lust blockiert, sondern die Lusterfahrung selbst reduziert und verkleinert.

In der selbständigen Aneignung von Lustbereichen fühlten wir uns wenig kompetent, so auch gegenüber den vorhandenen musikalischen Angeboten, z.B. der Auswahl von Platten und Kassetten. Die meisten von uns vermieden es, allein in einen Plattenladen zu gehen. Wir befürchteten, unsere mangelhafte Sachkunde könnte sich bemerkbar machen, wir fühlten uns dort unsicher, wie in einer unbekannten Landschaft, in der die Orientierung schwerfällt. Wir waren auf Vermittlung unserer Freunde angewiesen. Die Plattenläden waren ihre Welt, in der sie sich zu Hause fühlten, sie wurden zu Mittelsmännern, die häufig nach ihrem Musikgeschmack vorsortierten und auswählten, um uns Musik ins Zimmer zu bringen.

»Was er (der neue Freund) mir alles bieten konnte... mit dieser klassischen Musik, mit diesem Orgelkonzert, ich hatte da irgendwie Lust auf mehr, aber ich wußte nicht wie. Und das konnte der mir nun alles sagen und zeigen. Ich konnte ihm sagen, ich möchte Musik hören, die soll sich so und so anhören, und dann hat er nachgeguckt und hat mir was mitgebracht.«

Dabei gingen Musik und Freund eine Verbindung ein; eine emotionale Koppelung fand statt, die Musik wurde zur Liebesmusik; sobald sie erklang, war er da. Und die Trennung vom Freund war dann meist gleichzeitig eine Trennung von der mit ihm verbundenen Musik. Ein eigenständiger Bezug zu dieser Musik war nicht entstanden. Und auch wenn vor der Beziehung ein solcher bestanden hatte, z.B. Kompetenz und Durchblick in einem Bereich der Rockmusik, konnte der Freund es schaffen, gerade diese Musik zu seiner zu machen und sie nach der Trennung sozusagen mitzunehmen: Wir konnten auch die Musik, die früher unsere war, jetzt nicht mehr hören. Durch die Verknüpfung mit ihm war mit seinem Weggehen auch der Weg zur gemeinsam gewordenen Musik versperrt.

Beim Musikmachen dominierte die Ausrichtung auf die Bedürfnisse des Freundes ähnlich wie im Verhältnis zu unseren Vätern. Uns gelang es nicht, den Raum mit unserer Lust an Musik zu füllen. Wir konnten uns nicht auf sie konzentrieren, solange wir uns seiner Anwesenheit und seines gleichzeitigen Ausschlusses bewußt waren. Unsere Lust ging in solchen Situationen verloren, was dazu beitrug, in seiner Anwesenheit aufs Spielen zu verzichten.

»Ich warte meistens, bis er weg ist, wenn ich anfangen will mit Klavierspielen. Wenn ich weiß, jetzt fängt er gleich wieder an zu brubbeln und zieht wieder ein Gesicht, weil ich jetzt anfange zu spielen, höre ich auf...«

Sein Wohlbefinden wurde durch Spielverzicht geschützt, oder es wurde versucht, ihn einzubeziehen und ihm dadurch signalisiert, daß er nicht vergessen wurde und wir nichts für uns allein zu tun beabsichtigten. Eine eigenständige, vom Freund unabhängige Lust am Musikmachen oder -hören, erlebt in seiner Anwesenheit, tauchte in unseren Biografien nicht auf.

Der Zugang zur Musik und zur Lusterfahrung durch Musik wurde so durch die Unterordnung unter tatsächliche oder vermutete Beziehungsansprüche immer wieder zerrissen. Jederzeit abrufbar zu sein, ist verbunden mit Nicht-Konzentration. Konzentration aber ist die wichtigste Voraussetzung dafür, daß sich Lust an der Musik überhaupt entwickeln kann. Die Diskontinuität der Tätigkeiten und Anläufe, die Diskontinuität am eigenen Instrument, die unsere Biografien mehr oder weniger deutlich machten, stand immer im Zusammenhang mit der übergeordneten Bedeutung unserer »reproduktiven«, nämlich die Ansprüche anderer berücksichtigenden Orientierung. Sie wurde selbst zu einer permanenten Störquelle beim Verfolgen und Erweitern von Lusterfahrungen, die keine direkte Verwertbarkeit für die Beziehungen zu anderen hatten. Uns schien die Legitimation zu fehlen, sie – auch vor uns selbst – dennoch durchzusetzen. Das wurde besonders deutlich in Phasen, in denen wir keinen regelmäßigen Instrumentalunterricht hatten, also keinen festen, bezahlten Termin, in denen wir uns vielmehr selbst überlassen waren in der Fortführung unseres »eigentlich« immer noch bestehenden Interesses, unserer

Sehnsucht, das Begonnene weiterzuverfolgen. Es fiel uns schwer, uns unabhängig von einem äußeren »Muß« Zeit für uns zu nehmen, den eigenen Wunsch und das eigene Tun wirklich wertzuschätzen. Denn diese Wertschätzung hätte sich unabhängig von anderen, sogar im Widerspruch zu ihnen entwickeln müssen.

Zur Legitimation des Verzichts und des Abbrechens wurde so auch immer wieder das Messen mit fremden Maßstäben. Dem Maßstab des Mannes maßen wir mehr Wert als dem eigenen bei. Im Vergleich zu ihm und seinen Maßstäben trauten wir uns nicht mehr und werteten ab, was wir selbst schon konnten und wollten. Der Fremdmaßstab wirkte immer lustverhindernd und demotivierend. Wir stellten Qualitätsansprüche an unsere Fähigkeiten, die so überhöht waren, daß das Ziel unerreichbar wurde und somit gar nicht mehr verfolgt werden mußte. Das Prozeßhafte des Lernens, die Lernfähigkeit selbst, war nicht mehr lustbesetzt, so als wäre Musikmachen und die Lust daran ein rein intuitives Ereignis und nicht etwas, das zu erarbeiten ist.

Trotz aller immer wieder auftauchenden Begeisterung sind unsere Musikbiografien durchzogen von Selbstbehinderungen und Erfahrungsvermeidungen. In der Tendenz hat sich die Lust an der Musik von der Sichtbarkeit und Hörbarkeit, also der Äußerung, hin zur Unsichtbarkeit und Nicht-Äußerung entwickelt. Unsere Lust wurde immer weniger wahrnehmbar, immer weniger gezeigt. Als Mädchen haben wir z.B. mit Freundinnen Musik gehört und dazu gesungen. Eine ist mit dem Kassettenrecorder losgezogen, ...»wir hatten einen bestimmten Spazierweg, da sind wir dann langgelaufen und haben den Recorder laut aufgedreht und ganz laut dazu mitgesungen.« Heute geschieht so etwas allenfalls allein und heimlich. »Wenn ich alleine bin, singe ich oft zur Musik mit... Das Schöne, das ich dabei empfinde, muß ich auch irgendwie ausdrücken. Ich muß ja irgendwohin mit dem schönen Gefühl.«

Meist wird Musik nur noch alleine gehört, bei geschlossener Tür; die Anwesenheit von Mitbewohnern stört dabei. Sobald jemand hereinkommt, wird die Musik ausgemacht, jedenfalls ist der Zauber dahin. Unsere Lust an der Musik ist gefährdet, sie ist störbar und zerstörbar. Wir versuchen, sie zu schützen, indem wir sie immer mehr zur privaten Erfahrung machen und abschotten und immer weniger im sozialen Zusammenhang suchen und zeigen. Andere Personen sind überflüssig, stören, lösen Angst und Abwehr aus, engen ein.

Wir gehen davon aus, daß wir unsere Lust vor der Funktionalisierung schützen wollen, die sie im Laufe unserer Geschichte erfahren hat. In diesem jahrelangen Deformationsprozeß ist die Lust nicht einfach »heil« geblieben und muß nun lediglich im Inneren, wo sie heimlich weiterlebt, bewahrt werden. Vielmehr hat sie sich auch durch die vielen Anstrengungen, sie nicht zu zeigen, und durch die Versuche, sie vor den Vereinnahmungen durch andere zu retten, verändert, ist kleiner geworden. Sie ist nicht mehr leicht zugänglich und präsentabel, ist schwer äußerbar, in der Äußerung durch Gedanken darüber, wie sie auf andere wirkt, gestört. Im Beisein von anderen sind wir in unserer Lust gehemmt, singen leise, trauen uns nicht, Raum einzunehmen, fühlen uns beobachtet und geizen damit, sie spürbar und mitteilbar werden zu lassen. Das wiederum hat Auswirkungen auf diejenigen, mit denen wir zusammen Musik machen wollen. Denn die Zurücknahme und Nicht-Äußerung wirkt nicht gerade ansteckend auf andere. So schränken wir uns gegenseitig immer wieder ein, bremsen nicht nur die Äußerung, sondern auch die Entwicklung der Lust selbst.

    Wir haben gelernt, Lust und Interesse nur ausgerichtet auf die Regeln einer männerorientierten weiblichen Moral zu entwickeln. Gewünscht ist die Lust am Mann oder eine Lust, an der er sich beteiligen, die er brauchen kann. Der Mißbrauch an unseren Gefühlen, die Ausbeutung unserer Fähigkeit, uns durch konzentrierte und kontinuierliche Beschäftigung mit einer Sache lebendiger machen zu können und diese Lust auch teilen zu können, hat zur Folge, daß wir sie einkapseln, um wenigstens etwas von ihr zu erhalten. Sie wird in einen geschützten Raum verlegt, hinter die schützenden Mauern des eigenen Zimmers oder die Mauern, die um die eigene Person errichtet werden. Hier wird Musik ein Mittel, die Konzentration auf uns selbst zu lenken, auf eigene Gefühle und Wünsche. Für diese Zentrierung der Aufmerksamkeit auf das eigene Ich sind andere Personen entbehrlich, sie stören. Wir fühlen uns entblößt und ertappt, wenn andere Zeugen eines Vorgangs werden, der wie etwas Verbotenes erscheint. Denn die Musik und die Lust an ihr, die Beschäftigung mit uns selbst, ist uns dabei wichtiger als die Bedürfnisse anderer an uns. Wir wollen in diesem Moment der Konzentration von anderen nichts wissen, lassen sie bewußt draußen vor der Tür. Das ist ungewohnt.

    Auf der einen Seite halten wir diesen Rückzug, die Beanspruchung eines äußeren und inneren Raums für uns allein, für notwendig. Auf der anderen Seite sehen wir aber auch, daß die Lusterfahrungen sich weiter einschränken oder deformieren, wenn sie unsichtbar und im Verborgenen bleiben. Denn zur Lust gehört auch ihre Äußerung und Ausbreitung, ihre Ausstrahlung und Verstärkung durch und für andere. Wenn wir sie hüten wie einen Schatz, wird sie immer glanzloser und immer ich-bezogener. Es geht die Kraft verloren, mit der Lust und durch die Lust die eigenen Grenzen auszudehnen und uns der Welt außerhalb von uns selbst zu nähern. Die Lust verliert eine Qualität der Zuwendung. Diese ist aber nur zu erreichen, wenn wir sicher sein können, daß keine Funktionalisierung durch andere geschieht.

Das Präsentwerden von Frauen in der politischen und kulturellen Öffentlichkeit setzt voraus, daß Frauen sich als Subjekte begreifen können. Ein wesentliches Ergebnis unserer Untersuchung zeigt jedoch, wie nachhaltig die gesellschaftliche Zurichtung auf den Objekt-Status in uns weiterwirkt bis in Bereiche hinein, in denen direkte Zutrittsverbote für Frauen nicht mehr bestehen: Wir haben die Möglichkeit, Musik zu machen, das Spielen von Instrumenten zu lernen, in und mit Gruppen Erfahrungen zu sammeln, mit Frauen und nicht nur mit Männern zu spielen. Die technische Entwicklung von Tonträgern ermöglicht uns den Zugang und das Kennenlernen von Musiken fast aller Zeiten, Kulturen und Stilrichtungen. Dennoch sind unsere Biografien voller Behinderungen und Selbstbehinderungen. Die Kollektivforderung an Frauen, sich an Bedürfnissen anderer zu orientieren, führt weiterhin zu der Unfähigkeit, an einer Sache zu bleiben, führt zu Diffusion und Zerrissenheit im Prozeß der Aneignung von Kompetenzen und somit auch der Aneignung von Lust. Das »Überall-ein-bißchen« kann nicht lustvoll werden. Es führt zu Unzufriedenheit und dem Verbleiben in den eigenen Grenzen. Damit können wir männliche Machtansprüche nicht irritieren und stören, damit bleiben wir unschädlich. Die Beschäftigung mit unserer *Zutat zum eigenen Lust-Verlust* ist ein Weg, aus den Beschränkungen herauszufinden.

Der zweieinhalbjährige Erkenntnisprozeß über die Bedingungen und die Funktion des Lustverlusts von Frauen am Beispiel Musik (das Beispiel halten wir für austauschbar) hat bei uns allen zu Veränderungen geführt. Viele von uns haben zuvor unterbrochene musikalische Aktivitäten wieder verstärkt aufgenommen. Andere entschieden sich gegen die Musik und für die Konzentration auf andere potentielle »Lustgebiete«. Wir haben erkannt, daß die Konzentration und die Nicht-Ablenkung Voraussetzungen und Schlüssel der Lustentwicklung und Weiterentwicklung darstellen. Nicht in der Zerstreuung, sondern in der Bündelung des Interesses und seiner kontinuierlichen Verfolgung liegt die Chance, daß wir Zugang zu Kompetenz und Lust finden, die nicht allein bei uns bleiben und sich von Vereinnahmungen unabhängig machen können.

Angelika Döll, Barbara Döring, Brigitte Ender, Brigitte Fink, Dagmar Kamps, Silke Kristen, Isabell List, Sabine Müller, Karin Perk, Birgit Richter, Lydia Schillen, Annette von Wedel

Anmerkungen

[1] s. Elisabeth Haselauer: *Musik – Luxusartikel oder Überlebensfaktor? Umfrage. Ergebnisse.* In: *Fragmente als Beiträge zur Musiksoziologie,* H. 13, Wien, München 1982
[2] Christina Thürmer-Rohr: *Lust-Verlust der Frau – Ein Wundmal.* In: Basler Zeitung (Magazin), Nr. 47, 19.11.1988, S. 6–7

Roundtable-Gespräch[1]
»Mittäterschaft und Sozialcharakter«
Teilnehmerinnen: *Veronika Bennholdt-Thomsen,
Gisela Breitling, Ute Gerhard, Marlis Gerhardt,
Karin Hausen, Christine Holzkamp, Maya Nadig,
Sigrid Weigel, Christina Thürmer-Rohr*

Christina Thürmer-Rohr:
Diese Veranstaltung ist ein Experiment: Erstens kennen wir uns z.T. nicht, wir kommen aus unterschiedlichen Disziplinen und können uns möglicherweise nicht gleich verständigen. Zweitens wollen wir uns bemühen, die üblichen Erfahrungen mit Podiumsdiskussionen nicht zu wiederholen. Meist werden einfach verschiedene Positionen aneinandergereiht oder werden Zuschauerreaktionen getestet, wie in Fernsehdiskussionen, oder es geht um Selbstprofilierung und Schlagabtausch, um Sieg und Niederlage. Selten scheint es darum zu gehen, sich gegenseitig anzuregen, zu inspirieren, nachzudenken, weiterzudenken. Vielleicht gelingt es uns.

Die Auswahl der Gesprächsteilnehmerinnen ist nicht erfolgt nach dem Kriterium, eigene Positionen bestätigt zu bekommen. Vielmehr wollten wir Wissenschaftlerinnen/Autorinnen einladen, deren Beiträge zur feministischen Forschung und Reflexion für unsere Arbeit in den letzten Jahren unentbehrlich und weiterführend gewesen sind und in unterschiedlicher Weise in sie Eingang gefunden haben. Diese Beiträge beziehen sich zum einen auf das 19. Jahrhundert, das für die Gegenwartsanalyse und für den gegenwärtigen Sozialcharakter der Frau immer noch von großer Bedeutung ist oder zu sein scheint, und zum anderen auf das gegenwärtige Leiden an dieser Kultur. Ausgangspunkt des Gesprächs heute soll die Frage nach dem Zusammenhang zwischen den Prägungen des *Sozialcharakters der Frau* und dem *Mittäterschaftsproblem* sein. Der Stoff für die Beteiligung der Frau an der Entwicklung der zivilisierten Männergesellschaften steckt – das ist die These – in Merkmalen ihres Sozialcharakters. Dessen wesentliche Bestimmungen sind in der bürgerlichen Geschlechterideologie formuliert, die die soziale und psychische Funktionalisierung der Frau für die Interessen der industriellen Männergesellschaft des 19. Jahrhunderts im Sinn hatte. Angesichts der Tatsache, daß dieser Sozialcharakter einerseits seine Langlebigkeit bis in unsere Zeit hinein ständig unter Beweis stellt, andererseits aber die Gesellschaft der Gegenwart nicht die des 19. Jahrhunderts ist, stellt sich die Frage, in welchem Verhältnis die gegenwärtige Funktionalisierung und Selbstfunktionalisierung der Frau zu den realen gesellschaftlichen Bedingungen unserer Zeit stehen. Die These der Mittäterschaft, die sich auf die Gegenwartsgeschichte bezieht, weist die Zwangsläufigkeit der Funktionalisierung zurück, stellt sie zumindest in Frage.

Christine Holzkamp:
Meine Frage: Was bringt Frauen eigentlich dazu, aus dieser Funktionalisierung und Selbstfunktionalisierung auszubrechen? Welche Bedeutung hat bei diesem Prozeß der Sozialcharakter? Ich behaupte, im Sozialcharakter, der Frauen zu Mittäterinnen macht, ist auch die Potenz enthalten, sich aus der Mittäterschaft zu befreien, nein zu sagen, widerständig zu werden. Es geht mir nicht um die Aufwertung einzelner Eigenschaften, die zum traditionellen Kanon der Weiblichkeit gehören. Ich will auch nicht durch ein Sowohl-als-auch die Radikalität und Klarheit der Analyse entschärfen und die mit dem Mittäterschaftskonzept verknüpften Anforderungen an uns erträglicher machen. Es geht mir darum, daß wir uns als Gewordene und Werdende begreifen, als Frauen, die in sich selbst auch die Potenz zu ihrer Veränderung tragen, zu ihrem Ausbruch aus der Mittäterschaft, zu ihrer Möglichkeit, selbstbestimmt zu handeln, sich in gesellschaftliche Prozesse einzumischen. Auch diese Tagung ist für mich ein Ausdruck davon. Mein Problem mit dem Konzept besteht darin, daß diese Potenz zum Aufbruch und Ausbruch, das Widersprüchliche in der Entwicklung von Frauen, nicht theoretisiert wird. Darüber wird nichts gesagt, obwohl das Verweigern der Funktionalisierung als Gegenbegriff mitgedacht ist. Es geht mir um eine Erweiterung dieses Konzepts in der Weise, daß der theoretische Blick auf die Frau beide Seiten zugleich und in einem sieht: das mit der Mittäterschaft Übereinstimmende und das Nicht-Übereinstimmende. Beides wird ja im Prozeß der individuellen Entwicklung hergestellt. Wir sind ja nicht nur das, was das Leben aus uns gemacht hat, sondern zunehmend mehr das, was wir aus dem Leben und uns machen. Ich denke, daß das Konzept der Mittäterschaft in der Entfaltung der einen Seite leicht das Mißverständnis produziert, es gehe hauptsächlich darum, etwas zu lassen, da über das Tun theoretisch nichts explizit ausgesagt wird.

Karin Hausen:
Das in vielen sprachlichen Formulierungen umkreiste Interpretationsmuster der Mittäterschaft fasziniert mich. Der gewählte Begriff dagegen ist mir nicht Anstoß, sondern anstößig, und zwar aus folgendem Grund: Mein Wortverständnis von Täter und damit auch von Mittäterin unterstellt zweierlei: einmal eine präjurative, d.h. verurteilende Konnotation, also das negative Urteil, und zum zweiten die Komponente des intentionalen, also absichtsvollen Tuns. Beide Komponenten dieses Begriffs zerstören für mein Verständnis die gewollten analytischen Möglichkeiten, die in dem Konzept angepeilt werden. Und daß es beim Aufstellen dieses Konzepts um »Gegenwartsgeschichte« gehen soll, setzt eine weitere Schwierigkeit, solange ich nicht weiß, was Gegenwartsgeschichte ist. Ab 1945, heute, inclusive des 18. Jahrhunderts?

Marlis Gerhardt:
Ich kann mit diesem Konzept sehr viel anfangen, obwohl ich ja was ganz anderes mache – ich arbeite über Ästhetik und Literatur. Ich habe sehr viele Parallelen gefunden und finde diesen Sozialcharakter in der Literatur von Frauen dauernd festgeschrieben, und zwar von der klassischen Moderne, angefangen mit Virginia Woolf, bis zur Literatur im Umfeld der Frauenbewegung. Da wird gerade an diesem Sozialcharakter merkwürdig zäh festgehalten. Er wird festgeschrieben und zum Teil auch idealisiert. Und zum Begriff der Mittäterschaft: Für mich ist das eine Art Metapher für etwas, was wir noch nicht im Griff haben, wofür es noch keine klaren Begriffe gibt. Ich glaube, es ist ein Versuch, etwas zu beschreiben, das wir noch nicht ganz begriffen haben. Da müßte man einfach weitermachen, statt uns jetzt schon darauf festzulegen, was an dem Begriff genau oder ungenau ist. Jedenfalls würde ich den Begriff Mittäterschaft vom juristischen Background ganz ablösen und ihn eher als Arbeitshypothese verstehen. Neue Modelle, neue Ansätze sind auf diese Weise schon sehr oft eingeführt worden und ins Gespräch gekommen. Dies geschah immer vor der letzten Absicherung der Theorie. Wir sind ja gewohnt, in binären Begriffen, in Polarisierungen zu denken und daher darauf angewiesen, etwas Neues zu finden, das die Auflösung der strikten Trennung von Opfer und Täter zum Ziel hat. Dafür gibt es jedoch im Moment noch keine stringente, bis ins letzte abgesicherte Formulierung, keinen Begriff. Eine provokante Formulierung scheint mir ohnehin sinnvoller zu sein als eine allzu vorsichtige Umschreibung.

Veronika Bennholdt-Thomsen:
Im Gegensatz zu Karin Hausen finde ich es gerade sehr wichtig, daß in diesem Begriff das Intentionale festgehalten ist, daß ganz konsequent der Blick auf die Frau gerichtet wird im Zusammenhang mit der Zerstörung unserer Welt, daß also die Tat in den Blick kommt, auch die Tat im Sinne der Verantwortung jeder einzelnen Frau. Allerdings habe ich auch das Problem, daß mir dabei der alltägliche Widerstand von Frauen nicht genug mitschwingt. Die positive Tat, das Sich-Wehren, sollten wir noch stärker herausarbeiten. Ich kenne mich in Mitteleuropa nicht so aus, würde aber gerne auch die anderen Kontinente mit hinzunehmen. Die Praktiken dort sind sehr widerständig, und das Lernen von ihnen ist gerade für uns heute aktuell, ebenso das Lernen aus der Geschichte. Wie viele Frauen hat es gegeben, die sich auch unter großen Entbehrungen widersetzt haben! In diesem Zusammenhang ist für mich der Begriff der Würde sehr wichtig. Er könnte eine Möglichkeit eröffnen, weiterzudiskutieren in dem Sinne, daß wir diese Diskussion von Drinnen und Draußen, also Mitmachen im Sinne von Drinnen, in den Institutionen, im System, und Mitmachen Draußen, außerhalb der Institutionen, außerhalb des Systems, vermeiden; denn dieses Drinnen/Draußen gibt es m.E. nicht. Was es aber sehr wohl gibt, ist die Möglichkeit, sich in der Situation, da, wo ich bin, zu wehren: gegen das Unterminieren meiner Person als Frau, dagegen, daß mir qua Geschlecht die menschliche Würde immer wieder abgesprochen wird. Daß Frauen Opfer und Mittäterinnen sind, schließt sich nicht aus. Im Gegenteil, erst die Erkenntnis, Opfer zu sein, diese Position bewußt einzunehmen, anstatt sie zu verleugnen oder zu verdrängen, verhindert meine Mittäterinnenschaft.[2] Andernfalls liegt das Ziel nahe, es den Herren gleichtun und ihnen gleichberechtigt sein zu wollen. Wenn ich aber zur Kenntnis nehme – in seiner ganzen schrecklichen Konsequenz –, daß ich in dieser Gesellschaft Opfer *bin,* daß mir meine menschliche Würde abgesprochen wird, dann habe ich die Tür offen für die radikale Abgrenzung dagegen, daß das Mich-Entwürdigen weiterhin der Zement dieser Gesellschaft ist. Ein Bild dafür ist einerseits der Onkel Tom, der leugnet, Opfer zu sein, der versucht, sich aus der Sklavensituation herauszuschleichen, indem er so tut, als wäre er etwas besseres, indem er sich also selbst verleugnet. Das ist der Weg der Gleichberechtigung. Und andererseits der des Cimarron, des Sklaven, der ausgebrochen ist aus der Sklaverei, der sich nicht beim Herrn eingeschlichen hat, sondern seine persönliche, menschliche Würde hergestellt hat, indem er geflohen ist in die Wälder, in die Berge, und dort mit seiner eigenen Arbeit, mit seiner eigenen Kraft sein Leben für sich und seinesgleichen produziert.

Gisela Breitling:
Der Begriff Mittäterschaft kann für Künstlerinnen gelten, die in ihrer Kunst die Frau oder auch sich selbst zum Objekt machen. Die bildenden Künste sind reaktionär geworden. Die Revolution, die sie um die Jahrhundertwende gegen das Weltbild des 19. Jahrhunderts führten, ging ins Leere. Mit den Worten der Malerin Hortense von Heppe: »Heute ist das sogenannte Kritische nicht mehr als das jedermann Verständliche, das Angepaßte..., (das) mit dem Nimbus des Außerordentlichen nur längst bekannte Weltanschauungen illustriert.« Der Kunst- und Kulturbetrieb rotiert in dem Widerspruch, daß das Spröde, Inkommensurable, Widerständige sich als Gegenbewegung gegenüber Normen und Sehgewohnheiten glaubt verstehen zu dürfen, obwohl eben dieses Widerständige selbst gerade die etablierte Kunst ist, jene Kunst, die von arrivierten Kritikern kommentiert und belobigt, von Museen gekauft und ausgestellt, von Politikern in Auftrag gegeben bzw. abgesegnet wird. Diese Salonkunst des späten 20. Jahrhunderts schmückt sich mit dem Etikett Avantgarde, obwohl die Avantgarde sich ihrem Wesen nach gerade nicht in den Museen befinden und nicht zum akzeptierten Ästhetik-Kanon der Akademien gehören kann. Die Übereinkünfte über das, was dem Zeitgeist gemäße Kunst sei, reflektieren kaum Auseinandersetzungen mit den Problemen der Gegenwart, sondern spiegeln und etablieren in saisongemäßen Schlußverkaufsintervallen jene Methoden des »Angebots«, wie sie das Management der Industrie erfolgreich anwendet. Es geht nicht um Bilder, sondern um Objekte, die die Fähigkeit besitzen, Geld zu akkumulieren, d.h. bei Weiterverkäufern hohe Zuwächse an Gewinn zu erbringen. Die Kunstaura ist der Aura des Preises gewichen. Bewundert wird das Objekt, wenn es sich im Schutz der Autorität des Preises an einem Ort mit Autorität befindet – in Museums-Schutzhaft. Je weniger das Objekt selbst dem Auge bietet, desto mehr findet die Fähigkeit des Künstlers Bewunderung, es zu diesem Preis an diesen Ort gebracht zu haben. Diese Kunst ist ungemein langweilig.

Die Frau der Kunst, Erfolg für Frauen? Sicher nur unter der Voraussetzung der Anpassung an diese Bedingungen.

Der Zug der Kunst, er war einmal ein Luxus-Expreß, steht mit heruntergelassenen Sonnenrouleaus auf dem Abstellgleis. Die Lokomotive ist längst abgekoppelt. Niemand merkt, daß er nicht mehr fährt. Die Passagiere sind damit beschäftigt, die besten Plätze zu ergattern. In der ersten Klasse und im Speisewagen sitzen ausschließlich Männer; Frauen befinden sich im letzten Waggon und versuchen, nach vorne zu

kommen. In den Speisewagen durchzudringen, gelingt einigen wenigen, in die erste Klasse, keiner, dorthin, wo das Zugpersonal am höflichsten ist und man es am bequemsten hat und wo luxuriöse Extras serviert werden. Draußen werden inzwischen die Schienen demontiert.
       Vorwärtskommen hieße aussteigen und zu Fuß gehen. Das ist unbequem, das wäre ein einsamer Entschluß, da gibt es keine Reisebegleitung mehr. Draußen könnte man die Landschaft sehen, eine inzwischen sehr fremd gewordene, die europäische Kulturlandschaft.

Sigrid Weigel:
Zur Flucht in die Berge und in die Wildnis möchte ich zu bedenken geben, daß mit der Vermarktung der neuen Wilden in der Malerei auch die Wildnis in unserer Kultur längst zum Reservat geworden ist.
       Mich interessiert an der Diskussion der Mittäterschaft, daß es längst an der Zeit ist, daß wir einen Bruch vollziehen gegenüber der Selbstidentifikation der Frauen als Opfer. Wenn man sich mit Literatur beschäftigt, ist man tatsächlich konfrontiert mit einer langen Geschichte des Lamentos und mit der Beobachtung, daß Frauen sich immer wieder als Opfer definieren. Das Problematische an dieser Geschichte ist, daß selbst dort, wo Frauen glauben und beabsichtigen, sich aus diesen Verhältnissen herauszustehlen und andere Identifikationsmuster suchen, sie diese aufgrund bestimmter sprachlicher Muster doch wieder reproduzieren. Das ist das Problem von Sprache, überhaupt von Verhaltensweisen und kulturellen Normen, die wir internalisiert haben und die sich auch noch im Dissens wiederfinden lassen. Beim Konzept der Mittäterschaft äußert sich das für mich vor allem in der Bindung des Begriffs an die Intentionalität von Handlung. Man kann Sprache nicht voluntaristisch aus ihren historischen Zusammenhängen, aus den Diskurszusammenhängen herausbrechen. Wenn man bestimmte sprachliche Muster verwendet, dann aktualisiert man damit auch die Verbindungszusammenhänge, in denen diese Begriffe stehen, so daß über die Sprache hinter unserem eigenen Rücken Bedeutungszusammenhänge gegen die eigene Intention entstehen. Insofern sehe ich im Begriff der Mittäterschaft noch keinen Bruch zur Opfertheorie, weil der Begriff des Opfers und des Täters dialektisch zusammenhängen. Für mich ist da besonders interessant die Diskussion um die Geschichte des Nationalsozialismus und um die Perspektive der jüdischen Geschichte. Ich habe von den Diskussionen über das Problem der jüdischen Überlebenden viel gelernt, was auch für den Feminismus von Bedeutung wäre: Außer denjenigen, die in dem

Sinne Opfer sind, daß sie nicht mehr leben, sind alle Überlebenden immer auch Täter. Es gibt niemals nur Opfer, sondern jedes Subjekt ist in verschiedenen Situationen Opfer und Täter. Ingeborg Bachmann hat dies in ihrer Literatur auf beispiellose Weise dargestellt.

Frauen, die ausbrechen wollen, bleiben verstrickt in den Mustern, die sie in unserer Kultur erlernt haben. Die Frage, in welcher Art und Weise Frauen in diese Gewaltzusammenhänge involviert sind, deren Opfer sie auch sind, habe ich auszudrücken versucht in der Formulierung, daß Frauen beteiligt sind und ausgegrenzt zugleich. Das ist für mich etwas anderes als Opfer und Täter sein, insofern als damit eine bestimmte frauenspezifische Perspektive ausgedrückt ist. Frauen, je emanzipierter sie sind und je mehr sie teilhaben an den Tätigkeiten, die vormals Männern vorbehalten waren, verwenden eine Sprache, bewegen sich in Verhaltensmustern, die eine Geschichte des Ausschlusses von Weiblichkeit und anderem Anderen haben. In dem Maße, wie Frauen aktiv an diesen Normen teilhaben, sind sie in einem sehr komplizierten Verhältnis situiert, in dem sie sich bewegen in einer Art und Weise des Selbstausschlusses, der Selbstausgrenzung. Sehr interessante Anregungen zu deren Analyse sind bei Luce Irigaray und Julia Kristeva zu finden. Was hier als Sozialcharakter der Frau beschrieben wurde, hat Julia Kristeva in dem schönen Bild beschrieben, daß die Frau die stumme Stütze unseres Systems sei, die dabei allerdings nicht in Erscheinung träte. Ohne die Arbeit der Frauen kann dieses System nicht funktionieren, die Frau bleibt dabei aber unsichtbar. Die Frage ist nun: Wie verhalten wir uns dazu? Es kann kein voluntaristisches Heraustreten aus diesem System geben, weil wir uns immer darin bewegen. Und ich glaube auch nicht daran, daß es einfach eine neue Frauensprache gibt. Auch dazu habe ich einiges von Juden gelernt. George Steiner z.B. geht davon aus, daß das Trauma der Vernichtung für sie nur zu verarbeiten ist in der deutschen Sprache, in der sie es auch erlebt haben. Durch sprachliche Veränderungen, z.B. durch feminine Endungen, kann nur eine kosmetische Korrektur zustande kommen. Das Problem des Ausschlusses wird dadurch noch einmal verschleiert. Von diesem schwierigen Ort von Frauen in unserer Kultur ausgehend ist eine dialektische Praxis zu entwickeln, die mit bestehenden Widersprüchen umgeht.

Ute Gerhard:
Mittäterschaft ist ein Begriff, der, wie die Juristen sagen, eine gemeinsame Handlung betrifft aufgrund eines gemeinschaftlichen Entschlusses.

Mittäterschaft kann auch durch Unterlassen geschehen, aber in jedem Fall ist dieser Begriff erst einmal ein normatives Konzept, das eine bestimmte Bewertung enthält. Hier ist es wohl als ein politisches Konzept zu verstehen, das möglicherweise die Orientierung der Frauenbewegung aktuell sehr treffend beschreibt, eine neue Richtung beschreibt und als notwendige Provokation zu verstehen ist, weil es diese Bewegung orientieren muß und will.

Die Frage ist: Von welcher Gegenwart sprechen wir? Ist die Frauenbewegung schon wieder Mittäterin an dem Geschichtsverlust der Frauen, beteiligt sie sich also selbst an der Unterschlagung der Wirklichkeit der Frauen, indem sie nicht zur Kenntnis nimmt, was Frauen vorher gemacht und getan haben? Der Ausbruch von Frauen war immer wieder mit dem Aufschrei darüber verknüpft, daß Frauen möglicherweise mitschuldig werden am System. In der alten Frauenbewegung war das mit dem Begriff des Indifferentismus, also der schrecklichen Gleichgültigkeit der Frauen, zu bearbeiten versucht worden. In welchem sprachlichen oder gedanklichen System bewegen wir uns heute? In welcher Weise ist heute unsere Situation selbstverschuldet in dem aufklärerischen Sinne als Ausgang des Menschen aus seiner Unmündigkeit, selbstverschuldet, insofern wir heute eine andere Situation vorfinden als die Frauen vor hundert Jahren? Dann kommt es darauf an, diese Situation neu zu analysieren. Ich möchte also bei dem Begriff unterscheiden, inwiefern er einerseits taugt als politische Provokation und andererseits als analytisches Konzept zur Aufklärung einer bestimmten Wirklichkeit und zur Erforschung von Ursachen, die dann auch die Wurzel des Übels bezeichnen. Als analytisches Konzept scheint mir der Begriff zu schnell Widersprüche zu verkleistern. Die feministische Wissenschaft, die sich ja auch bewußt als Kritik der Frauenbewegung verstehen muß und verstehen sollte, versäumt so möglicherweise, die Verstricktheit in ihren ganzen Ambivalenzen aufzuzeigen. Mir wäre für die weitere Diskussion wichtig zu erfahren, in welcher Weise wir von den verschiedenen Wissenschaftsdisziplinen her das Konzept verwenden und inwieweit wir es aufbrechen können. Vermutlich liegt in der Sozialpädagogik eine ganz andere Geschichte vor als in der Soziologie oder in der Geschichte, vielleicht liegen darin auch unsere Verständigungsschwierigkeiten.

Maya Nadig:
Der Begriff der Mittäterschaft ist sehr wichtig, weil er die Aktivität der Frau in einer Gesellschaft anspricht. Als Ethnologin stellt sich für mich

immer die Frage: Welchen Ort hat ein Individuum in einer Kultur inne? Gehört es einer bestimmten Gruppe an, einer diskriminierten, einer Minderheit, einer ausgeschlossenen, verfolgten usw.? Das ist immer ein Status, der Mitgliedschaft bedeutet, eine bestimmte Zuordnung innerhalb dieser Gesellschaft. Das Konzept der Mittäterschaft thematisiert die Aktivität in einer Mitgliedschaft. Dabei gilt es aber auch zu untersuchen, unter welchen Bedingungen Angehörige von bestimmten Gruppen in einer Gesellschaft wie aktiv werden können; aktiv, indem sie sich identifizieren mit dem Aggressor, indem sie sich also auf die Seite der Mächtigen schlagen, auch im Sinne einer Selbsterhaltung oder einer lebensnotwendigen Teilhabe an Größe; oder aktiv im Sinne einer Abgrenzung von diesem System, das sie ausgrenzt oder ihnen übelwill. Dazu gehört auch die Identifikation mit dem Opfer: Inwieweit kann ich aktiv werden über eine Analyse der Unterdrückung – denn dazu kann eine Identifikation mit dem Opfer werden –, oder inwieweit führt diese Identifikation zu einer Passivität, zu einer Selbstanschuldigung, die lähmend wirkt? Ich denke, daß die Identifikation mit dem Aggressor auch wieder zu einer Lähmung führen kann. Die Selbstbezichtigung der Mittäterschaft kann erstens mit einer Größenphantasie gekoppelt sein, so als sei man ungeheuer mit dem Aggressor verbunden, was leider nicht immer stimmt. Zweitens kann die Schuldanklage wieder zu einer Lähmung führen anstatt zu einer differenzierten Handlung, die wiederum nur möglich ist, wenn genau erkannt wird, welche eigenen kulturellen Werte in dieser ausgegrenzten Gruppe existieren.

Karin Hausen:
Vielleicht können wir in zwei Richtungen weiterdiskutieren, einmal am Sozialcharakter entlang und zum anderen den Akzent auf das aktive Tun legen. Ich stimme Marlis Gerhardt zu, daß Frauen an diesem ihrem Sozialcharakter sehr intensiv mitgearbeitet haben. Es ist falsch, ihn nur als Zuschreibung von Männern zu verstehen. Wir müssen bei dieser Feststellung aber einen Schritt weitergehen und fragen, was das Attraktive an dieser Arbeit am Sozialcharakter war. War es nur die Identifikation mit dem Aggressor? Was war das faszinierend Positive, das offensichtlich Frauen immer wieder veranlaßt hat, mit emanzipatorischer Absicht genau diesen Sozialcharakter weiter auszuarbeiten? Ich meine nicht, daß wir tatsächlich bereit sind, unseren Sozialcharakter schlicht über Bord zu werfen. Wir wollen vielmehr eine Reihe von Charaktermerkmalen, Verhaltensmerkmalen, Handlungsmerkmalen sehr wohl

behalten und sogar ausbauen. Ich denke, wir haben es dringend nötig, dieses zu tun. Gleichzeitig aber wollen wir aus guten Gründen den gesamten weiblichen Sozialcharakter umbauen. Dieses Dilemma ist nicht neu. An ihm haben sich Frauen schon seit Beginn des 19. Jahrhunderts abgearbeitet.

Marlis Gerhardt:
Mich interessiert die Frage nach dem Verhältnis von Sozialcharakter und Gegenwart. Vielleicht reden wir immer noch von diesem Sozialcharakter, und die Gegenwart läuft uns weg, vielleicht stimmt unser Entwurf des Sozialcharakters nicht mehr ganz. Ich denke, der Sozialcharakter wird im Moment umgebaut, von uns und auch von der funktionalen Umwelt. Denn im High-Tech-Jahrhundert muß ein Sozialcharakter anders aussehen als zuvor. Das ist gar nicht anders praktikabel. Ich finde es unpolitisch und gefährlich, wenn wir vielleicht ein bißchen umbauen, ein bißchen modernisieren, um dann schön aussteigen zu können.
      Ich denke, es gibt keine Wildnis und kein Reservat. Das Reservat ist für mich eine allzuschöne Metapher, eine romantische Idee, die aber, fürchte ich, ins Leere führt. Wildnis steht ebenso für einen Tagtraum wie die Vorstellung einer reinen Frauengemeinschaft oder auch die Idee einer Selbstreflexion, die auf ein unverstelltes, pures Weibliches zurückführt. Wildnis setzt für mich in unvergleichbarer Weise das Andere voraus, die ganz andere Frau. Letztlich handelt es sich um ein Fluchtbild, das nicht aus der Hoffnung, sondern aus der Hoffnungslosigkeit herrührt.

Veronika Bennholdt-Thomsen:
Die Wildnis gibt es sehr wohl, die Wildnis, das sind wir, sie ist in uns, die tragen wir mit uns herum. Mein Plädoyer ist, daß wir uns genau darauf besinnen. Die Antwort auf die Frage, was das Attraktive am Sozialcharakter ist, zu dem Frauen zugerichtet wurden, einer Zurichtung, an der sie mitgemacht haben, scheint mir recht einfach zu sein: Es war die Möglichkeit, sich überhaupt als gesellschaftliche Person darzustellen. Indem die Frau die Auflagen ihres Sozialcharakters, der ihr als Opfer aufgezwungen wurde, erfüllte und auch noch daran mit herumbaute, konnte sie Anerkennung und Achtung – wenn auch eine verkehrte – erringen. Das ist eben das Fatale. Denn es ist ja nun unser legitimes Recht, daß wir Personen sein möchten, gesellschaftliche Personen, daß wir uns selbst behaupten wollen. Das auf diesem Irrweg zu tun, ist die

Mittäterinnenschaft, nämlich zu versuchen, die Achtung derjenigen zu erringen, die uns ächten. Mary Daly sagt: »MAD-ness« –, das ist verrückt, das ist idiotisch, das geht ja gar nicht. Anerkennung und Achtung können Frauen sich nur gegenseitig geben. Es geht um die Besinnung auf unsere Stärke, auf diesen Stempel: Gut, wir sind die Opfer, wir sind die Ausgegrenzten, und wir gefallen uns eben darin, indem wir uns auf uns besinnen, auf unser Eigenes, das wir miteinander teilen wollen. Ich meine, wir sind doch hier, wir sind hier zusammen, wir sind uns doch viel!

Christine Holzkamp:
Es gibt einen Satz von Ingeborg Drewitz: »Wir müssen stark sein, ohne unsere Zärtlichkeit zu verlieren.« Er stand auf einer der Todesanzeigen für Christel Neusüß, und er kam im Augenblick meines Nachdenkens über den Sozialcharakter und auch im Dabeisein in den Tagen vor und nach ihrem Tod. Es ist ein Mißverständnis, wenn wir den Sozialcharakter ablegen wollen in dem Sinne, daß wir alles, was in dem traditionellen Kanon von Weiblichkeit drinsteckt, nicht mehr leben. Ich denke, wir wollen es anders leben. Auch unsere Zärtlichkeit muß eine andere sein. Das ist für mich kompliziert theoretisch zu denken, ist nur konkret erfahrbar, wenn man Glück hat...

Gisela Breitling:
Ich möchte noch einmal auf die Wildnis eingehen. In der Kunst läßt sich dieses Problem sehr gut sichtbar machen. Im 19. Jahrhundert haben gerade diejenigen Frauen, die am weitesten gedacht haben und am entschiedensten dazu entschlossen waren, professionell Kunst zu machen, alles getan, um zu den Akademien zugelassen zu werden. Die entsprechenden Männer hatten diese Akademien zu gleicher Zeit bereits verlassen. Nun kann man nicht sagen: Da damals das eigentlich Neue außerhalb der Akademie geschehen ist – warum wollten Frauen überhaupt noch Zutritt zu den Akademien haben?

Man kann aus einer Institution erst dann austreten, wenn man mal drin war. Was bei Männern innovativ war, konnte für Frauen nicht in gleicher Weise gelten. Eine Frau, die außerhalb der Akademie Künstlerin war, war im 19. Jahrhundert eine Dilettantin. Ein Erbe auszuschlagen, das einer gar nicht angetragen worden ist, wirkt nicht überzeugend. Wenn wir meinen, auch als Künstlerinnen haben Frauen etwas dazu zu sagen, wie diese Welt zu verstehen ist, das heißt, daß sie ihr eigenes Weltbild formen und sagen, was sie über die Welt denken und meinen, dann müssen sie auch Erfolg anstreben. Sie müssen mit Erfolg Kunst machen, weil sie nur dann die Chance haben, daß diese Kunst gesehen wird und nicht irgendwo in einer Schublade landet. Aber Frauen können den Erfolg nicht mit den Innovationsgesten der Männer erreichen. Sie befinden sich auf einer ganz anderen historischen Ebene, sie müssen sich ihre eigene Geschichte und Tradition erst verfügbar machen. Es gehört ja zum System, daß man ihnen dieses Erbe vorenthält, und es ist ein anderes Erbe als das, was die männliche Kulturgeschichte zeigt. Und noch eine Anmerkung: Im 19. Jahrhundert haben Frauen lebende Bilder gestellt, zum Teil nach Gemälden berühmter Maler, zum Teil nach eigenen Ideen, und hatten damit als Künstlerinnen größere Erfolgsaussichten als mit Malerei, mit eigenen Bildern. Als Darstellerin von lebenden Bildern war die Frau zwar autonome Künstlerin, aber sie löschte sich dabei aus, sie erstarrte in der Pose von Frau-Sein, die sich ein männlicher Künstler ausgedacht hatte; oder – sofern sie nach eigenen Entwürfen arbeitete – stellte sie doch meist eine Idee von Weiblichkeit dar, die den konventionellen Vorstellungen entsprach.

Etwas Vergleichbares sehe ich in der aktuellen Aktionskunst. Stellten Künstlerinnen das Weiblichkeitsideal des 19. Jahrhunderts in lebenden Bildern dar, so finden wir etliche Weiblichkeitsklischees des 20. Jahrhunderts in vielen Aktions- und Performanceveranstaltungen.

Im Kunstbereich gibt es, wie überall sonst, für Frauen zwei schlechte Alternativen. Entweder sie passen sich an mit der Aussicht, Erfolg zu haben, oder sie verweigern die Anpassung und haben dann kaum Chancen, daß ihre Arbeit anerkannt wird. Oft geraten Künstlerinnen ins Rampenlicht der Öffentlichkeit, die in ihrer Arbeit jene Weiblichkeitsklischees reproduzieren, die den Interessen der Frauen entgegenstehen. Viele Künstlerinnen haben in Aktionsveranstaltungen – vielleicht ohne sich dessen bewußt zu sein – den zeitgemäßen Klischees zugearbeitet. Zu solchen Klischees gehört beispielsweise die erotische Provokation, die im Kunstzusammenhang kaum mit selbstbestimmter weiblicher Erotik zu tun hat, sondern eher mit dem provokanten Weiblichkeitsbild der Werbung. Da sollen Frauen ja auch aufreizen und anmachen. Häufig wollen solche Darstellungen oder Selbstdarstellungen kritisch gemeint sein, die Weiblichkeitsklischees sind als kritische Zitate gedacht, aber sie wiederholen bloß die männlich bestimmten Weiblichkeitsphantasien. Auch die »wilde, ungebändigte, erotische Frau«, die vielleicht für weibliche Autonomie stehen soll, ist ein Klischee. Künstlerinnen, die Weiblichkeit darstellen, haben sich angepaßt, und dieses Mitmachen verstehe ich als Mittäterschaft.

Sigrid Weigel:
Die Frage, was das eigentlich Attraktive an dem Sozialcharakter ist, läßt sich paradigmatisch am Verhältnis von weiblichem Körper und dem Bilderrepertoire erörtern: Die lebenden Bilder sind ja eine Situation, in der Frauen mit ihrem Körper jene Bilder nachstellen, mimetisch nachahmen, die die Kulturgeschichte ihnen bereithält. Insofern ist in ihnen genau das dargestellt, was wir alle praktizieren. Ein Problem habe ich dabei mit dem Begriff Sozialcharakter, was vielleicht auch daran liegt, daß ich nicht Sozialwissenschaftlerin bin. Ich glaube nicht daran, daß das einzelne weibliche Subjekt im Sozialcharakter aufgeht, sondern daß dieses Nachahmen tatsächlich unsere alltägliche Praxis ist, daß wir uns immer in einer Praxis des Mimens bewegen. Und ich empfinde es als Widerspruch, wenn der Begriff der »Wildnis« und »die Wildnis in uns« mit dem Begriff der Autonomie verkoppelt wird. Denn der Begriff der Autonomie bezieht sich ja auf ein altes Konzept der bürgerlichen Gesellschaft, wobei das Entscheidende darin besteht, daß sich das autonome Subjekt über die Überwindung und Ausgrenzung der wilden Anteile der Natur konstituiert. Die Wildnis ist immer eine Vorstellung, die aus der Perspektive der Zivilisationsarbeit gewonnen wurde. Es kommt immer darauf an, welche Position das einzelne Subjekt in einer Kultur hat. In der Diskussion des Feminismus geht es heute darum, über weitere Differenzen innerhalb der Geschlechterdifferenz nachzudenken, d.h. theoretische Konzeptionen zu entwickeln, die die Geschlechterdifferenz noch einmal differenzieren im Hinblick auf kulturelle, soziale und andere Differenzen. Es gibt auch abweichende Erfahrungen zum weiblichen Sozialcharakter, wie er hier dargestellt wurde. Dieses bürgerliche Muster funktioniert ja nicht für alle, bereits in der Bundesrepublik gibt es ja auch ganz andere soziale, ethnische und kulturelle Orte von Frauen, die wir ausschließen, wenn wir von diesem bürgerlichen Sozialcharakter ausgehen. Es geht also darum, das Problem von Differenz zu theoretisieren, um aus dem Denken in Gegensätzen herauszukommen und die Verschiedenartigkeit von Frauen mit einzubeziehen, in der Frauen auch gegenwärtig zu Tätern werden.

Ute Gerhard:
Die Angst vor Differenzierung ist sehr wohl begründet, nämlich in der Erfahrung, daß wir gemeinsam stärker sind. Aber die Angst, daß dieses Gemeinsame nicht tragfähig genug ist, führt uns dazu, den kleinsten gemeinsamen Nenner viel zu schnell zu akzeptieren. Und da basteln wir

heute vermutlich weiter mit an unserem Sozialcharakter. Frauen haben auch in der Vergangenheit als Mittäterinnen diesen Sozialcharakter mit aufgebaut in dem Bemühen, die Welt zu verändern. Was in der bürgerlichen Gesellschaft ausgegrenzt war, war eben das, was Frauen als noch irgendwo bewahrte Utopie weiterleben wollten. Insofern haben wir das sehr bewußt mitgetragen. Aber es käme heute darauf an, einerseits innerhalb der Frauen zu differenzieren, oder Differenzierungen zu ermöglichen und positiv zu wenden, und andererseits auch die Differenzierungen in der Zeit vorzunehmen. Welche anderen Bedingungen für die Veränderung oder für die Neudefinition unseres Sozialcharakters haben wir? Heute tun sich neue Möglichkeiten für Frauen auf, auch die Möglichkeit zu unterschiedlichen Lebensformen. Die Angst der Frauenbewegung und die Sprachlosigkeit zwischen verschiedenen Feministinnen rühren daher, daß wir meinen, uns durch Differenzierung zu schwächen. Uneinheitlichkeiten könnten aber möglicherweise auch eine Stärke sein. Damit sind wir beim politischen Begriff der Mittäterschaft.

Maya Nadig:
Ich denke, diese Differenzierungen bedeuten immer gleichzeitig ein Denken, das sich auf der gesellschaftlichen, ökonomischen, politischen Ebene bewegt, und auf der des Subjektiven, des Biographischen, des Authentischen.

Die Prozesse um Mittäterschaft und Opfer sind gleichzeitig psychische und historische Prozesse. Tina Thürmer-Rohr hat in ihrer Definition der Mittäterschaft vornehmlich die gesellschaftliche Ebene angesprochen, aber auch die subjektive Seite, z.B. in den Briefen des Vaters, die eine ungeheure Verführung darstellen für die kleinen Töchter, eine ununterbrochene Liebeserklärung, verbunden aber mit einer strikten Rollenzuschreibung. Das wäre genau die subjektive Ebene, wie ein kleines Mädchen dazu gebracht wird, sich mit dem entfremdeten und dem fremden System zu identifizieren. Gleichzeitig hast du auch über den Haß geredet, und das ist nicht der Haß der Mittäterschaft, sondern der Haß der Opfer. Du zitierst Dorothee Sölle und sagst, erst die Identifikation mit dem Opfer ermögliche die Wahrnehmung des Feindes, eine adäquate Analyse der Realität. Das ist ein Konzept, in dem die subjektive und politische Ebene zusammenkommen. Dabei spielt für mich auch das Unbewußte eine große Rolle. Dort geschehen Prozesse, die nicht von vorneherein beobachtbar sind. Es wird immer wichtiger, auch systematisch den Boden zu finden, um diese unbewußten Prozesse zu entdecken und in den Forschungsprozeß, in die Entwicklung von Theorien mit einzubeziehen.

Veronika Bennholdt-Thomsen:
Ich glaube nicht, daß wir die notwendigen Differenzierungen nicht sehen und das ganze breite Spektrum der Frauenwirklichkeit heute und historisch nicht kennen oder zumindest erahnen würden. Das ist nicht das Problem. Vielmehr ist die Frage: Worauf richten wir den Blick? Worauf wollen wir unsere Diskussion zuspitzen? Gibt es ein Kriterium dafür, worauf wir den Blick richten wollen? Mich interessiert die Frage: Wie können wir verhindern, daß dieses Mitmachen, diese Mittäterinnenschaft, fortgesetzt wird, wie können wir dazu beitragen, daß sie sich nicht selbst fortsetzt? Wie können wir, im Anschluß an das Bild der Akademie, uns diesen Weg ersparen? Wir sollten jetzt, meine ich, in die Akademie gar nicht rein. Gisela Breitling sagt, wir können uns diesen Weg nicht ersparen. – Ich denke, wir können ihn uns sehr wohl ersparen. Gisela Breitling sagt: Das 20. Jahrhundert fordert von uns Frauen aufreizende Erotik. Das ist aber wieder der Blick des Mannes. Das 20. Jahrhundert sind auch wir, und wir wollen diesen Blick des Mannes eben nicht mittragen, sondern unseren eigenen formulieren und auffächern. Ute Gerhard hat die Forderung nach Differenzierung einer als falsch empfundenen Forderung nach Frauensolidarität qua »Frau« entgegengestellt. Ich denke, daß uns diese Kategorie »Frau« aufoktroyiert ist, sozusagen als Zwangsverfassung, qua Geschlecht. Uns bleibt nichts anderes übrig, als diese Zwangsverfassung zu akzeptieren. Ich würde von Frauen erwarten und fordern, sich dieser Zwangsverfassung bewußt zu sein, sich zu dieser Zwangsverfassung als einer Realität zu verhalten, jedoch mit dem Ziel, die Differenzierung weiter auszubauen. Denn das Zerbrechen der Zwangsverfassung bedeutet unsere Differenzierung. Uns muß klar sein, welche Gruppe wir sind, an welchem Ort dieser Gesellschaft wir uns befinden und daß wir als Opfer definiert sind; daran kommen wir nicht vorbei. Aber diese Opferdefinition können wir zerbrechen. Darum geht es: unsere Differenziertheit, unsere Wildheit zu entfalten.

Christina Thürmer-Rohr:
Noch einmal zum Problem Drinnen-Draußen: Gesagt wird immer, die Frau sei eingeschlossen und ausgeschlossen, eingegrenzt und ausgegrenzt zugleich. Ist sie nun gleichzeitig oder abwechselnd mal hier, mal dort? Was bedeutet eigentlich diese sogenannte Gleichzeitigkeit? Ist das schon eine Ortsbestimmung? Sind in diesem Bild »Drinnen-Draußen« räumliche oder psychische Orte angesprochen, oder handelt es sich um Wahrnehmungsprobleme? Wohin orientieren wir uns, wenn wir Drinnen

oder Draußen sind, wohin wollen wir? Falls wir mit »Draußen« den gewaltsamen Ausschluß der Frau, den Ortsverweis durch den Mann meinen, dann müssen wir auch mitdenken, daß dieses Ausgestoßensein für die Ausgestoßenen mit der Sehnsucht gepaart sein könnte, wieder oder endlich Drinnen sein zu dürfen, sich also reinbewegen zu wollen. Falls wir aber mit »Draußen-Sein« »Im-Freien-Sein« meinen, so etwas wie »Autonomie« und »Wildnis«, dann brauchen wir uns um die Wünsche nach dem Dabei-Sein-Wollen keine Gedanken zu machen, denn dann heißt Drinsein soviel wie Gefängnis. Der geflohene Sklave hat ja in der Wildnis gefunden, was er sich ersehnte, und kein ehemaliger Sklave wird vom Wunsch »Hinein-in-die-Sklaverei« umgetrieben sein. Weil Frauen keine Sklaven sind, finde ich dieses Bild aber problematisch. Es gibt in diesem Sinne für uns gar kein Drinnen und kein Draußen. Diese Welt ist eine Männerwelt, und das Drinnen ist nicht einfach Sklaverei und Folter, sondern verbunden mit dem ganzen Strauß von Belohnung und Beruhigung, und das Draußen ist nicht einfach Freiheit und Selbstentfaltung, sondern auch Verzicht und Ausschluß. Ich meine mit »Drinnen« nicht Institution oder Gleichberechtigung, männergleich oder Teilhabe an Vorteilen usw., sondern immer nur den einen Aspekt: das Mitfunktionieren und Mitagieren der Frau im Interesse der eigenen Interessengegner, die materielle, psychische und geistige Dienstleistung am individuellen Mann ebenso wie am flexiblen und historisch veränderlichen Weiterfunktionieren des Männersystems. Und dieses Mitfunktionieren geschieht ja nicht nur dadurch, daß Frauen das gleiche tun und wollen wie Männer, sondern gerade dadurch, daß sie etwas ganz anderes tun, damit aber hinterrücks dem ungehinderten Weitermachen des Mannes nützlich sind, auch wenn sie ganz still und bescheiden bleiben und gar nicht gleichberechtigt sind.

  Ich will also nicht das Tun und Denken von Frauen oder zwischen Frauen und Männern gleichmachen und ent-differenzieren, vielmehr in der Differenzierung nach der Funktion des unterschiedlichen Tuns und Denkens für einen patriarchalen Zweck fragen. Nur um diesen Aspekt geht es im Gedanken der Mittäterschaft.

  Die Ausgrenzung, gepaart mit der Gefahr, sich hineinzusehnen, und die Eingrenzung, gepaart mit der Illusion, in eine ganz eigene, autonome Welt gehen zu können – in dieser Dynamik befindet sich das ganze schwierige Problem Drinnen-Draußen. Mich interessiert dieses Bild in Hinblick auf unsere gegenwärtigen Erkenntnis- und Entdeckungsmöglichkeiten. Was können wir eigentlich erkennen aus der Perspektive der Ausgegrenzten, sofern jene mit Sehnsucht gepaart ist, und was können wir erkennen aus der Perspektive der Eingegrenzten, sofern jene mit der Illusion der freien Wildbahn verbunden ist? Was wäre zu entdecken, wenn wir uns die Sehnsucht nach dem »Drinnen« und die Illusion des »Draußen« ersparen könnten? Ohne diese Sehnsucht und Illusion wäre das »Draußen« die Rebellion, der Widerspruch gegen das Mit-Funktionieren, aber nicht im Freien, sondern in diesem einen System der patriarchalen Kultur. Eine saubere Lösung gibt es nicht dafür. Ohne Sehnsucht und Illusion wäre vorstellbar, daß das Drinnen-Sein dem Einblick und das Draußen-Sein dem Überblick dienen könnte: den Überblick zu gewinnen im »Drinnen« und den Einblick zu behalten im »Draußen«.

Mich würde außerdem interessieren, wie diese Gegenwart, in der wir die Frage nach der Mittäterschaft und dem Sozialcharakter der Frau stellen, zu bestimmen ist. Ist die Kategorie »bürgerliche Gesellschaft« überhaupt eine, mit der die gesellschaftliche Realität noch zu fassen ist? Sind die geschlechtsständischen Trennungen, die die bürgerliche Gesellschaft befestigt hat, für uns überhaupt noch relevant? Ist dieser Sozialcharakter, der auf der bürgerlichen Gesellschaft basiert, ein Fossil aus der Vergangenheit? Ist das alles antiquiert? Mit welchen Kategorien müssen wir diese Gegenwart fassen? Etwa mit der Definition als »Risikogesellschaft«, der es nicht mehr erstrangig darum geht, die Klassengegensätze zu versöhnen und die Probleme der Verteilung von Gütern und Mängeln in den Griff zu bekommen, vielmehr darum, ununterbrochen die selbstproduzierten technologischen und moralischen Katastrophen zu verwalten und in Schach zu halten? Welche Konsequenzen hätte das für die Analyse des Geschlechterverhältnisses? Die Erfahrungsgrundlage der Ausbildung eines Sozialcharakters ist nicht mehr die Lebenslänglichkeit von Familienbeziehungen; diese sind schon jetzt für viele nur noch Erinnerungsgut. Ist der alte Sozialcharakter eine antiquierte Angelegenheit, ist er im Umbau, wie Marlis Gerhardt vorhin sagte, findet seine Modernisierung statt, im Zuge dessen er bei aller Differenzierung ein gemeinsames Merkmal behält, nämlich die Funktionalität der Frau für eine in Veränderung befindliche Gesellschaft?

Gisela Breitling:
Auch mich interessiert die Frage, in welcher Gegenwart wir leben: das Bild der Welt, das die Kunst macht, und das Bild, das sich Frauen von dieser Welt machen oder sich machen könnten, wenn man sie da hineinließe. Und inwieweit Frauen, wenn sie Erfolg haben, gar nicht dazu kommen, ein Weltbild zu formulieren, das vielleicht ihres sein könnte.

Die Künste finden ja nicht nur im Saal statt, sondern sie strahlen aus auf alle anderen ästhetischen Formen des Lebens in den Industriegesellschaften, z.B. sind die Möglichkeiten von Frauen, an diesem Bild mitzuformen, begrenzt. Ich kann hier keine fertigen Gedanken formulieren, möchte aber die Frage stellen: Wie kommt etwas in den Blick? Von welchem Blick wird es getroffen? Wie entwickelt sich Denken? Warum entsteht eine bestimmte Kunst in einer bestimmten Zeit? Warum wird was zu welcher Zeit anerkannt und etwas anderes nicht? Warum wird in einer bestimmten Zeit etwas Vergessenes ausgegraben und gezeigt und etwas anderes nicht? Wenn wir von der konkreten Gegenwart, also 1988, sprechen, dann sind wir mit einem Kulturbetrieb konfrontiert, der ein vorwiegend männliches Selbstportrait zeigt. Ich glaube, daß dieses männliche Selbstportrait auch einmal »femininere« Züge gehabt hat, sagen wir im 18. Jahrhundert. Die Gegenwartskunst scheint von der Welt hauptsächlich wegzuschauen; das konkret Sichtbare ist kaum Thema, scheint eher unwichtig.

Ich möchte auf die Bedrohung der Welt zu sprechen kommen: Man muß die Welt lieben, um nicht tatenlos zuzusehen, wie sie zugrunde geht. Wenn man sie nicht liebt, kann es einem egal sein, was mit ihr geschieht. Wenn man aber den Blick abwendet, d.h. wenn die Kunst die konkrete Erscheinung, das Sichtbare der Welt, nicht mehr malend reflektiert, den Genuß von Schönheit nicht mehr zuläßt oder ihn als Kitsch, als flach, platt oder dumm diffamiert, wenn Schönheit nur noch als Kaufanreiz in der Werbung zugelassen ist, wenn Sinnlichkeit, Erotik, Schönheit und Lust nur noch zum Zwecke der Erzeugung von Kaufimpulsen erlaubt sind, dann können wir tatsächlich von der Welt Abschied nehmen.

Wir müssen damit anfangen, die Welt wieder so anzuschauen, wie sie unseren Augen erscheint. Das hat nichts mit den »diskriminierten« Sehgewohnheiten zu tun. Wir sind es ja gar nicht mehr gewohnt, konkrete Dinge zu sehen.

Wie steht es mit den Frauen? Das Denken der Frau hat zwangsläufig immer beide Geschlechter mit einbezogen; das männliche, weil es so bestimmend ist, und das weibliche, weil Frauen schließlich weiblich sind. Männer aber haben es sich leisten können, eine Monokultur zu denken und das weibliche Geschlecht auszublenden. Deshalb meine ich, daß der Auszug aus dem Zug, von dem ich gesprochen habe, auch bedeuten muß, daß die Doppelgeschlechtlichkeit oder die Zweigeschlechtlichkeit der menschlichen Wirklichkeit in den Blick rückt. Ich meine mit Aussteigen nicht irgendeinen Ausstieg. Denn wenn wir aus diesem Zug aussteigen, dann steigen wir ein in die Landschaft der europäischen Kultur, die uns Frauen auf eine besondere Art fremd ist. Der Zug steht nicht im Nichts. Wenn wir an ihm entlang gehen, dann müssen wir in diese Geschichtslandschaft einsteigen. Frauen könnten, indem sie aus den festgefahrenen Bereichen aussteigen, die Zweigeschlechtlichkeit des menschlichen Seins und Tuns denken. Das würde meinem Verständnis nach bedeuten, daß alles neu gedacht, daß jede Frage neu gestellt, daß jede Bedeutung neu erarbeitet werden müßte. Das wäre eine lustvolle Sache, denn es macht Lust, etwas Neues zu denken oder das Bestehende neu zu denken und neu zu sehen.

Karin Hausen:
Noch einmal zu dem Zug: Ich setze die Universität als Zug auf das Gleis; dieser Zug gehört einem ganzen Verkehrsnetz an. Ich sitze im Zug, und ich habe ein Interesse, in den Speisewagen zu kommen. Warum interessiert der Speisewagen? Ich denke, nicht etwa deswegen, weil die Speisen dort besonders gut schmecken, sondern weil hier eine wichtige Gruppe von Menschen speist. Nur wer zur Tischgesellschaft gehört, wird mitredend ernstgenommen. Ernstgenommen zu werden, ist eine bittere Notwendigkeit, solange dieser Zug noch nicht auf dem Abstellgleis steht, sondern die Gefahr besteht, daß er zum Beispiel auf eine Brücke fährt, die in die Luft gesprengt wird. Ich weiß auch, daß die Zugehörigkeit zur Tischgesellschaft ihre Kosten hat. Wer nicht im Speisewagen sitzt, kann möglicherweise klarer sehen, was das da drinnen für ein Verein ist. Denn aus dem Abstand läßt sich genauer beobachten, läßt sich etwas besser in den Blick nehmen. Dagegen muß ich mich im Inneren des Speisewagens den Regeln des Essens unterwerfen und die Distanz und damit die Chancen der Randposition aufgeben. Ich bin überzeugt, daß diese Randpositionen enorm wichtig sind, damit das Mitreden und Gehörtwerden in der Tischgesellschaft tatsächlich als Chance von Frauen genutzt werden kann. Denn die schließlich in den Speisewagen vorgedrungenen Frauen müssen immer wieder daran erinnert werden, warum sie überhaupt zur Tischgesellschaft gehören wollten.

Ute Gerhard:
Gisela Breitling hat das schöne Bild mit dem Zug geschildert. Die Frage steht im Raum: Wie halten wir es mit der Mitfahrgelegenheit?
      Auch mein Zug ist abgefahren. Der Speisewagen ist existentiell, und wir sollten nicht unterschätzen, wie existentiell die Teilhabe für

Frauen ist; nicht, um mitzureden, sondern um zu essen. Wenn wir diesen Zug in die Zeit stellen, bekommen wir einige Plätze mehr. Wir können sie lila anstreichen und mit Hilfe von Quoten bestimmte Reservierungen vornehmen. Das Problem ist, daß die Zugführer immer noch männlich sind.

Wer herrscht und ist in der Lage, Verhältnisse zu verändern, wer bestimmt, wo der Zug hingeht? Mich interessiert die Frage, in welcher Gesellschaft wir gegenwärtig leben, um aus der Analyse der Gegenwart zu erfahren, wie wir handeln können und sollten, wo Widerstand und wo Protest angesagt ist und wo wir aussteigen müssen. Befinden wir uns noch in der bürgerlichen Gesellschaft mit ihren bürgerlichen Bewertungen? Wie hat sich das Patriarchat verändert, und inwieweit partizipieren wir Frauen daran und stützen es ab? Aus feministischer Sicht sage ich, daß wir noch unter der Last der patriarchalen Herrschaft leben mit der Beteiligung von Frauen an der Aufrechterhaltung dieser Herrschaftsbeziehung. Für die Gegenwartsanalyse geht es darum zu fragen, wieviel sich in den herkömmlichen Bastionen patriarchaler Herrschaft schon verändert hat. Neben den üblichen Herrschaftsapparaten hat der Ort Familie, an dem wir Frauen uns befinden, einen enormen Umbruch erlebt. Das Aufkündigen dieses Ortes, wo im 19. Jahrhundert Herrschaft und Liebe miteinander verknüpft wurden, ist für mich in der Gegenwart die entscheidendste Aussicht. Wir müssen uns bewußtmachen, daß sich da viel verändert hat. Die alte Form der Fügsamkeit – immer noch am besten in der alten Form der bürgerlichen Gesellschaft beschrieben – ist der Punkt, an dem die Revolte ansetzen sollte. Wir können in unseren Lebensbereichen mit der Aufkündigung der Fügsamkeit beginnen.

Marlis Gerhardt:
Es liegt im Interesse der Männergesellschaft, im Speisewagen für sich zu bleiben. Männer fühlen sich da relativ wohl und können ihre blöden und abgetakelten Rituale mit einer gewissen Selbstverständlichkeit praktizieren. Es ist nicht wünschenswert, wenn fünf oder sechs oder acht Frauen an einem oder zwei Tischen im Speisewagen sitzen und sich überhaupt nicht darum kümmern, ob sie auffallen oder stören. Durch ihre Anwesenheit wird das Patriarchat ungeheuer gestört, dann funktioniert alles nicht mehr so gut. Das sind Beobachtungen, die man tagtäglich in den Institutionen machen kann, auch in der Medienlandschaft, in der ich mich bewege. Es ist ein tiefes Interesse des sog. Patriarchats, unter sich zu bleiben. Wir müssen in den Speisewagen, ob uns das paßt oder nicht. Das ist eine Chance, und es kann auch sehr lustig werden, weil der Speisewagen dann ein anderer ist.

Sigrid Weigel:
Meiner Meinung nach wird bei diesem Bild immer vergessen, daß die Gleise das Wichtigste sind, weil mit ihnen ja die Richtung schon vorgegeben ist. Deshalb möchte ich auf ein anderes Bild, eines von Walter Benjamin eingehen. In der Vorstellung des stillgelegten Waggons ist Stillegung von Geschichte gedacht, und diese ist auch mit Katastrophenvorstellungen verbunden. In die Diskussion der Mittäterschaft spielt ja die Rezeption der gegenwärtigen Bedrohung, z.B. durch Atomraketen, stark herein. Darin wird eine Besonderheit der heutigen Situation gesehen, die aber die früheren Katastrophen ausblendet. Walter Benjamin hat schon vor dem Faschismus versucht, einen Bruch mit dem Fortschrittskonzept vorzunehmen. Er ist davon ausgegangen, daß die Katastrophe nicht der Ausnahmezustand ist. Er sagt: »Die Katastrophe ist, daß es immer so weitergeht.« Das ist ein Katastrophenbegriff, der historisch ist, insofern er die Katastrophen in der Geschichte, die uns zu Füßen liegen, mit einbezieht. Die Geschichtslandschaft ist in diesem Sinne keine Wildnis, keine Natur, weder schön noch häßlich, weder zivilisierte noch Parklandschaft. Sie besteht aus Geschichtstrümmern.

Die Frage, in welcher Gegenwart wir leben, ist für mich nur damit beantwortbar: in einer postfaschistischen, in der der Faschismus in veränderter Form weiterexistiert. Zwischen der Verdrängung und Ausblendung des Faschismus und dem Ausblenden des Weiblichen bestehen bedeutsame Zusammenhänge. Die heutige Gesellschaft blickt auf die Zukunft und entwickelt Utopien; ob das Fertig- oder Gegenprodukte sind, ist dabei nebensächlich. Diese Blickinszenierung, dieser mit technologischem Know-how ausgestattete Blick nach vorn, ist dafür verantwortlich, daß das Weibliche, die Anteile der Frauen an der Geschichte sowie die Trümmer der Geschichte verdrängt werden. Aus dem Bild von Walter Benjamin geht ein anderes Modell von Geschichte hervor, und man kann sich fragen, wo die Frauen darin einen Ort finden. Er bezieht sich auf ein Bild von Paul Klee, auf den Angelus Novus, den Engel der Geschichte, der Mund und Augen aufgerissen und seine Flügel ausgespannt hat. Benjamin schreibt: »Der Engel der Geschichte muß so aussehen. Er hat das Antlitz der Vergangenheit zugewendet. Wo eine Kette von Begebenheiten vor *uns* erscheint, da sieht *er* eine einzige Katastrophe, die unablässig Trümmer auf Trümmer häuft und sie ihm vor die Füße schleudert. Er möchte wohl verweilen, die Toten wecken und das Zerschlagene zusammenfügen.« Aber ein Sturm, der vom Paradies her weht, treibt ihn unablässig in die Zukunft, der er den Rücken zukehrt. »Das, was wir den Fortschritt nennen, ist dieser Sturm.«

In dieser Situation befinden wir uns in der Gegenwart. Wir können uns gar nicht entscheiden, welchen Blick wir einnehmen wollen, in die Zukunft oder in die Vergangenheit, denn als Überlebende, die sich im Alltag bewegen, blicken wir natürlich in die Zukunft und haben der Vergangenheit immer den Rücken zugekehrt. Die Frage ist, ob wir uns auch mal umwenden, uns diesen Moment der Erkenntnis von »Jetztzeit«, wie Benjamin sagt, erlauben, um die Trümmer der Geschichte anzuschauen. Mich hat dieser Engel stark an die Medusa erinnert, seine aufgerissenen Augen sind wohl kein Zufall. Der Engel befindet sich im Schrecken, während der Blick in die Zukunft den Schrecken verdrängt. Das Bild der Medusa ist nicht zufällig ein Bild weiblicher Wildnis. Einerseits gibt es die Weiblichkeitsbilder der Medusa, des Drachen und der Hydra, andererseits die Bilder der domestizierten Frau. Uns ist es nicht möglich zu sagen, wir sind Wildnis *oder* Sozialcharakter, weil wir immer beide Bilder nachahmen, verkörpern. Die Frage ist: Wie situieren wir uns, wie inszenieren wir unseren Blick? Es gibt keine Entscheidung Drinnen *oder* Draußen. In dem Moment, in dem wir an einer Geschichte teilhaben, die sich als Fortschrittsgeschichte organisiert, blenden auch wir den Schrecken und das mit aus, was die männliche Gesellschaft so erschreckt am Weiblichen, und dem, was nicht rationalisierbar ist, was nicht in den Methoden einer empirischen Wissenschaft oder in den Methoden einer funktionalen Technologie zu fassen ist, wie sie etwa von Niklas Luhmann im Moment entworfen wird. Er wirft dem Feminismus ja auch vor, nicht auf der Höhe der Zeit zu sein, weil wir Frauen die technischen Codes noch nicht beherrschen.

Was machen wir mit diesen Bildern, die nicht in die technischen Codes hineinpassen, wie setzen wir uns mit diesen Bildern auseinander, die nicht einfach Identitätsbilder sind, aber Bilder von Weiblichkeit, und zwar von den Anteilen des Weiblichen, die aus der Fortschrittsgeschichte ausgeschlossen sind? Wenn wir uns darum kümmern, dann ist das mit einem Blick auf die Trümmer verbunden; und das ist überhaupt kein Überblick, sondern ein Blick, der voller Schrecken ist, der involviert ist, der auf den Tod blickt, so wie Antigone die Toten anblickt, während Kreon sich um die Zukunft und die Ordnung der Stadt kümmert. Uns diese Blicke zu gönnen, nein, sie uns zuzumuten, ist für mich ein wichtiger Bestandteil auch von feministischer Praxis, eine Dissidenz und Störpraxis, die sich nicht einfach mit der Fortschrittsgeschichte gemein macht.

Veronika Bennholdt-Thomsen:
Sigrid Weigel sagte eben noch einmal: Es gibt kein Drinnen oder Draußen, sondern wir sind in beidem gleichzeitig. Sie sagte: Wir sind nicht nur die Medusa, also die ungebändigte Wildnis, sondern wir sind auch zugleich Sozialcharakter in dieser Zwickmühle. Zur Lösung würde ich sagen: Wichtig ist, wie wir uns orientieren. Wohin wollen wir? Die Antwort prägt die Entscheidungen auch ganz konkret in der alltäglichen Gleichzeitigkeit, da, wo wir gerade sind. Vorhin ist mir eine zu starke Betonung der Teilhabe, die notwendig wäre für Frauen, um zu überleben, vorgenommen worden, und zwar bezüglich des Bildes mit dem Speisewagen. Karin Hausen sagte, es gehe darum, zur Tischgesellschaft zu gehören, da mitreden zu können, wo man ernstgenommen wird. Dem würde ich einen anderen Satz entgegenstellen wollen, den von Christel Neusüß, die sagte: »Jeden Tag eine böse Tat.« Das ist ein ganz anderer Politikbegriff. Dabei geht es darum, was ich heute und sofort tue. Ob ich dann zu denen gehöre, die in der Männergesellschaft ernstgenommen werden oder nicht, ist ganz egal. Politisch relevant handle ich nicht erst dann, wenn ich dazugehöre. Ute Gerhard sagte, der Speisewagen sei existentiell, weniger um mitzureden, als um zu essen. Auch das ist für mich eine Überbetonung der Notwendigkeit der Teilhabe; denn das Essen wird nicht im Speisewagen produziert, sondern ganz woanders, es wird da nur gekauft und verzehrt. Da wird die Notwendigkeit überbetont, sich auf die Art des Funktionierens unserer Ökonomie einzulassen, so, als sei sie existentiell notwendig, wie sie ist. Ich dagegen würde einfach sagen: Geld kann mann, kann frau nicht essen. Es geht also darum, uns Überlegungen zu machen über eine andere Orientierung auch im Sinne einer anderen Ökonomie. Die Diskussion um die Mittäterinnenschaft ist für uns wichtig wegen der Politik und wegen unserer Tat. Wir müssen sie von diesem unmittelbaren politischen Pragmatismus wegholen und uns fragen, was grundsätzlich dahinter liegt. Die Analyse gilt ja dem, woran bzw. wo wir nicht mehr mitmachen wollen: an dieser Art von Fortschritt, an dem Glauben an diesen Fortschritt, an dieser Art von Ökonomie, an dieser Geldökonomie, die immer gebunden ist an die Verachtung der Produktion des direkten Überlebens oder auch des Lebens selbst. Unser großes Problem ist, daß wir keine Utopie haben, die eine Abwendung vornähme. In bezug auf die Frage nach unserer Orientierung haben wir kein Angebot im Sinne einer Utopie, die wirklich eine Abwendung bedeuten würde gegenüber diesem Glauben an den Fortschritt, an die Technik etc. Im Gegenteil, er wird ja nur noch verstärkt. Der herrschenden

Sozialutopie des Sozialismus und Kommunismus geht es immer um die Teilhabe an einem Kuchen. Da wird wenig gefragt, wie er denn hergestellt wird, sondern es geht darum, an diesem Kuchen unbedingt teilzuhaben und ihn gerechter zu verteilen. Aber es ist kein grundsätzlicher Bruch, eher eine Bejahung vorgesehen. Das erklärt, warum die Revolutionen, die wir hatten, letztlich zu Staatsstreichen verkommen sind. Uns muß es also um eine Orientierung weg von dem Glauben gehen, daß diese Fortschrittsökonomie uns eine Zukunft anbieten könnte.

Die menschliche Würde, vor allem die Würde der Frauen, ist in den herrschenden Sozialutopien unter den Tisch gefallen. Zwar geht es um die Abwendung von Ausbeutung, aber sehr viel weniger um die Abwendung von Erniedrigung und Beleidigung, die in anderen Traditionen und Utopien eine große Rolle spielt. Dann wäre es auch kein großer Schreck mehr, wenn wir einen anderen Blick auf die Natur bekämen, wenn wir mit dieser Natur identifiziert wären. Wir hätten dann ein Naturrecht auf unsere Selbstbehauptung und persönliche Würde und nicht auf gleiche Teilhabe am Kuchen.

Karin Hausen:
»Jeden Tag eine böse Tat«, aber bitte so, daß erkennbar wird, daß sie als böse Tat getan worden ist – bitte nicht so, daß sie für Schwachsinn erklärt und entsprechend behandelt wird; denn Schwachsinn wird in unserer Gesellschaft mehr oder weniger kaserniert oder therapiert. Darum kann es wohl nicht gehen. Heute morgen wurde von Frauen als stummen Stützen der Gesellschaft gesprochen. Ich behaupte dagegen, Frauen sind nie stumm gewesen. Sie haben sogar mit sehr vielen Stimmen geredet, aber sie hatten sehr geringe Chancen, mit dem, was sie gesagt haben, gehört zu werden.

Meines Erachtens kommt es nicht nur darauf an, etwas zu wollen, sondern auch darauf, darüber nachzudenken, wie das Gewollte in die Wege geleitet werden kann und nicht steckenbleibt in unseren Köpfen.

Christina Thürmer-Rohr:
Aber auch wenn Frauen sicher nie einfach stumm waren, so waren sie doch nicht überall beredt und wurden nur nicht gehört, sondern sie waren beredt oder stumm, hörbar oder unhörbar an spezifischen vorgesehenen Orten. Und diese systematischen Beschränkungen und Zuweisungen der Äußerungsräume müssen ja Auswirkungen haben auf die Äußerungsinhalte, auf

das, was überhaupt formulierbar und zur Kenntnis genommen wird. Wenn ich mich z.B. nur im Privatbereich äußern durfte und nur dort gehört wurde, dann kann ich mich in der Öffentlichkeit erst einmal gar nicht angemessen äußern, auch wenn ich es darf; mir fällt nichts ein, weil es mir an Repertoire und Wissen fehlt, oder ich äußere mich auch hier immer noch so, als sei es privat. Ich beherrsche also weder Form noch Inhalt und Stoff der Äußerung, auch wenn keine realen Beschränkungen mehr zu erkennen sind. Das heißt für die gegenwärtige Situation: Was ist mit dem Gepäck, mit den historischen Lasten, die mitgeschleppt werden, auch wenn die gegenwärtigen Bedingungen dieses Gepäck dysfunktional gemacht haben? Wir brauchen es nicht mehr, es behindert, aber es ist noch da. Es hat sich zwar soviel geändert, vor allem in den Bereichen Bildung und Familie, daß es absurd erscheinen kann, immer noch dieses 19. Jahrhundert zu bemühen. Aber die historische Last scheint ja – neben allen aktuellen Beschränkungen – weiterhin in Psychen und Köpfen anwesend zu sein. Und so wird die psychische Seite der Sache ganz unüberspringbar, man könnte auch sagen: die politische Seite der verinnerlichten psychischen Beschränkungen, die aus äußeren Bedingungen resultierten und offenbar länger überleben, als die äußeren Barrieren noch bestehen. Mit diesem Problem hängt auch zusammen, daß wir kaum einen Grund haben, unserem sog. Gewissen unbesehen über den Weg zu trauen. Wir haben also Anlaß zum Mißtrauen gegenüber dem, was wir in uns bergen und damit auch gegenüber unserer Geschichte als Frauengeschichte. Und dieses notwendige Mißtrauen gegenüber den eigenen psychischen Instanzen verkompliziert das Problem der Mittäterschaft. Die äußeren Bedingungen machen bestimmte Beschränkungen im Verhalten der Frau nicht mehr zwingend, aber die inneren Bedingungen behindern weiterhin die Expansion durch die Wirksamkeit zurückliegender äußerer Bedingungen. Darin stecken für mich noch viele ungeklärte Fragen.

Maya Nadig:
In Bauern- und Stammesgesellschaften sind die Geschlechter meist sehr stark voneinander getrennt, sowohl im Bereich der geschlechtsspezifischen Arbeitsteilung als auch in den kulturellen Bereichen, in denen es Konsens um Weltinterpretationen gibt. Der Wunsch, sie aufzulösen oder ineinander überfließen zu lassen, besteht nicht. In der heutigen Gesellschaft löst sich diese Trennung, diese geschlechtsspezifische Ergänzung sowohl ökonomisch als auch kulturell immer mehr auf. Frauen können

an der öffentlichen, herrschenden Kultur »teilhaben« und dadurch vielleicht zur Täterin werden, denn diese Bereiche sind nicht mehr nur frauenspezifisch angelegt. Sigmund Freud spricht im »Unbehagen an der Kultur« über die Kulturfeindlichkeit der Ausgegrenzten, der Unterdrückten, der Minderheiten. Er sagt: »Wenn eine Gesellschaft es nicht schafft, die Mehrheit ihrer Mitglieder an den Luxusgütern oder an den Vorteilen dieser Gesellschaft teilnehmen zu lassen, ist es selbstverständlich, daß diese Mehrheit eine Kulturfeindlichkeit entwickelt und diese Kultur bewußt oder unbewußt zerstören möchte.« Für uns Frauen, die versuchen, sich in der öffentlichen Kultur zu bewegen, ist das ein wichtiger Gedanke, denn wir sind ja auch Kulturfeindliche gegenüber dieser herrschenden Kultur; oft sind wir unfähig, uns in der richtigen Weise öffentlich zu äußern, werden für dumm oder für nicht gebildet gehalten. In der Auseinandersetzung um wissenschaftliche Kenntnisse und um Kultur halte ich es für wichtig, Momente des Nichtverstehens oder der Unfähigkeit ernstzunehmen als Ausdruck eines Unbehagens an diesem Text, an dieser Theorie, an diesem kulturellen Produkt, dem gegenüber wir uns verhalten. Wir möchten zeigen, daß wir es können, und unsere innere Irritation hindert uns daran, mitzumachen. Mir fiel es immer schwer, mich mit Freud zu identifizieren, ich lehnte es ab, ihn wie die Kollegen aufzunehmen. Heute weiß ich, daß das kein Zufall ist, daß er ein Mann ist und ich in seinen Gedankengängen bezüglich der Frau gar keinen Platz habe. Seitdem kann ich ihn anders, mit Begeisterung, lesen und entdecke ständig, wo er uns ausgrenzt. Es ist vielleicht nicht richtig zu sagen: »Wir sind Wildnis«, sondern – das hat Sigrid Weigel gesagt – »In diesem Moment sind wir das Nicht-Rationalisierbare und erfahren das Nicht-Rationalisierbare.« Dies als Wildnis zu bezeichnen, wäre eine Idealisierung oder Exotisierung. Es ist eine andere Rationalität als die herrschende; wichtig wäre, sie zu erkennen, zu benennen und daraus ein Handeln zu entwickeln. Wildnis dagegen setzt voraus, daß es das Unfaßbare wäre, was uns wieder in die Natur verwiese.

  Noch einmal zum Vertrauen in das Gewissen: Das Gewissen setzt sich zusammen aus Verinnerlichungen von kulturellen Normen und aus eigenen Erlebnissen in Beziehungen. Es ist nicht nur etwas Subjektives, sondern immer auch Repräsentant von herrschenden kulturellen Normen, genau der Punkt in der Psyche, wo sich Gesellschaft und Individualität vereinen. Gewissen wird lebensgeschichtlich und durch gesellschaftliche Erfahrungen geformt. Sich auf das Gewissen zu verlassen, respektive dem Gewissen zu vertrauen, ist deshalb sehr problematisch.

Eine Möglichkeit ist vielleicht, immer wieder auf eigene Irritationen zu vertrauen, das Gefühl: »Hier stimmt was nicht« ernstzunehmen, hinzuhören und dadurch anderes zu sammeln, aufzuklären und benennbar zu machen.

Anmerkungen

1. Dieses Gespräch fand am 9. April 1988 im Rahmen der Tagung »Mittäterschaft von Frauen – ein Konzept feministischer Forschung und Ausbildung« an der TU Berlin statt.
2. Ich plädiere deshalb für den Ausdruck »Mittäterinnenschaft« im Gegensatz zu dem mehrheitlichen Gebrauch von »Mittäterschaft« auf diesem Kongreß, weil ich den Akzent auf den Widerstand und die Veränderung der frauenunterdrückenden Verhältnisse legen möchte. Wie, wenn nicht durch unsere Handlungen, werden die gesellschaftlichen Verhältnisse verändert werden? An dem Konzept der »Mittäterschaft« gefällt mir gerade der Handlungsaspekt, daß die Tat mitgedacht wird. Ich habe das Gefühl, daß diese neue und richtige Betonung zum Teil wieder zurückgenommen wird, wenn nur von Mittäter- und nicht von Mittäterinnenschaft gesprochen wird, noch dazu mit dem Hinweis auf den Zwangscharakter des gesellschaftlichen Systemzusammenhangs, anstatt weiterhin die Handlungsebene des Individuums hervorzuheben. Der heterosoziale Handlungszusammenhang und dessen unbestrittene patriarchalische und sexistische Herrschaftsstruktur, die für Frauen eine durch Gewalttäter gegen sie errichtete Zwangsstruktur bedeutet, ist für meinen Geschmack durch das »Mit« in »Mittäterinnenschaft« hinreichend und richtig gekennzeichnet. Daneben aber möchte ich die Stärke von Frauen betonen, daß wir Frauen uns wehren und autonom handeln können. Und daß wir, wenn wir uns nicht wehren, auch handeln, und zwar als potentielle autonome Personen, die insofern dann Mittäterinnen werden.

Susanne Kappeler

Vom Opfer zur Freiheitskämpferin
Gedanken zur Mittäterschaftsthese und zum Roundtable-Gespräch

Als Feministin aus dem englischen Sprachraum begegne ich der Mittäterschaftsthese sowie der Diskussion, die sich in der BRD um sie entwickelt hat, als Außenstehende. Diese These stellt m.E. die komplexe Frage nach der *Verantwortung* oder *Mitverantwortung* der Frauen am Weltgeschehen und am Tun der Männer, vor allem in der heutigen Zeit, und zwar im Rahmen einer Patriarchatsanalyse, die die kollektive Vorherrschaft der Männer als für den Zustand der Welt, der Gesellschaft und der Kultur sowie für die Unterdrückung der Frauen verantwortlich sieht. Während mir das Problem der Verantwortung innerhalb des männerdominierten und beschränkten Handlungsspielraums der Frauen bekannt war, aus der Praxis wie auch der Theorie des anglo-amerikanischen Feminismus, so schienen mir Begriffssprache und Ansatz der Mittäterschaftsthese fremd und neu, und ich fragte mich, wie sie wohl in die englische feministische Theoriesprache hineinpassen könnten. Durch ein paar Rezensionen aus der westdeutschen Presse wurde ich auf die Kontroverse um den Begriff »Mittäterschaft« sowie auf seinen Zusammenhang mit der langjährigen Debatte um die »Opfer-Täter-These« aufmerksam. Im April 1988 nahm ich dann an der Tagung zur »Mittäterschaft von Frauen« in Berlin teil, die mit einem Roundtable-Gespräch zum Thema »Mittäterschaft und Sozialcharakter« abschloß. Ich möchte mich dazu sozusagen als verspätete Gesprächspartnerin äußern.

Zunächst möchte ich auf scheinbar identische Begriffe bzw. Worte zu sprechen kommen, die unterschiedliche Bedeutungen, Inhalte und Auffassungen bergen, d.h. unterschiedlich gebraucht werden und somit die Verständigung behindern. Zum einen geht es um den Begriff Mittäterschaft, zum anderen um den des Sozialcharakters der Frau sowie dessen Funktionalisierung für die Interessen der Männergesellschaft – oder, wie Christina Thürmer-Rohr sagt, um den Zusammenhang der Prägungen des Sozialcharakters der Frau mit dem Mittäterschaftsproblem (im 19. Jahrhundert sowie der Gegenwart).

Wer ist der Täter?

Obwohl Christina Thürmer-Rohr mehrfach präzisiert, das Konzept der »Mittäterschaft« beabsichtige, die Verstrickung der Frauen »mit dem Täter«/den Tätern/den Männern und nicht eine »Mittäterinnen-schaft« der Frauen auszuleuchten, so scheint sich doch diese zweite Interpretation, oft losgelöst von der »Verstrickung mit dem Täter«, immer wieder durchzusetzen. Das heißt, die Wurzel »Täter« wird auf die Frauen statt auf die Männer bezogen. Fragen der Gesprächspartnerinnen kreisen demnach um die *Täterschaft von Frauen*: um absichtsvolles Tun, Tun oder Lassen, Ausbrechen, Aussteigen, Widerstandleisten, um das Sich-Wehren gegen den Sozialcharakter oder gar um seinen Umbau. Die Fragestellungen beginnen mit einem Entweder-Oder: Tun oder Lassen, Mitmachen oder Aussteigen, Mittun oder Widerstand leisten, und führen dann bei einigen zum Sowohl-Als-auch von beidem: Opfer- und Täter-Sein zugleich, Widersprüchlichkeit, Ambivalenz. Letzteres jedoch weniger als Auflösung der binären Opposition, sondern vielmehr als schlichte Synthese.

Karin Hausens Kritik gilt spezifisch dem *Begriff* der »Mittäterschaft«, nicht der These selbst, wie sie auch in den Diskussionen bei der Tagung und in Rezensionen mehrfach geäußert wurde. Hinter der Begriffskritik muß sich jedoch mehr verbergen: Ambivalenz gegenüber der These oder deren theoretischem Ansatz. Der Begriff ist ja nur ein Stichwort, ein kurzfassender Name für einen umfassenden theoretischen Ansatz, dem die eigentliche kritische Auseinandersetzung gebührt. In der Kritik am Begriff zeigen sich jedoch die Ambivalenzen, kristallisieren sie sich heraus.

Was sind die Taten?

Die versteckte Problematik betrifft Tun, Handeln, Handlungen und Taten von Frauen, die im Begriff der Mittäterschaft angesprochen und kritisiert werden – als seien Frauen frei und autonom Handelnde. Implizierte »Gegenteile« wie Nicht-Tun, Lassen, Passiv-Sein zentrieren dann auch die Diskussion um den Begriff »Aktiv-Sein«, der wiederum aus der binären Zuschreibung des Sozialcharakters (männlich=aktiv, weiblich=passiv) hervorgeht. Die These der Mittäterschaft wird sozusagen »gynozentrisch« und aus dem bestehenden Sozialcharakter heraus aufgefaßt. »Wir sind ja nicht nur das, was das Leben (das *Leben*? S.K.) aus uns gemacht hat, sondern zunehmend mehr das, was wir aus dem Leben und uns machen«. (Christine Holzkamp) Der Rahmen weiblichen Handelns, die »(Mit)Täterschaft«, verschwindet dabei aus dem Blickfeld.

Bezieht sich laut Christina Thürmer-Rohr die »Tat« der Mittäterschaft auf männliches Tun, so kann es sich auch hier weniger um spezifische Taten oder Handlungen von Männern handeln, bei denen Frauen mittun oder eben nicht. Vielmehr geht es, wie Maya Nadig es einmal schön formuliert, bei der »Täterschaft« um das »System, das (den Frauen) übelwill«. Ein Verständnis der Geschichte des Patriarchats wird also vorausgesetzt: Das System, das wir haben, ist Resultat der kollektiven »Täterschaft« der Männer. Diese »Täterschaft« betrifft alles, was zur Ermöglichung und Erhaltung des Systems männlicher Vorherrschaft beiträgt, welches den Frauen »übelwill«, sie unterordnet, unterdrückt und ausbeutet, sowie alles andere, was dieses System ermöglicht und unternimmt, bis hin zur Zerstörung des Planeten. Die Teilnahme oder Teilhabe der Frauen an dieser »Täterschaft« und diesem System – das bei der Täterschaft Dabeisein – ist ebenfalls weniger eine Frage nach einzelnen Taten oder Handlungen von Frauen als eine nach deren Konsequenzen in bezug auf das System. Mittäterschaft – die Teilhabe der Frauen an einem System, das gegen die Interessen von Frauen wirkt – bezieht sich auf die Tragweite von Handlung und Tat über deren naheliegenden Zwecke oder Absichten hinaus: d.h. auf die weiteren politischen Zusammenhänge und Konsequenzen individuellen gesellschaftlichen Handelns. Es kann somit auch kaum von Schuldanklage, Verurteilung oder Intentionalität die Rede sein, durch die das Opfer gleichzeitig zur Täterin oder Mittäterin würde.

Vielmehr gilt es, die Komplexität einzelnen Handelns auf verschiedenen Ebenen zu interpretieren, sowohl in der wissenschaftlichen Analyse als auch in der (politischen) Bewußtwerdung der einzelnen Frau über ihren Opferstatus in dieser Gesellschaft. Wäre es so einfach, Handlungen als »Mit-Tun« zu erkennen, dürften wir wohl annehmen, daß es weniger oft vorkäme, denn es wäre wenig sinnvoll, bewußt »gegen sich« mit zu tun, sich willentlich und wissentlich zum Opfer zu machen. Vielmehr geht es um weibliches Handeln, dessen Zweck scheinbar etwas ganz anderes als »Mittun« ist, das aber im größeren politischen Zusammenhang das System, »die Täter« und ihre Vorherrschaft unterstützt und fördert. Das »Mit-Agieren der Frau im Interesse der eigenen Antagonisten« als solches zu erkennen und zu beschreiben, setzt als ersten Schritt voraus, die eigenen Antagonisten als solche zu erkennen. Die Ideologie, die der Konstruktion des Sozialcharakters zugrunde liegt, stellt den Mann aber gerade als Freund und Beschützer der Frau dar, der sich ihrer Interessen annimmt und somit als einzelner kaum als »Antagonist« zu erkennen ist. Der zweite Schritt besteht darin, das eigene Agieren als im Interesse der Männer/Antagonisten zu erkennen. Die Zuschreibung des Sozialcharakters der Frau jedoch stellt deren Agieren als in ihrem eigenen Interesse, spezifisch im Interesse der »Weiblichkeit« dar: So soll ihre Tugend in ihrem eigenen Interesse sein; sie »darf« zuhause bleiben und »muß« nicht arbeiten, sie heiratet, um sich den Lebensunterhalt zu sichern und einen Mann zu haben, der sie (vor Männern) beschützt. Das eigene Agieren muß also nicht nur auf den naheliegenden Zweck der Aktion, sondern auf weitere Interessen hin analysiert werden, um das Agieren als Mit-Agieren am System zu erkennen. Die politischen Interessen sind aber gesellschaftliche Interessen, die (sowohl im »Mit« als im »Gegen«) den Handlungen von Einzelpersonen übergeordnet sind und dem individuellen Selbstverständnis, frei entscheiden zu können, widersprechen. So versteht die einzelne Frau ihre Entscheidung, ihr Kind zu stillen oder mit der Flasche zu nähren, als eine persönliche, im eigenen Interesse und dem ihres Kindes getroffene Wahl. Oder sie wählt Teilzeitarbeit scheinbar im eigenen Interesse. Wie Christina Thürmer-Rohr es ausdrückt: »Dieses Mit-Funktionieren ist ja gerade nicht der Tätigkeit selbst abzulesen, sondern zeigt sich erst, wenn wir fragen, inwiefern es hinterrücks dem ungehinderten Weitermachen des Mannes nützlich ist«.

Wir haben also in der theoretischen Analyse sowie in der persönlichen Bewußtwerdung zwei Interessenlagen zu unterscheiden: das persönliche Interesse der individuellen Frau in einer konkreten Situation, in der sie potentiell Nutzen ziehen oder Schaden erleiden kann, und ein weitläufigeres Interesse, dem eine bestimmte Handlung »hinterrücks« dienen kann und welches wir als das kollektive Interesse der Männer an ihrer Machterhaltung verstehen.

Unterdrückung oder Missetat? Der Opfer-Begriff

Aus dieser Unterscheidung zwischen individuellem und kollektivem Interesse bzw. geschlechtsspezifischem Kollektivinteresse der Männer folgt auch eine Differenzierung des Begriffs der Frau als Opfer: als Zugehörige zur Sexualklasse Frau ist sie »Opfer« des Systems, das ihr »übelwill«. Sie muß deshalb nicht unbedingt Opfer jeder einzelnen Tat oder

Handlung sein. Veronika Bennholdt-Thomsen gebraucht den Begriff »Opfer« in diesem Sinn: »die Erkenntnis, Opfer zu sein, diese Position bewußt einzunehmen, anstatt sie zu verleugnen oder zu verdrängen«. Oder, um der sprachlichen Individualisierung und Entpolitisierung entgegenzuwirken: die Erkenntnis, daß Frauen als Sexualklasse *unterdrückt* sind (selbst wenn sich einzelne Frauen relativ frei fühlen) und daß keine Frau frei ist, solange nicht alle Frauen frei sind.

Das Begriffspaar »Täter und Opfer« läßt sich nicht ohne weiteres mit diesem Konzept der Frau als »Opfer« des patriarchalen Unterdrückungssystems vereinbaren, da es sich notgedrungen auf spezifische Taten bezieht. Es wird uns ja auch immer wieder versichert, nicht alle Männer seien böse Täter. Es scheint mir daher dienlich, zur Beschreibung des Unterdrückungssystems statt nach der »Identität« der betroffenen Gruppen (»Opfer«) nach einer Bezeichnung des *Verhältnisses* zu suchen: Frauen sind *unterdrückt*, und zwar von Männern. Dieses Unterdrückungsverhältnis ist eine Sache der objektiven materiellen Bedingungen, nicht der persönlichen Identität. Es erscheint mir deshalb auch wenig sinnvoll, zu einem Bruch mit der »Selbstidentifikation von Frauen als Opfer« aufzurufen oder schlicht einen »Bruch zur Opfertheorie« zu suchen. Frauen sind nicht Opfer, weil sie sich fälschlicherweise selbst als Opfer identifizieren. Frauen sind vielmehr »Opfer« einer diskriminierenden Gesellschaftsordnung, die materielle Dimensionen hat; sie sind nicht Opfer aufgrund einer theoretischen Zuschreibung oder eines psychologischen Irrtums. Mir erscheint es vielmehr ein rein theoretischer Griff, alle Opfer – »außer denjenigen, die in dem Sinne Opfer sind, daß sie nicht mehr leben« – als »Täter« zu betrachten, da sie überlebt haben. Hier wird der Begriff »Täter« mit dem Begriff »Subjekt«, wenn nicht gar mit »lebendem Wesen« gleichgesetzt: »Alle Überlebenden (sind) auch immer Täter. Es gibt niemals nur Opfer, sondern jedes Subjekt ist in verschiedenen Situationen Opfer und Täter«. (Sigrid Weigel) Hier werden die Begriffe »Opfer des Systems« und Opfer einzelner Taten vermischt.

Als Überlebende sind wir offensichtlich immer noch handlungsfähig, also mögliche »Täter« oder Subjekte zukünftiger Handlungen. Im Sinne einer Untersuchung der handelnden Personen »Täter und Opfer«, also der *Rollen* von Täter und Opfer, gibt es selbstverständlich nicht »nur Opfer«. Wichtiger noch, Opfer-Sein schafft keine Identität: ein und dieselbe Person hat nicht in jeder Situation ein und dieselbe Rolle inne. So hören wir ja oft, der Mann, der ein Mädchen zum Opfer von Mißhandlungstaten macht, wäre selbst als Kind Opfer von Mißhandlungen, z.B. durch seinen Vater gewesen (über die Richtigkeit dieser These soll hier nicht diskutiert werden). Die Frauenbewegung hat sich der Frage verschiedener »Opfer«-Rollen auch gestellt, indem sie die Unterdrükkung der Frauen mit anderen Unterdrückungssystemen, z.B. Rassen- oder Klassensystemen, in Zusammenhang gebracht hat: Ist eine weiße Frau »Opfer« der Unterdrückung von Frauen durch die Männer, so gehört sie zu den Unterdrückern im System des Rassismus und der Unterdrückung der Schwarzen; ist eine arme Frau der westlichen Arbeiterschicht »Opfer« des Klassensystems und der ökonomischen Ausbeutung, so nimmt sie doch selbst an der Ausbeutung ihrer schwarzen Schwestern in der »dritten Welt« teil. Unterdrückungssysteme überschneiden sich, und dieselbe Person wird von verschiedenen Systemen der Unterdrückung verschieden betroffen.

Dies läßt sich wiederum auf Einzeltaten beziehen: Eine weiße Frau ist Opfer der Gewalttat des Mannes und macht in einer anderen Situation die Frau einer anderen Klasse oder Rasse zum Opfer. Also selbst wenn sie in verschiedenen Situationen einmal Opfer und einmal Täterin ist, so ist sie niemals »Opfer *und* Täterin«, das heißt niemals beides zugleich. Angesichts dieser verschiedenen Ebenen der Analyse wäre es meines Erachtens sinnvoll, Begriffe schärfer zu differenzieren, die Begriffe »Opfer« und »Täter« auf die Analyse einzelner Handlungssituationen zu beschränken und allenfalls »Täterschaft« für das kollektive Agieren und die Auswirkung des Systems zu verwenden. Denn nur in der Vermischung der beiden Ebenen kann jemand »Opfer« und »Täter« zugleich sein, das heißt »Opfer« in der gesellschaftlichen Hierarchie und »Täter« einer spezifischen Tat. Diese Vermischung der Begriffe hat auch zu den bekannten Theorien geführt, Männer würden Frauen mißhandeln, weil sie »Opfer« des Kapitalismus, – schwarze Männer würden schwarze Frauen mißhandeln, weil sie »Opfer« des Rassismus seien. Dies läßt außer acht, daß auch die Frauen Opfer des Kapitalismus und schwarze Frauen außerdem Opfer des Rassismus sind. Damit ist nicht erklärt, warum *Männer* – weiße oder schwarze – Frauen mißhandeln, Frauen jedoch äußerst selten als Mißhandelnde auftreten.

Opfer und Täter sind wichtige Begriffe zur Analyse von Gewalthandlungen und Machtausübungen. Wir sollten sie uns in dieser präzisen Bedeutung erhalten. In Sigrid Weigels Beispiel der jüdischen Überlebenden in der Geschichte des Nationalsozialismus aber wird »Opfer« gleichgesetzt mit »tot« und »Täter« gleichgesetzt mit »überlebend«. Nazis sowie ein Teil der jüdischen Menschen haben überlebt, leben noch und handeln.

Sie sind deshalb nicht alle »Täter«. Dieser Begriff »Täter« läßt unbestimmt, welche Taten gemeint sind: die »Gesamttat«, die systematische Täterschaft des Nationalsozialismus oder einzelne Taten dieser Geschichte oder aber Handlungen in der späteren Geschichte der Überlebenden.

Opfer oder Überlebende?

Die feministische Kritik kann aus der nationalsozialistischen Geschichte lernen, desgleichen aus der Geschichte der Sklaverei und der Kolonisation; ebenso aber kann die Theorie von den Erfahrungen und der Analyse der Frauenbewegung lernen: Aus unserer Analyse der Gewalt der Männer gegen Frauen, besonders der einzelnen Gewalthandlung, geht hervor, wie wichtig es ist, das Opfer der Gewalttat als solches zu erkennen und nicht zur Mittäterin zu erklären. Der Tod ist für das Opfer der potentielle Ausgang einer jeden Gewalthandlung; er ist die mögliche Konsequenz jeder Opfererfahrung. Ob das Opfer stirbt oder überlebt, hängt jedoch nicht vom Handeln des Opfers ab, sondern vom Handeln des Täters. Als Opfer führen wir innerhalb beschränkter Handlungsmöglichkeiten Handlungsstrategien aus, die aufs Überleben ausgerichtet sind, deren Wirksamkeit jedoch vom Handeln des Täters abhängt. Opfersein heißt gerade, der eigenen Handlungsmöglichkeiten zum (Über-)Leben beraubt zu sein und Objekt der Handlung eines anderen zu werden. Dies scheint mir eine grundlegende Definition des Begriffs »Opfer«.

Nur diejenigen als Opfer zu begreifen, die nicht überleben, bedeutet, eine Schuld- oder Unschuldzuweisung zu fördern, die nur den Toten Unschuld gewährt und Überleben zur Schuld erklärt. Sowohl die Erfahrungen der überlebenden jüdischen Bevölkerung als auch die Erfahrungen von Frauen, die Gewalttaten überlebten, lehren uns den verheerenden Einfluß solcher Schuldgefühle. Die feministische Theorie hat dem ideologischen Druck in Richtung auf individuelle psychische Interpretationen eine Analyse der Gewalttat und der Verantwortung entgegengestellt. Opfer und Täter sind dabei strukturelle Begriffe zur Analyse von Handlungen im Zusammenhang mit objektiven Machtverhältnissen und Handlungsbedingungen.

Kollaboration und Komplizenschaft: Schuld oder Verantwortung?

Die Frage ist nun, wie eine spezifische Handlung, in der sich Macht als Gewalt ausdrückt, in die systemischen gesellschaftlichen Machtverhältnisse eingegliedert wird. Macht bzw. Entmachtung der Handelnden bestimmen, wer Täter und wer Opfer wird, auch wenn die Einzelpersonen gesellschaftlich durch ein anderes Machtverhältnis charakterisiert sind. Das heißt, eine weiße Frau der Oberschicht – im System der Gesellschaftsschichten ein Mitglied der Unterdrückerklasse – wird in der Situation der Vergewaltigung durch einen Mann der unteren Schicht selbst zum Opfer, er zum Täter. Das Täterwerden eines Unterdrückten wird oft als Handeln eines »Opfers« im Interesse seines Überlebens beschrieben, z.B. wenn seine Handlung das Opfern eines Dritten zur Rettung der eigenen Haut beinhaltet. Dem liegt wiederum eine Vermischung der logischen Ebenen zugrunde, bei der »das System« oder ein bestimmtes Unterdrückungssystem implizit zum symbolischen »Täter« wird, der Handelnde zu seinem strukturellen »Opfer«. Dieses strukturelle »Opfer« ist Täter einer spezifischen Handlung gegenüber einem »Dritten«, der ihm zum Opfer fällt. Die beiden »Opfer« aber haben einen ungleichen und unvergleichbaren Status.

Das Beispiel der KZ-Wächterin oder eines zum Wächter aufgestiegenen Gefangenen drängt sich auf. Die Analyse ihrer Taten sowie ihres Überlebens muß ihre spezifischen Machtbedingungen berücksichtigen: die Ausübung von Macht gegenüber weniger Mächtigen einerseits – und die Handlung im Rahmen vorgegebener Möglichkeiten andererseits. Dabei ist die Analyse der spezifischen Beschränkungen ihrer Handlungsmöglichkeiten – etwa als Folge von Lebensbedrohung durch einen Mächtigeren – bzw. der gewährten Handlungsfreiheit von größter Wichtigkeit, ebenso die Form des angebotenen Überlebenskontrakts. Die Tat gegenüber einem *weniger* Mächtigen (nicht einem gleich Ohnmächtigen) bleibt eine Machtausübung, der Täter ist/bleibt Täter. Überlebt dieser Täter seine Tat, so ist dieses Überleben nicht der Tat der Opferung eines Ausgelieferten zu verdanken, sondern dem Handeln (oder Nicht-Handeln, Nicht-Töten) desjenigen, in dessen Gewalt der Überlebende steht. Jener hält den Kontrakt mit ihm ein. Aus der Machtanalyse der Vergewaltigung wissen wir, daß es keine Handlung des Opfers gibt, die die Tat und den Tod verhindern kann: Das Überleben hängt von der Situation und vom Täter ab. Die Tat der KZ-Wächterin gegenüber ihren Opfern bleibt eine Machtausübung und Vergewaltigung. Die Frage nach der Mittäterschaft, der »Verstrickung mit dem Täter«, steht im Zusammenhang mit ihrem eigenen Untergeordnetsein, ihrer eigenen Bedrohung durch die Mächtigeren. Sie trägt Verantwortung für ihre Tat in dem Maße, wie sie Macht ausübt, wenngleich sie nicht verantwortlich ist für ein System, in dem sie selber untergeordnet ist.

Wie wir zwischen dem sozusagen metaphorischen »Opfer« der strukturellen Unterdrückung und dem Opfer der Gewalttat unterscheiden, so müssen wir auch zwischen »Überleben im System« und aktuellem Überleben der Gewalthandlung, der konkreten Lebensbedrohung unterscheiden. Eine Frau mag sich wohl dazu entscheiden, KZ-Wächterin zu werden, um im Nationalsozialismus zu »überleben«. Das ist metaphorisch ausgedrückt und weniger eine Frage von Leben und Tod als von Lebensqualität. Die Frau verspricht sich eine bessere Lebensqualität als KZ-Wächterin. Wie Sigrid Weigels »emanzipierte« Frau will sie »teilhaben an den Tätigkeiten, die Männern vormals vorbehalten waren«. Und wie Veronika Bennholdt-Thomsen kommentiert: »Das ist eben das Fatale. Es ist ja unser legitimes Recht, daß wir Personen sein möchten, gesellschaftliche Personen ... Das auf diesem Irrweg zu tun, ist die Mittäterschaft, nämlich zu versuchen, die Achtung derjenigen zu erringen, die uns ächten.«

Ute Gerhards Auslegung des Konzeptes »Mittäter« bezieht sich nicht auf ein Konzept »Opfer und Täter«, in dem das Opfer zum »Mittäter« wird, sondern auf einen Komplizen des Täters: Gemeint ist hier Mittäterschaft im juristischen Sinne; die »eine gemeinsame Handlung betrifft aufgrund eines gemeinschaftlichen Beschlusses«. Der springende Punkt ist hier der gemeinsame Beschluß: Der Mittäter wird in den Entscheidungsprozeß der Handlung miteinbezogen, während das Opfer gerade dadurch charakterisiert ist, die Handlung gegen den eigenen Willen und die eigene Handlungs- und Entscheidungsfreiheit zu erfahren. »Mittäterschaft kann auch durch Unterlassen geschehen« (Gerhard), womit wohl gemeint ist, daß dem Täter kein Einhalt geboten und in seine Handlung nicht eingegriffen wird. Wiederum ist das Machtverhältnis zwischen dem Täter und dem Mittäter zu analysieren: Hat der Mittäter, der es unterläßt, durch eigenes Handeln einzugreifen, die Macht und Möglichkeit, dieses zu tun? Oder steht er selbst unter dem Zwang der Gewalt des Täters?

Die Frage nach dem »Aktiv-Werden« der Frauen, ihrem »Tun« oder »Sich-Wehren«, ihrem »Ausbruch«, kann nicht losgelöst von ihren realen Handlungsmöglichkeiten analysiert werden. Der Diskussion eines jeden Handelns von Frauen ist also eine Analyse der bestehenden Machtverhältnisse einerseits und der spezifischen Bedingungen einzelner Handlungen andererseits vorauszusetzen. Diese objektiven Bedingungen liefern auch den Maßstab für die Bestimmung der Verantwortung des handelnden Subjekts im Verhältnis zu seinen Handlungsmöglichkeiten.

Ihre Analyse sollte die undifferenzierte und ideologisch geprägte Frage nach Schuld und Mitschuld ablösen. So deutet Ute Gerhard mit ihrer Frage nach der »Mitschuld« oder »Selbstverschuldung« der Frauen an ihrer Situation auf den »Ausgang des Menschen aus seiner Unmündigkeit« hin: Es ist die Frage, wie »mündig« Frauen heute (oder zu bestimmten historischen Zeitpunkten und in verschiedenen Gesellschaftsordnungen) sind, um über sich selbst und ihre Handlungen bestimmen zu können. Das Maß der relativen »Mündigkeit« bestimmt die spezifische Verantwortung für das eigene Handeln; »Schuld« am System kann den Unterworfenen nicht vorgeworfen werden.

Victimismus oder Überlebensstrategien?

»Es gilt auch zu untersuchen, unter welchen Bedingungen Angehörige von bestimmten Gruppen in einer Gesellschaft wie aktiv werden können« (Maya Nadig). Eine weiße Staatsangehörige mit Universitätsabschluß kann offensichtlich auf andere und vielfältigere Art in der BRD aktiv werden als eine türkische Gastarbeiterin oder eine deutsche Prostituierte. Eine gebildete Frau in der heutigen Gesellschaft hat andere, spezifisch bestimmbare Handlungsmöglichkeiten als im 19. Jahrhundert. In ihrer folgenden Auslegung scheint mir Maya Nadig jedoch auf zwei verschiedene Konzepte der »Identifikation« hinzuweisen: Frauen können aktiv werden, »indem sie sich mit dem Aggressor identifizieren, indem sie sich also auf die Seite der Mächtigeren schlagen«, oder aber »im Sinne einer Abgrenzung von diesem System, das sie ausgrenzt oder ihnen übelwill«, das heißt durch »Identifikation mit dem Opfer«. Letztere ist im Sinne einer *politischen Zielsetzung* gemeint: Identifizierung »der Mächtigen« und sich auf ihre Seite schlagen oder Identifizierung der Opfer und Parteinahme mit dem Opfer als Prinzip des eigenen Handelns. Dies ist zu unterscheiden vom psychologischen Konzept der Identifikation, zu dem Maya Nadig im weiteren übergeht, wenn sie von »Lähmungen« verschiedener Art spricht. Die feministische Arbeit mit Frauen, die sexuelle Gewalt erlitten haben, hat uns gelehrt, daß die Opfererfahrung – und speziell die Erfahrung, daraufhin als Opfer *behandelt* zu werden – wohl zu einer psychologischen Opfer*haltung* oder Opferidentität führen kann. Kathleen Barry beschreibt dies als »Victimismus«: und zwar sowohl die Praxis, eine Frau als Opfer zu betrachten und zu behandeln, eine Praxis, die die Opfer*rolle* und den Opfer*status* schafft, als auch die psychische Einstellung, die sich in der Frau selbst entwickeln kann, wenn sie sich dieser Rolle fügt[1]. Dem stellt Kathleen Barry gegenüber, daß »Frauen, die vergewaltigt oder sexuell versklavt wurden, nicht nur Opfer, sondern vielmehr Überlebende (sind). Überleben ist die andere Seite des Opferseins«[2]. »Victimismus« spricht der betroffenen Frau ihre Menschlichkeit und ihren Willen als lebendes, sich veränderndes und entwickelndes Wesen ab und reduziert sie auf ein Objekt der Hilfeleistungen. Deshalb machen wir in der englischen feministischen Theorie und Praxis den sprachlichen sowie theoretischen Unterschied zwischen *victim* (Opfer) und *survivor* (Überlebende). Während die feministische Praxis darum gekämpft hat, daß Frauen, die vergewaltigt oder sexuell mißbraucht wurden, als Opfer sexueller Gewalttaten anerkannt werden, legt sie ebensoviel Betonung auf die aktive Überlebensarbeit, die die betroffene Frau geleistet und nach der Opfererfahrung zu leisten hat. Ihre eigene Erkenntnis, Opfer einer Gewalttat gewesen zu sein, ist ein erster Schritt in einer ganzen Reihe von Maßnahmen und Strategien in ihrem Bemühen, eine Opferidentität abzulehnen und aktiv an ihrem Überleben zu arbeiten[3].

Die orthodoxe Psychologie macht gerade die Opfer einzelner Gewalthandlungen zu Opfer*identitäten* und zu Patientinnen professioneller Behandlungen. »Survivor«-Politik erkennt die Aktivität des »Opfers« – der betroffenen Frau – in der Verarbeitung ihrer Erfahrung und im Prozeß der Überwindung der Auswirkungen an. »Selbstbezichtigung«, »Schuldanklage« und »Lähmung« gehören zur Psychologie der einzelnen Frau unter dem Einfluß und im Zustand des »Victimismus«, nicht zur Analyse der objektiven Handlungsmöglichkeiten bestimmter Gruppen oder Individuen in der Gesellschaft. Dabei ist von Bedeutung, daß die subjektive Wahrnehmung (Lähmung, Selbstanklage) gerade nicht mit den objektiven Bedingungen übereinstimmt und von diesen trennbar ist. Die Erkenntnis der objektiven Bedingungen kann so zur Grundlage für eine psychische Veränderung werden.

Sozialcharakter

Der Begriff des Sozialcharakters enthält weitere Mißverständnisse, die teilweise mit der Frage der »Täterschaft« und »Mittäterschaft« verstrickt sind. Es scheint mir notwendig, in unserer Praxis immer wieder zu betonen, daß der Sozialcharakter ein kulturelles Konstrukt ist, das gerade von der historischen Aktualität der Frauen scharf zu unterscheiden ist. Daß wir den Sozialcharakter oft mit der Realität wirklicher Frauen vermischen, belegt die Wirksamkeit des kulturellen Ideals. Christine Holzkamp sagt: »Ich behaupte, im Sozialcharakter, der Frauen zu Mittäterinnen macht, ist auch die Potenz enthalten, sich aus der Mittäterschaft zu befreien, nein zu sagen, widerständig zu werden.« Diese Potenz liegt m.E. weniger im Sozialcharakter (der gerade keine Möglichkeit der Verweigerung enthält) als in der Diskrepanz zwischen diesem Sozialcharakter und der subjektiven Erfahrung und Erkenntnis der Frauen. Die Selbsterfahrung und die kollektiven Erfahrungen von Frauen bergen den möglichen Beweis für die Unzulänglichkeit des Sozialcharakters sowohl als Beschreibung/Charakterisierung ihrer selbst, als auch »der Frau« als kollektiver Weiblichkeit. Die Selbsterfahrungsgruppen der modernen Frauenbewegung dienten gerade dazu, das Selbstverständnis der Frauen und ihre Interpretation der eigenen Erfahrung gegen die ideologischen Interpretationen des Patriarchats zu stärken.

Als ideologisches Konstrukt ist der Sozialcharakter Produkt der Männer, die die Fabrikanten des Wissens und die Interpreten der Realität waren und heute noch vorwiegend sind. Angesichts der Geschichte weiblicher Unmündigkeit im juristischen, politischen und kulturellen Sinn scheint es mir nicht vertretbar zu sagen, Frauen hätten »an diesem Sozialcharakter sehr intensiv mitgearbeitet« (Karin Hausen), »auch in der Vergangenheit als Mittäterinnen diesen Sozialcharakter mit aufgebaut« (Ute Gerhard). Die Frage ist wiederum, »unter welchen Bedingungen« Frauen in einer Gesellschaft zu bestimmten historischen Zeitpunkten »wie aktiv« mitarbeiten konnten. Das Leben der Frauen, die Art, wie sie ihre Erfahrungen interpretieren, ist geprägt vom Sozialcharakter sowie den sozialen, politischen und ökonomischen Bedingungen. Frauen entwickeln sich in bezug auf diesen Sozialcharakter und die (Vor)Bilder, die die Kulturgeschichte ihnen bereithält. Jedoch nicht mit absoluter Zwangsläufigkeit: Die »These der Mittäterschaft, die sich auf die Gegenwartsgeschichte bezieht, weist die Zwangsläufigkeit der Funktionalisierung zurück, stellt sie zumindest in Frage« (Christina Thürmer-Rohr). Das Konzept der Mittäterschaft untersucht also *diesen Bezug*, und in diesem Bezug die Möglichkeit des Akzeptierens oder der Kritik. Der Feminismus selbst ist ein Beweis dafür, daß die Sozialisation keine absolute Gehirnwäsche ist, sondern daß wir eine kritische Haltung entwickeln können. »Ich würde von Frauen erwarten und fordern, sich dieser Zwangsverfassung bewußt zu sein« (Veronika Bennholdt-Thomsen), wobei das Bewußt-Sein die erste Bresche in den »Zwang« schlägt.

Der wiederholte Einwand, das Konzept der Mittäterschaft schenke dem Widerstand der Frauen in der Geschichte zu wenig Beachtung oder sei selbst an der Unterschlagung der Wirklichkeit der Frauen beteiligt, indem es nicht zur Kenntnis nehme, was Frauen vorher gedacht und getan haben, entstammt einer Vermischung von Sozialcharakter und historischer Wirklichkeit der Frauen. Dieser Einwand ist die Kehrseite der Behauptung, Frauen hätten am Sozialcharakter aktiv mitgebaut. (Auch hier zeigt sich der Druck des Sozialcharakters, Frauen als historisch vereintes Subjekt zu fassen.) Die Mittäterschaftsthese will aber die Funktionalisierung der Frau mittels des Sozialcharakters untersuchen, also die ideologische Motivierung der Frauen, nicht in ihrem eigenen Interesse, sondern in dem der Männer und der Männergesellschaft zu handeln und zu denken. Die analytische Trennung des ideologischen Sozialcharakters von der geschichtlichen Wirklichkeit und dem Bewußtsein von Frauen ist eine unerläßliche Voraussetzung auch für eine feministische Historiographie. Es sollte deshalb von der Grundannahme, nicht nur der zaghaften Hypothese ausgegangen werden, »daß das einzelne weibliche Subjekt nicht im Sozialcharakter aufgeht« (Sigrid Weigel). Die Analyse der kulturellen Partizipation der Frauen, z.B. in der Literatur, bedarf ebenso dieser theoretischen Voraussetzung, so daß die Frage nicht mehr einfach lauten kann: »Haben Schriftstellerinnen am Sozialcharakter festgehalten oder ihn verworfen?«. Wird der Sozialcharakter als ideologisches Konstrukt verstanden, an dessen Formulierung gerade die Literatur stark beteiligt ist, so wird ein Entweder-Oder, ein Drinnen oder Draußen, ein Mitmachen oder Verwerfen nicht mehr denkbar. Vielmehr sehen wir, wie Frauen die übermittelten kulturellen und ideologischen Instrumente gebrauchen, um ihrer eigenen Erfahrung Ausdruck zu geben, um Erfahrungen mit Hilfe des Kulturerbes der Männer, aber auch gegen dieses, zu beschreiben. Das Medium, in dem wir denken, ist vorgegeben und geprägt, und wir haben kein anderes.

Ebenso wichtig ist es zu verstehen, daß *Weiblichkeit* keineswegs, wie Sigrid Weigel postuliert, von der Kultur oder der Sprache ausgeschlossen war oder ist. Im Gegenteil ist Weiblichkeit ein zentrales Objekt der Kultur, was sich auch in der Sprache widerspiegelt (so gibt es z.B. zur Beschreibung von Frauen und »weiblichen« Attributen weit mehr Wörter als für Männer). Aus der Geschichte sind Handeln und Leben, Kultur, Erfahrung und Selbstausdruck von Frauen ausgeschlossen. Dieser Ausschluß erfolgt gerade über die Präsenz von Weiblichkeit, wird also vom Männerkonstrukt »der Frau« und »der Erfahrung der

Frau« bewirkt. Die heutige visuelle Kultur ist ein Beweis überflutender sichtbarer Weiblichkeit, von Männern dargestellter »Frauen«, die die Absenz des Selbstausdrucks der Frauen überdecken. Unser Verständnis der Geschichte der Frauen ist geblendet und behindert durch die männliche Geschichtsschreibung und Darstellung und durch die Dominanz eines »Sozialcharakters«, den wir so oft für historische Wirklichkeit halten. Eine theoretische Differenzierung zwischen »Weiblichkeit« und Frauen ist unentbehrlich für die feministische Kritik.

Ziel des Feminismus kann es deshalb nicht sein, einen »besseren Sozialcharakter« zu basteln, ihn umzubauen, zu modernisieren, eine »Neudefinition« zu finden. Noch kann es darum gehen, von ihm das zu behalten, was uns gefällt, und das »über Bord zu werfen«, was uns nicht paßt, d.h. zu einer inhaltlichen Sortierung von Positivem und Negativem im weiblichen Sozialcharakter überzugehen: »Ich meine nicht, daß wir schlicht bereit sind, unseren Sozialcharakter über Bord zu werfen. Im Moment wollen wir nämlich etwas behalten, wir wollen eine Reihe von Charaktermerkmalen, Verhaltensmerkmalen, Handlungsmerkmalen ausbauen« (Karin Hausen); »Das ist das Mißverständnis, wenn wir den Sozialcharakter ablegen wollen, daß wir alles, was in dem traditionellen Kanon von Weiblichkeit drinsteckt, nicht mehr leben« (Christine Holzkamp); »Wir müssen stark sein, ohne unsere Zärtlichkeit zu verlieren« (zit. Ingeborg Drewitz). Die Kritik am Sozialcharakter gilt aber weniger seinem Inhalt – wir hören ja immer wieder, daß Zärtlichkeit, Gefühl, Fürsorge, Mitgefühl, Liebe schöne Eigenschaften sind. Die Kritik betrifft nicht »Eigenschaften« und »Merkmale«, sondern die Zuschreibung solcher Eigenschaften zum Weiblichkeitscharakter als »Merkmale« des Geschlechts. Es ist nichts Weibliches an der Zärtlichkeit, außer ihrer kulturellen Assoziation mit Frauen. Als Feministinnen wollen wir nicht diesen Sozialcharakter gegen einen angenehmeren eintauschen. Was wir verwerfen, ist die Idee eines weiblichen (oder männlichen) Sozialcharakters; was wir verwerfen, ist die Kennzeichnung und Festlegung von menschlichen Eigenschaften und Handlungsformen als »weiblich« oder »männlich«; was wir ablehnen, ist das kulturelle Konstrukt eines Geschlechtscharakters. Mit dessen Hilfe werden Frauen einer Zwangsverfassung unterworfen, einem uniformen (höchstens binären) Stereotyp, das der Vielfältigkeit und Selbstbestimmung der Frauen nicht entspricht. Der Sozialcharakter ist ein ideologisches Instrument der gesellschaftlichen Kontrolle über Frauen, das sie als Geschlechtsgruppe im Interesse der Männer normiert und dienstbar macht. Dies ist m.E. auch die Frage, die die Mittäterschaftsthese untersuchen will: die Prägung des Sozialcharakters als Funktionalisierung im Interesse und zur Unterstützung der Männergesellschaft sowie den Spielraum, der sich aus der Nicht-Zwangsläufigkeit dieser Funktionalisierung und Sozialisierung für die Verantwortung und Selbstbestimmung von Frauen ergibt. Dieser Spielraum führt jedoch nicht ins Freie, nach Draußen, in die Wildnis oder die Utopie einer vom Patriarchat unbefleckten Zone, wo sich Frauen »authentisch« entfalten könnten. Dieser Spielraum erlaubt uns einen *kritischen* Blick auf die Konstruktion der Welt – als Männerwelt und Männerwahrheit –, die sich somit als veränderbar erweist. Er ermöglicht uns den Blick nicht nur auf die Realität, sondern auf unseren Standort in dieser Realität und auf die Beziehung dieser Realität zu unserem eigenen Erleben: d.h. er vermittelt (politisches) Bewußtsein. Die Bedeutung des von Veronika Bennholdt-Thomsen zitierten Ausbruchs des Cimarron aus der Sklavenwelt liegt weniger in seiner Flucht in die »Wildnis« als in seiner Erkenntnis, daß es einen konzeptionellen Standpunkt außerhalb der Sklaverei gibt, von welchem diese als ein gesellschaftliches und politisches System erkannt werden kann, das nicht absolut und unveränderbar ist. Cimarron weigerte sich, innerhalb dieses Systems zwischen Sklave und Herrn zu wählen – sich entweder als »Sklave« zu identifizieren oder auf die Seite des Herrn zu schlagen und dabei das Herren-Sklaven-Verhältnis weiter zu unterstützen. Ebensowenig ging er schlicht in die Wildnis, um dort authentisch zu sein. Er brach aus, um für sich und seinesgleichen zu arbeiten. Historisch gesehen, führten die Ausbrüche der Sklaven aus dem amerikanischen Süden nicht in die Wildnis, sondern in den Norden, von wo aus der politische Kampf gegen die Sklaverei mit »ihresgleichen« gefochten werden konnte und wo – wenigstens im Ansatz – eine politische Ordnung herrschte, die Schwarze nicht zu Sklaven machte. Der Ausbruch war weniger eine Flucht in den (etwas besseren und angenehmeren) Norden als in die politische Aktivität mit und für ihresgleichen – nicht zur eigenen Emanzipation von der Sklaverei, sondern zur Befreiung aller aus der Sklaverei: zur Abschaffung des Systems der Sklaverei.

Verstrickung mit dem Täter

In meiner Auseinandersetzung mit der Mittäterschaftsthese und der bewegten Diskussion um sie habe ich mich immer wieder gefragt, wie denn eigentlich dieselben Fragen im anglo-amerikanischen Kontext diskutiert werden. Die These ist vielleicht mit Adrienne Richs These zur »Zwangsheterosexualität«[4] vergleichbar. Dieser Aufsatz befaßt sich ausführlich damit, wie die Sexualität der Frauen von Männern in einem komplexen System der direkten und indirekten Gewaltausübung im männlichen Interesse funktionalisiert wird. Dies schafft nicht nur die materiellen ökonomischen, sozialen und politischen Bedingungen unserer Existenz, sondern führt zugleich zu einem nachgerade zwangsläufigen Bild weiblicher Sexualität als Heterosexualität und zum spurlosen Verschwinden lesbischer Existenz. So ergibt sich ein monolithischer Sexualcharakter »der Frau«. Dieser ist ebenso »zwangsläufig« wie der Sozialcharakter, d.h. er ist zwangsläufig als gesellschaftliches und kulturelles Konstrukt – daher »*Zwangs*heterosexualität«. Dabei wissen wir ebensogut, daß das einzelne weibliche Subjekt nicht in diesem Sexualcharakter aufgeht und daß sich die geschichtliche Realität nicht mit dem Konstrukt deckt. Auch hier liegt die Unsichtbarkeit des Widerstandes der Frau nicht im theoretischen Ansatz, sondern im Sexualcharakter, den er zum Objekt der Untersuchung macht.

Auch Richs These hat Anlaß zur Kritik an der Begriffsfassung gegeben. Und auch hier verweisen die Einwände auf tiefere Uneinigkeiten mit dem gesamten Ansatz. Heterofrauen wenden ein, sie handelten in ihrem sexuellen Verhalten nicht unter Zwang, sondern aus freien Stücken, ebensowenig sei ihr Verhalten eine Form der »Mittäterschaft« oder Kollaboration mit den Antagonisten. Wie die Mittäterschaftsthese richtet sich aber auch Richs Ansatz viel mehr auf den kollektiven Zwang einer hegemonisch konstruierten weiblichen Sexualität als auf das Handeln der individuellen Frau. Andererseits bezweifeln Frauen – auch lesbische – die zentrale Bedeutung der Sexualität als Faktor der Unterdrückung der Frauen und schätzen politische, juristische, ökonomische Bedingungen als wichtiger ein, sofern sie nicht auch die Auffassung in Frage stellen, daß sexuelle Orientierung wählbar ist, daß Sexualität ein soziales Konstrukt – und nicht biologisch vorgegeben – ist.

Die Zwangsheterosexualität als zentrale gesellschaftliche Institution und als Kernfaktor der Unterdrückung der Frauen, der jeden Aspekt ihrer Existenz berührt, greift im Konzept von Adrienne Rich jedoch weit über eine Beschreibung aktuellen Sexualverhaltens hinaus. Das Konzept der »Zwangsheterosexualität« erschließt eine Perspektive, einen Ansatz zur Analyse der »Welt« und unserer eigenen Beziehung zu ihr sowie einen Einblick in die spezifische Verstrickung mit dem Täter, die uns mit seinem Interesse funktionalisiert. Vor dieser Perspektive war zu Anfang der Frauenbewegung noch häufiger die Rede, von einer frauen-identifizierten Sichtweise, die erst erkennbar macht, daß das »normale« (normierte) Denken und Wissen männer-identifiziert ist. Wie für Cimarron die Flucht in den Norden, erlaubt uns diese Perspektive, die Exklusivität des Mann-Frau-Verhältnisses in Frage zu stellen. Es gilt nicht mehr, zwischen »Frau« und »Mann« wählen zu müssen – d.h. sich entweder als »Frau« (zwangsheterosexuell) zu identifizieren oder sich auf die Seite der Männer zu schlagen, um so in jedem Fall den Weiterbestand des Mann-Frau-Verhältnisses und der Vorherrschaft der Männer zu gewährleisten. Die Wahl eröffnet auch die Möglichkeit, aus diesem Zwangssystem auszubrechen – nicht in die pure Freiheit, aber doch dahin, wo frau für sich und alle Frauen dem System den Kampf ansagt.

Anmerkungen

[1] Kathleen Barry: *Female Sexual Slavery.* New York und London, 1979. Dt. *Die Sexuelle Versklavung von Frauen.* Berlin, 1983
[2] Romi Bowen/Bernadette Manning: *Writing Our Own History* – London Rape Crisis, in: Trouble and Strife 10, Norwich, 1987, S. 49-56; siehe besonders »Victims, Survivors or Women?«, S. 52-3
[3] Liz Kelly: *Surviving Sexual Violence.* Cambridge, 1988; siehe besonders Kapitel 7: »Victims or Survivors?: resistance, coping and survival«, S. 159-85
[4] Adrienne Rich: *Compulsory Heterosexuality and Lesbian Existence.* 1980. Dt. »Zwangsheterosexualität und lesbische Existenz«. In: Dagmar Schultz (Hg.) *Macht und Sinnlichkeit. Ausgewählte Texte von Audre Lorde und Adrienne Rich.* Berlin, 1983

Autorinnenverzeichnis

☐ *Brigitte Altenkirch*, geb. 1957, Bürokauffrau, Diplompädagogin, Absolventin und Lehrbeauftragte des Studienschwerpunktes »Frauenforschung« der TUB

☐ *Veronika Bennholdt-Thomsen*, Prof. Dr., geb. 1944, Ethnologin, Arbeitsschwerpunkt: Agrarsoziologie, Frauen und 'Dritte Welt'

☐ *Gisela Breitling*, geb. 1939, Künstlerin und Autorin, zahlreiche Einzel- und Gruppenausstellungen im In- und Ausland, Veröffentlichungen und Initiativen zum Thema Frauen und Kunst

☐ *Martina Emme*, geb. 1959, Tischlerin, Diplompädagogin, Absolventin und wissenschaftliche Mitarbeiterin des Studienschwerpunktes »Frauenforschung« der TUB seit 1988

☐ *Monika Flamm*, geb. 1956, Diplompädagogin, Absolventin und Mitarbeiterin des Studienschwerpunktes »Frauenforschung« der TUB, Mitarbeit bei FINRRAGE

☐ *Vera Fritz*, geb. 1958, Diplompädagogin, Mitarbeiterin des Studienschwerpunkts »Frauenforschung« der TUB

☐ *Ute Gerhard*, Prof. Dr., geb. 1939, Professorin an der Universität Frankfurt/M., Arbeitsschwerpunkt: Frauenarbeit und Frauenbewegung

☐ *Marlis Gerhardt*, Dr., geb. 1940, Philosophin, Kulturredakteurin beim Süddeutschen Rundfunk und Autorin, Arbeitsschwerpunkt: Frauen und Literaturgeschichte

☐ *Karin Hausen*, Prof. Dr., geb. 1938, Historikerin, Professorin für Wirtschafts- und Sozialgeschichte am Fachbereich Kommunikations- und Gesellschaftswissenschaften der TUB, Arbeitsschwerpunkt: Historische Frauenforschung

☐ *Christine Holzkamp*, geb. 1936, Psychologin, Hochschullehrerin im Fachbereich Erziehungswissenschaften an der TUB, Arbeitsschwerpunkt: Persönlichkeitsentwicklung von Frauen

☐ *Susanne Kappeler,* Prof., geb. 1948, Literaturwissenschaftlerin, Professorin für englische und amerikanische Literatur an der University of East Anglia, Norwich, England, Arbeitsschwerpunkt: Feministische Kritik und Theorie, 19. und 20. Jahrhundert

☐ *Karen Meyer,* geb. 1958, Diplompädagogin, Absolventin des Studienschwerpunktes »Frauenforschung« der TUB, Arbeitsschwerpunkt: Frauen in sozialen Berufen

☐ *Maya Nadig,* Dr., geb. 1946, Psychoanalytikerin, Ethnologin, Forschungsauftrag des Schweizerischen Nationalfonds an der Universität Zürich, Arbeitsschwerpunkt: Ethnologische Ansätze zur Situation der Frau

☐ *Christina Thürmer-Rohr,* Prof. Dr. phil., geb. 1936, Diplompsychologin, Professorin am Studienschwerpunkt »Frauenforschung«, Fachbereich Erziehungswissenschaften der TUB

☐ *Sigrid Voigt,* geb. 1953, Photolaborantin, Diplompädagogin, Absolventin und Mitarbeiterin des Studienschwerpunktes »Frauenforschung« der TUB

☐ *Sigrid Weigel,* Prof. Dr., geb. 1950, Literaturwissenschaftlerin, Professorin für Neuere Deutsche Literatur an der Universität Hamburg, Arbeitsschwerpunkt: Weiblichkeit und Literatur, interkulturelle Literaturwissenschaft

☐ *Carola Wildt,* geb. 1950, Diplompädagogin, wissenschaftliche Mitarbeiterin des Studienschwerpunktes »Frauenforschung« der TUB von 1983 – 88, promoviert über feministische Theorie der sozialen Arbeit

Foto: Julia Opitz
Roundtable-Gespräch: »Mittäterschaft und Sozialcharakter«

frauen aktuell

Herausgeber Ingke Brodersen · Freimut Duve
Begründet von S.v. Paczensky

Eine Auswahl

Barbara Kavemann /
Ingrid Lohstöter
Väter als Täter
Sexuelle Gewalt gegen Mädchen «Erinnerungen sind wie eine Zeitbombe»
rororo aktuell 5250

A. Baumgartner-Karabak/
G. Landesberger
Die verkauften Bräute
Türkische Frauen zwischen Kreuzberg und Anatolien
rororo aktuell 4268

Christine Swientek
«Ich habe mein Kind fortgegeben»
Die dunkle Seite der Adoption.
rororo aktuell 5119

**Das trostlose
Leben der
Karin P.**
Geschichte
einer Pennerin
rororo aktuell 5633

Awa Thiam
**Die Stimme der
schwarzen Frau**
Vom Leid der Afrikanerinnen.
rororo aktuell 4840

rororo aktuell 12234

Marianne Arlt
Alptraum Schule
Aus dem Tagebuch
einer Mutter (12514)

Theresia Brechmann
Jede dritte Frau
Protokoll einer Vergewaltigung (12137)

Ingrid Häusler
Kein Kind zum Vorzeigen?
Bericht über eine
Behinderung (4524)

rororo aktuell 12380

rororo aktuell 5914

Heike Mundzeck
«Als Frau ist es wohl leichter, Mensch zu werden»
Gespräche mit Dorothee Sölle, Margarethe von Trotta, Heidemarie Wieczorek-Zeul
rororo aktuell 5354
Drei Frauen beschreiben ihre Lebenswege: ihre Kindheit, was ihnen geschenkt wurde, was sie sich hart erringen mußten und was sie weiterhin erwarten.

rororo aktuell 12513

rororo aktuell 4530

Claudia von Werlhof/
Maria Mies/Veronika
Bennholdt-Thomsen
**Frauen, die letzte
Kolonie**
Zur Hausfrauisierung
der Arbeit (12239)

WEITERES BEI ORLANDA

Christina Thürmer-Rohr
VAGABUNDINNEN
Feministische Essays

»Scharfsinnige und scharfsichtige Beobachtungen, klar und verständlich geschrieben, ohne die Festungsgräber des Soziologischen, polemisch und kantig.« *Neue Züricher Zeitung*

192 Seiten, kt., frz. Broschur, DM 24,00

Libreria delle donne di Milano (Hg.)
WIE WEIBLICHE FREIHEIT ENTSTEHT
Eine neue politische Praxis

»Zu den Ereignissen des Jahres zähle ich eine Neuerscheinung bei Orlanda – Italienische Feministinnen wagen die Neuinterpretation der Frauenbewegung – Gleich sind Frauen nur als Opfer – frei werden sie in der Anerkennung ihrer Unterschiede.« *Gisela Wülfing, Taz*

176 Seiten, frz. Broschur, DM 29,80

Kathleen Barry
SEXUELLE VERSKLAVUNG VON FRAUEN
Aus dem Englischen von Alexandra Bartoszko

Eine erschütternde Dokumentation über sexuelle Versklavung in der erzwungenen Ehe und Mehrehe, in Vergewaltigung, Mißhandlung, Pornographie, im sexuellen Kindesmißbrauch und im Sextourismus. Sie gilt als die umfassendste zu diesem Thema.

350 Seiten, kt., DM 26,00

Orlanda Frauenverlag

Pohlstraße 64, 1000 Berlin 30

NEU BEI ORLANDA

Gertrud Pfister
FLIEGEN – IHR LEBEN
Die ersten Pilotinnen

ca. 220 S., mit zahlr. Abb.
kt., fester Einband
DM 36,00
ISBN 3-922166-49-0

Die ersten Abenteurerinnen in den »fliegenden Kisten« Anfang dieses Jahrhunderts: Melli Beese, Marga von Etzdorf, Amelia Earhart, um nur einige der berühmtesten zu nennen. Wer waren sie eigentlich? Die faszinierenden Biografien vieler Fliegerinnen zeigen, daß diese Frauen auch sonst die ungebundene Entfaltung ihrer Fähigkeiten suchten. Zum Beispiel Melli Beese, die eine aussichtsreiche Karriere als Steinbildhauerin begann, sich dann ganz dem Fliegen verschrieb und selbst Flugzeuge konstruierte.

Die Berliner Sportwissenschaftlerin Gertrud Pfister schildert spannend Leben und Abenteuer dieser wagemutigen Fliegerinnen anfangs des Jahrhunderts, die nicht nur im Fliegen die ungebundene Entfaltung ihrer Fähigkeiten suchten.

Pohlstraße 64, 1000 Berlin 30

NEU BEI ORLANDA

Zee Edgell
BEKA
Ein Roman aus Belize

Aus dem Englischen
von Uta Goridis
ca. 160 S., kt., fester Einband
ca. 32,00 DM
ISBN 3-922166-51-2

Aus der Perspektive der vierzehnjährigen Beka Lamb wird die Geschichte ihrer Familie und ihrer Freundschaft in Rückblenden lebendig, ein ganzes Panorama der kleinen, von den unterschiedlichen Kulturen Afrikas, Asiens, Amerikas und Europas geprägten Gesellschaft entsteht. Zee Edgell bringt Mythen und Alltagsgeschehen, ein frauenzentriertes Familienleben und politische Unabhängigkeitsbestrebungen den LeserInnen nahe. Dieser Roman, der 1982 mit dem Buchpreis der *Fawcett-Society* ausgezeichnet wurde, gilt als das erste literarische Produkt mit internationaler Verbreitung aus dem unabhängigen Belize, ehemals Britisch-Honduras.

»Dieser Roman signalisiert den Durchbruch für die Literatur einer Region, die noch wenig bekannt ist.«
Sunday Guardian

Pohlstraße 64, 1000 Berlin 30

NEU BEI ORLANDA

Mariana Valverde
SEX, MACHT
und LUST

Orlanda Frauenverlag

**Mariana Valverde
SEX, MACHT
und LUST**

Aus dem kanadischen
Englisch von
Michaela Huber
Mit einem Nachwort
von Cora Stephan
ca. 228 Seiten, kt.,
frz. Broschur
ca. 29,80 DM
ISBN 3-922166-52-0

Mariana Valverde, eine Sympathisantin der »sexuellen Revolution«, nimmt die vielfältigen Umwälzungen in der Homo-, Hetero- und Bisexualität der letzten zwanzig Jahre zum Ausgangspunkt ihrer Betrachtungen. Gegenüber einem sich ausbreitenden »sexuellen Pessimismus« bestärkt sie Frauen darin, sich ihrer eigenen Wünsche zu vergewissern und sie zu leben. Sie schildert spannend die stürmischen Debatten, die um das »weibliche Begehren« und um die aktuellen Themen Pornografie, Zensur, Sado-Masochismus, geführt werden.

Sex, Macht und Lust« – das mit Witz und Einfühlungsvermögen geschriebene Grundlagenwerk zum aktuellen Stand von Erkenntnissen und Erfahrungen zur weiblichen Sexualität seit Beginn der Neuen Frauenbewegung.

Pohlstraße 64, 1000 Berlin 30